MW01153402

66324304R00114

Made in the USA
Charleston, SC
16 January 2017

Sephardic / Israeli
[Weekday/Holiday/Bentching]

ב״ה

My Siddur

הַסִּדּוּר שֶׁלִּי

Nusach Ari - Chabad

Selected Prayers for
Weekdays & Holidays with Bentching

Hebrew with English Transliteration
Sephardic / Israeli Style Pronunciation

This Siddur belongs to

____

This edition of My Siddur is not a complete Siddur.
It is a training tool to learn to pray in Hebrew.

My Siddur / HaSiddur Sheli 3.01 [Weekday/Holiday]

Nusach Ari - Chabad, Hebrew with English Transliteration
Sephardic / Israeli Style Pronunciation

First Edition, Chai Elul 5768, September, 2008
Second Edition, Chai Elul 5773, August, 2013
Third Edition, 3 Tamuz, 5774, June, 2014

Tools for Torah
Revolutionizing Jewish Education

Proceeds from the sales of this book will enable more
Tools for Torah to be created and published.

This Siddur contains the holy Name of Hashem;
please treat it with the proper respect.

To the Rebbe
Rabbi Menachem M. Schneerson
who inspires us
to live meaningful lives
transforming our world into a place
where Hashem feels at home.

In Appreciation
of the Chabad Shluchim, Shluchot and their families
who tirelessly inspire and brighten the future
with the Rebbe's vision.

May they grow
from strength to strength
bringing nachat to Hashem
the Rebbe and all of Israel.

We Want Moshiach Now!

My Siddur – Customized!

Personalize the cover and a dedication page of My Siddur
for your personal/communal simchas, organizations, events, groups.

My Siddur's **Digitally Animated Edition**
and various Hard-Cover, Color Interior Editions
are available for full or partial sponsorship.

My Siddur is available (at the time of this printing) in these 4 editions*:
1. Weekday
2. Weekday, Holiday, Bentching** [This edition]
3. Shabbat, Holiday, Bentching
4. Weekday, Shabbat, Holiday, Bentching***

*All the Siddurim are Nusach Ari / Chabad and available in Sephard / Israeli style (Shabbat)
and Ashkenaz / American style (Shabbos) transliterations.
**Also includes Shabbat Kiddush & Torah / Haftarah Blessings.
***The common weekday prayers are not duplicated for Shabbat so there's lots of "flipping pages"
during the Shabbat prayers. Not recommended for regular Shabbat davening.

New Siddurim *in progress*:
5. My Siddur Translated, with non-literal, child-friendly translation. No transliteration.
6. My Siddur Hebrew Only. Without translations or transliterations. Just clear, large type.
7. Transliterated Bentcher with customizable cover for your simcha.
8. Translated Bentcher with customizable cover for your simcha.

See more and order on
www.ToolsforTorah.com

May all our prayers
pierce the heavens and reach G-d's throne,
swiftly returning with a positive response!

Table of Contents

Introduction & Credits | הַקְדָּמָה וְהַקְדָּשׁוֹת .... ט

Aleph Bet | אָלֶף-בֵּית 1

Morning Blessings | בִּרְכוֹת הַשַּׁחַר 4

Weekday Morning Prayers | שַׁחֲרִית לְחוֹל 16

Six Remembrances | שֵׁשׁ זְכִירוֹת 75

Traveler's Prayer | תְּפִילַת הַדֶּרֶךְ 79

Common Blessings | בְּרָכוֹת רְגִילוֹת 80

Bedtime Shema | קְרִיאַת שְׁמַע עַל הַמִּטָּה 81

Shabbat Candles, Kiddush, Torah, Havdalah 83

Holidays | חַגִּים וְיָמִים מְיוּחָדִים 109

Ya'ale V'yavo | יַעֲלֶה וְיָבֹא 110

Hallel | הַלֵּל 111

High Holy Days | יָמִים נוֹרָאִים 126

Sukkot | סֻכּוֹת 132

Chanukah & Purim | חֲנֻכָּה ופוּרִים 133

Pesach | פֶּסַח 138

Sefirat Ha'Omer | סְפִירַת הָעוֹמֶר 140

Brachot for Food | בְּרְכוֹת הַנֶּהֱנִין 149

Grace After Meals (Bentching) | בִּרְכַּת הַמָּזוֹן 157

12 Pesukim | יב פְּסוּקִים 179

פְּסוּקֵי דְזִמְרָה
Verses of Praise

הוֹדוּ | Hodu   22

מִזְמוֹר שִׁיר - ה׳ מֶלֶךְ - הוֹשִׁיעֵנוּ | Samplings   23

בָּרוּךְ שֶׁאָמַר | Baruch She'Amar   24

מִזְמוֹר לְתוֹדָה - יְהִי כְבוֹד | Samplings   26

אַשְׁרֵי | Ashrei   27

הַלְלוּיָ-הּ | Halelukah Psalm Samplings   30

הַלְלוּיָ-הּ הַלְלוּ אֵ-ל | Halelukah: Halelu Keil   31

בָּרוּךְ ה׳ - וַיְבָרֶךְ - וְכָרוֹת - וַיּוֹשַׁע - אָז יָשִׁיר | Samplings   32

יִשְׁתַּבַּח | Yishtabach   34

בָּרְכוּ | Barchu   36

בִּרְכוֹת קְרִיאַת שְׁמַע
Blessings of Shema

יוֹצֵר אוֹר | Yotzer Or   36

הַמֵּאִיר - לָאֵל - תִּתְבָּרֵךְ - אֶת שֵׁם | Samplings   37

קָדוֹשׁ\בָּרוּךְ | Kadosh/Baruch   37

לָאֵ-ל בָּרוּךְ | La·Keil Baruch   38

אַהֲבַת עוֹלָם | Ahavat Olam   39

שְׁמַע
Shema

שְׁמַע | Shema   40

וְאָהַבְתָּ | V'ahavta   41

וְהָיָה | V'haya   42

וַיֹּאמֶר | Vayomer   45

בִּרְכוֹת קְרִיאַת שְׁמַע
Blessings After Shema

וְיַצִּיב | V'yatziv   46

עֶזְרַת | Ezrat   47

מִי כָמֹכָה | Mi Chamocha   47

שִׁירָה חֲדָשָׁה | Shira Chadasha   47

הַקְדָּמָה וְהַקְדָּשׁוֹת | Introduction & Credits   י

אָלֶף-בֵּית | Aleph Bet   1

בִּרְכוֹת הַשַּׁחַר
Morning Blessings

מוֹדֶה אֲנִי | Modeh Ani   4

נְטִילַת יָדַיִם | Netilat Yadayim   4

אֲשֶׁר יָצַר | Asher Yatzar   5

אֱ-לֹקַי נְשָׁמָה | Elokai Neshama   6

בִּרְכוֹת הַשַּׁחַר | Birchot HaShachar   7

הַמַּעֲבִיר שֵׁנָה | Hama'avir Shayna   9

יְהִי רָצוֹן | Yehi Ratzon   11

בִּרְכוֹת הַתּוֹרָה | Birchot HaTorah   12

בִּרְכַּת כֹּהֲנִים | Birkat Kohanim   13

אֵלּוּ דְבָרִים | Eilu Devarim   14

עַל מִצְוַת צִיצִית | Al Mitzvat Tzitzit   15

שַׁחֲרִית לְחוֹל
Weekday Morning Prayers

הַלְבָּשַׁת טַלִית | Talit   16

הֲנָחַת תְּפִילִין | Tefilin   17

הֲרֵינִי מְקַבֵּל | Hareini Mekabel   18

מַה טֹבוּ | Ma Tovu   18

אֲדוֹן עוֹלָם | Adon Olam   19

קָרְבָּנוֹת | Korbanot   20

עֲמִידָה\שְׁמוֹנֶה עֶשְׂרֵה
Amida/Sh'moneh Esrei

48 שְׁמוֹנֶה עֶשְׂרֵה | Sh'moneh Esrei *Overview*
49 מָגֵן אַבְרָהָם | #1 Magen Avraham
50 אַתָּה גִּבּוֹר | #2 Ata Gibor
51 אַתָּה קָדוֹשׁ | #3 Ata Kadosh
51 אַתָּה חוֹנֵן | #4 Ata Chonein
52 הֲשִׁיבֵנוּ | #5 Hashiveinu
52 סְלַח לָנוּ | #6 Selach Lanu
53 רְאֵה נָא | #7 Re'ei Na
53 רְפָאֵנוּ | #8 Refa'einu
54 בָּרֵךְ עָלֵינוּ | #9 Bareich Aleinu
55 תְּקַע | #10 Tekah
55 הָשִׁיבָה | #11 Hashiva
56 וְלַמַּלְשִׁינִים | #12 V'lamalshinim
57 עַל הַצַּדִּיקִים | #13 Al Hatzadikim
58 וְלִירוּשָׁלַיִם | #14 V'lirushalayim
58 אֶת צֶמַח | #15 Et Tzemach
59 שְׁמַע קוֹלֵנוּ | #16 Shema Koleinu
59 רְצֵה | #17 R'tzay
110 יַעֲלֶה וְיָבֹא | Ya'ale V'yavo
60 מוֹדִים | #18 Modim
135 וְעַל הַנִּסִּים לַחֲנֻכָּה וּפוּרִים | V'al Hanisim
62 שִׂים שָׁלוֹם | #19 Sim Shalom
63 אֱ-לֹקַי נְצוֹר | Elokai Netzor
64 עֹשֶׂה שָׁלוֹם | Oseh Shalom
64 וּבְסֵפֶר חַיִּים | Uv'seifer Chayim

סוֹף הַתְּפִילָה
Concluding Prayers

131 אָשַׁמְנוּ | Ashamnu
65 לַמְנַצֵּחַ | Lam'natzeiach
66 שִׁיר שֶׁל יוֹם | Shir Shel Yom
68 אֵין כֵּא-לֹקֵינוּ | Ein kElokeinu
69 לְמַעַן אַחַי | Lema'an Achai
70 עָלֵינוּ | Aleinu
72 וְעַל כֵּן | V'al Kayn
74 אַל תִּירָא | Al Tira
75 שֵׁשׁ זְכִירוֹת | Six Remembrances
76 קַדִּישׁ | Kaddish
79 תְּפִילַת הַדֶּרֶךְ | Traveler's Prayer

בְּרָכוֹת רְגִילוֹת
Common Blessings

80 בָּרָק | Lightning
80 רַעַם | Thunder
80 קֶשֶׁת | Rainbow
80 מְזוּזָה | Mezuzah
80 חַלָּה | Challah
80 טְבִילַת כֵּלִים | Immersing Vessels

81 קְרִיאַת שְׁמַע עַל הַמִּטָּה | Bedtime Shema
82 הַמַּפִּיל | Hamapil

The boxed numbers direct to the noted prayer in another location in the Siddur.

חַגִּים | Holiday Section

110	Ya'ale V'yavo | יַעֲלֶה וְיָבֹא
	הַלֵּל Hallel
111	Halelukah | הַלְלוּ־הּ
112	B'tzeit | בְּצֵאת
113	Yevarech | יְבָרֵךְ
114	Halelu | הַלְלוּ
114	Hodu LaHashem | הוֹדוּ לַה׳
115	Min Hameitzar | מִן הַמֵּצַר
115	Pit'chu Li | פִּתְחוּ לִי
116	Ana Hashem | אָנָּא ה׳
116	Keili Ata | אֵ־לִי אַתָּה
117	Yehalelucha | יְהַלְלוּךָ
118	L'David Hashem Ori | לְדָוִד ה׳ אוֹרִי
119	Holiday Candle Lighting | הַדְלָקַת נֵרוֹת
120	Holiday Eve Kiddush | קִדּוּשׁ לְשָׁלֹשׁ רְגָלִים
123	Rosh Hashana Kiddush | קִדּוּשׁ לְרֹאשׁ הַשָּׁנָה
125	Holiday Daytime Kiddush | קִדּוּשָׁא רַבָּא
	יָמִים נוֹרָאִים High Holy Days
126	Avinu Malkenu | אָבִינוּ מַלְכֵּנוּ
127	Unetaneh Tokef | וּנְתַנֶּה תֹּקֶף
128	Tashlich | תַּשְׁלִיךְ
129	13 Midot HaRachamim | יג מִדּוֹת הָרַחֲמִים
130	Kol Nidrei | כָּל נִדְרֵי
131	Viduy | וִידּוּי: אָשַׁמְנוּ - עַל חֵטְא
	סֻכּוֹת Sukkot
132	Leisheiv BaSukkah | לֵישֵׁב בַּסֻּכָּה
132	Al Netilat Lulav | עַל נְטִילַת לוּלָב
	חֲנֻכָּה וּפוּרִים Chanukah & Purim
133	Chanukah Candles | הַדְלָקַת נֵרוֹת חֲנֻכָּה
134	Haneirot Halalu | הַנֵּרוֹת הַלָּלוּ
134	Ma'oz Tzur | מָעוֹז צוּר
135	V'al Hanisim | וְעַל הַנִּסִים לַחֲנֻכָּה וּפוּרִים
	פֶּסַח Pesach
138	Burning the Chametz | עַל בִּעוּר חָמֵץ
138	Kol Chamira | כָּל חֲמִירָא
139	Ma Nishtana | מַה נִּשְׁתַּנָּה
140	Sefirat Ha'Omer | סְפִירַת הָעוֹמֶר
148	Bracha for Trees | בְּרְכַּת הָאִילָנוֹת

שַׁבָּת | Shabbat Section

84	Shabbat Candle Lighting | נֵרוֹת שַׁבָּת
	Friday Night Kiddush קִדּוּשׁ לְלֵיל שַׁבָּת
85	Shalom Aleichem | שָׁלוֹם עֲלֵיכֶם
86	Aishet Chayil | אֵשֶׁת חַיִל
88	Hashem Ro·ee | מִזְמוֹר: ה׳ רֹעִי
88	Atkinu | אַתְקִינוּ
89	Kiddush | קִדּוּשׁ
	Torah Reading קְרִיאַת הַתּוֹרָה
	Opening the Ark פְּתִיחַת הָאָרוֹן
91	Ata Hor'eita | אַתָּה הָרְאֵתָ
92	Vayehi Binsoa | וַיְהִי בִּנְסֹעַ הָאָרֹן
92	13 Midot HaRachamim | יג מִדּוֹת הָרַחֲמִים
93	B'rich Shmay | בְּרִיךְ שְׁמֵהּ
94	Shema - Echad - Gadlu - L'Cha | שְׁמַע - אֶחָד - גַּדְּלוּ - לְךָ
95	Aliya Blessings | בְּרְכוֹת הַתּוֹרָה
96	Hagomel | בִּרְכַּת הַגּוֹמֵל
96	Lifting the Torah | הַגְבָּהַת הַתּוֹרָה
97	Haftarah Blessings | בְּרְכוֹת הַהַפְטָרָה
	Shabbat Day Kiddush קִדּוּשׁ לְיוֹם הַשַׁבָּת
102	Hashem Ro·ee | מִזְמוֹר: ה׳ רֹעִי
103	Atkinu | אַתְקִינוּ
103	V'shamru | וְשָׁמְרוּ
103	Im Tashiv | אִם תָּשִׁיב
104	Kiddush | זָכוֹר אֶת יוֹם הַשַׁבָּת
105	Havdalah | הַבְדָלָה

בִּרְכוֹת הַנֶּהֱנִין
Food Brachot & Bentching

150 | הַמּוֹצִיא | Hamotzi
151 | הַגֶּפֶן | Hagafen
151 | מְזוֹנוֹת | Mezonot
151 | הָעֵץ | Ha·eitz
151 | הָאֲדָמָה | Ha'adama
151 | שֶׁהַכֹּל | Shehakol

בְּרָכָה אַחֲרוֹנָה
After Blessings

בִּרְכַּת הַמָּזוֹן
Grace After Meals (Bentching)

153 | שִׁיר הַמַּעֲלוֹת | Shir Hama'alot
153 | לִבְנֵי קֹרַח | Livnei Korach
154 | עַל נַהֲרוֹת | Al Naharot
154 | לַמְנַצֵּחַ בִּנְגִינֹת | Lam'natzeiach Binginot
155 | אֲבָרְכָה | Avarcha
155 | מַיִם אַחֲרוֹנִים | Mayim Acharonim
156 | זִמּוּן | Zimun
157 | הַזָּן אֶת הַכֹּל | Hazan et Hakol
158 | נוֹדֶה | Nodeh
135 | וְעַל הַנִּסִּים לַחֲנֻכָּה וְפוּרִים | V'al Hanisim
159 | וְעַל הַכֹּל | V'al Hakol
160 | רַחֵם | Racheim
161 | רְצֵה | R'tzay
110 | יַעֲלֶה וְיָבֹא | Ya'ale V'yavo

161 | וּבְנֵה | Uvenei
162 | הַטּוֹב וְהַמֵּטִיב | Hatov V'hameitiv
165 | הָרַחֲמָן: יְזַכֵּנוּ | Harachaman: Yizakeinu
166 | יִרְאוּ אֶת ה' | Y'ru Et Hashem
166 | בְּרִיךְ רַחֲמָנָא | Brich Rachamana
167 | Substitute Blessings

בְּרָכוֹת לִשְׂמָחוֹת | Celebrations

169 | הָרַחֲמָן לִבְרִית מִילָה | Brit Milah
171 | שֶׁבַע בְּרָכוֹת | Sheva Brachot

173 | עַל הַמִּחְיָה | Al Hamichya
177 | בּוֹרֵא נְפָשׁוֹת | Borei Nefashot

יב פְּסוּקִים
12 Pesukim

180 | תּוֹרָה | Torah
180 | שְׁמַע | Shema
181 | בְּכָל | B'chol
181 | כָּל יִשְׂרָאֵל | Kol Yisrael
182 | כִּי קָרוֹב | Ki Karov
182 | וְהִנֵּה | V'hinei
183 | בְּרֵאשִׁית | Bereisheet
183 | וְשִׁנַּנְתָּם | V'shinantam
184 | יָגַעְתִּי | Yagati
184 | וְאָהַבְתָּ | V'ahavta
185 | וְזֶה | V'zeh
185 | יִשְׂמַח | Yismach

The boxed numbers direct to the noted prayer in another location in the Siddur.

B"H

"*Sulam mutzav artza, v'rosho magia hashamaima – zohi tefila.*"
A ladder set on the ground, whose tip reaches the heavens - this is prayer. – The Zohar

The word "*tefila*" shares its root with "*tofel*" meaning "to attach."
Through *tefila* we attach, connect and bind ourselves to Hashem, our Creator. – Chassidic Teaching

My Siddur is designed to help climb the ladder of *tefila* in its original Hebrew, while focusing on the personal meaning and relevance of our prayers.

My Siddur features:

- **Large Hebrew text** for easy reading.
- **English Transliteration, divided by syl·la·bles** for accurate reading.
- **Mini Meditations** to help focus on the main theme of the *tefila*.
- **Bolded, Translated Keywords** in each *tefila*, for a glance during prayer and for guided discussion.
- **Starred Shva Na** for accurate Hebrew pronunciation.
- **Labeled Audio Trax** to hear and practice the correct pronunciation of each *tefila* (online or CD).
- **Prayers divided into short phrases, each on its own line,** for easy reading and comprehension.
- **Line Numbers** for tracking in class or group settings.

There are two versions of this *Nusach Ari - Chabad Siddur*, differing only in the pronunciation style of the transliteration, Sephardic and Ashkenazic (i.e. "Shabbat" vs. "Shabbos").

This Siddur has the *Sephardic (Israeli) style* pronunciation.

About the Transliteration

My Siddur features words spelled out exactly as they sound (in the USA) to minimize confusing rules.

You may notice words transliterated differently than their common pronunciation. We did our best to transliterate the words accurately. (See "Transliteration Tips" on page ו.)

While the Siddur text transliteration is accurate, the table of contents, titles and instructions are written with the more commonly used transliterations.

Transliteration Tips:

1. Every *shva na* is honored with a "'" as in "ki·d'sha·nu."
2. The "ch" is pronounced as in the word "**Ch**allah."
3. Good to know: *kamatz katan* and *chataf kamatz* are read "oh" not "ah."
   e.g. the word "בְּחָכְמָה" is pronounced "b'choch·ma," not "b'chach·ma."

Acknowledgements

With deep gratitude to G-d Almighty for enableing me to assist others on their spiritual journey, special thanks also goes to some who played a major role in the production of My Siddur;

Mrs. Rivkie Block for the original Siddur and Tefila Trax CD companion idea.

Rabbi Yosef B. Friedman of Merkos L'Inyonei Chinuch for granting permission to use the text of Siddur Tehilat Hashem in My Siddur.

Rabbi Yosef Hartmann for his ever ready, wise and practical assistance in all my publications, and Dr. Michael Abrahams for insights into the *tefilot*.

Chaya Mushka Braude for the majority of the brainstorming, transliterating, editing and formatting assistance. Chana (Eisenberg) Roberts, Rabbis Nochum Katsenelenbogen, Moshe Zaklikowski, Alex Heppenheimer and Shmuel Rabin for proofreading.

Rabbi Yossi Freedman (Argentina) for his invaluable direction, layout expertise and assistance.

Chava (Levin) Light for the magnificent cover art (ChavaStudios.com).

Rabbi Nissan Mindel OBM, whose books "My Prayer" volumes 1 & 2 (published by Kehot) inspired most of the Mini Meditations and explanations in My Siddur. (I urge anyone seriously interested in understanding and appreciating the concept of prayers in general and / or the specifics of each *tefila*, to read his priceless, beautifully written books.)

Rabbis Kugel, Ossey and Fried, the wonderful Shluchim of Chabad of the West Side, NYC, for their encouragement and support in "My Siddur" and other Tools for Torah publications. Our family is honored to be part of their team!

Mr. George Rohr and Rabbi Yossel Gutnick for their pioneering support of the first edition.

Most of all, my wife Sarah, for her incredible character and talent, thriving with all our family and work responsibilities while I am in "My Siddur" (and other publications') world, and also for the beautiful design of the Siddur pages and cover. To my children, Chana Mushka, Shayna Ruchama, Yehudis Bracha and Maryasha Esther for their continued enthusiasm and help.

Hashem loves to hear our prayers. Let us all pray that Hashem finally listen to His children's prayers and sends His righteous Moshiach, to take us all out of this *galut* (exile) and return us to the new, rebuilt Jerusalem where we will once again pray and serve Hashem in the *Beit Hamikdash* - the Holy Temple. May it happen now!

Rabbi Chayim B. Alevsky
3 Tamuz, 5774, July, 2014,
New York

How do I use *My Siddur*?

MINI MEDITATIONS... …are these purple boxes above the *tefila*. They help you medidate on the theme of the prayer.

KEYWORDS are the **bolded** words in the *tefila* text which appear with their loose translations at the bottom of the page. They provide an "at a glance" clue about the meaning of the *tefila*.

l'fa·ne·cha　a·ni　mo·deh
מוֹדֶה אֲנִי לְפָנֶיךָ, 1

מוֹדֶה
thanks

 Sit, stand, bow?

These little figures guide us in the position we should be during each *tefila*.

🎵10 **Music/Audio:** You can pray, chant and sing along with our five professionally recorded, clearly articulated companion CDs. *Tefilot* are labled with their CD track #.

Notice the five styles of audio symbols, for each of the **five Trax series** for *My Siddur*:

🎵10 Tefila II, 🎵10 Bentching II, 🎵10 Kabalat Shabbat, 🎵10 Shabbat Day and 🎵10 Holiday.*

SEE A CD LIST AND LEARN ABOUT HOW THE AUDIO CDs WORK, IN THE BACK PAGES OF THIS SIDDUR.

CDs and mp3 downloads can be purchased on ToolsforTorah.com, iTunes or Amazon.

My Siddur & the Bentching are currently available as Apps in iTunes etc. Search for "My Siddur" and "Birkon" to listen the tefilot as you read them.

The world's first animated "**Living Siddur**" is in the midst of bringing the letters to life. Partner with us and see more on ToolsforTorah.com.

*When a tefila already exists elsewhere in My Siddur, its referring symbol is shaded:

Hebrew Aleph Bet Mini Guide

Letters sound like the *beginning* of their name, when a vowel is applied.

A ָ (*kamatz*) under an א: "אָ" is "ah." A ָ under a בּ: "בָּ" is "bah," etc.

Sound	Letter	Sound	Letter	Sound	Letter
P	פּ pay	K	כּ kaf	Sounds like its vowel	א aleph
F	פ fay	CH (kh) (Challah)	כ chaf	B	בּ bet
F	ף fay sofit	CH (kh)	ך chaf sofit	V	ב vet
TS	צ tzadik	L	ל lamed	G (hard)	ג gimel
TS	ץ tzadik sofit	M	מ mem	D	ד dalet
K	ק koof	M	ם mem sofit	H	ה hay
R	ר raysh	N	נ noon	V	ו vav
SH	שׁ shin	N	ן noon sofit	Z	ז zayin
S	שׂ sin	S	ס samech	CH (Challah)	ח chet
T	תּ tav	Sounds like its vowel	ע ayin	T	ט tet
T	ת tav			Y	י yood

Hebrew Vowels Guide

Vowels sound like the *beginning* of their name, when combined with a letter.

As in:	With א = Sounds	Vowel
challah	ah = אָ ("oh" when it's a *kamatz katan*)	ָ K**a**matz
challah	ah = אַ	ַ P**a**tach
oy vay!	ay = אֵ	ֵ Tz**ay**reh
echo	eh = אֶ	ֶ S**e**gol
Israel	ih = אְ (silent unless it begins the syllable)	ְ Shi**h**va
oh yes!	oh = אֹ	ֹ Ch**o**lam
see	ee = אִ	ִ Ch**ee**reek
zoo	oo = אֻ	ֻ K**oo**bootz
zoo	oo = אוּ	וּ Sh**oo**rook
oh yes!	oh = אֳ	ֳ Chataf K**a**matz
challah	ah = אֲ	ֲ Chataf P**a**tach
echo	eh = אֱ	ֱ Chataf S**e**gol

Aleph Bet אַלֶף-בֵּית

ה 5 Hay	ד 4 Dalet	ג 3 Gimmel	ב Vet	בּ 2 Bet	א 1 Aleph

י 10 Yud	ט 9 Tet	ח 8 Chet	ז 7 Zayin	ו 6 Vav

ן Noon Sofit	נ 50 Noon	ם Mem Sofit	מ 40 Mem	ל 30 Lamed	ך Chaf Sofit	כ Chaf	כּ 20 Kaf

ץ Tzadi(k) Sofit	צ 90 Tzadi(k)	ף Fay Sofit	פ Fay	פּ 80 Pay	ע 70 Ayin	ס 60 Samech

ת Tav	תּ 400 Tav	שׂ Sin	שׁ 300 Shin	ר 200 Reish	ק 100 Koof

Vowels הַנְּקֻדּוֹת

♫ 02

♫ 03

Cholam חוֹלָם	Shihva שְׁבָא	Segol סֶגוֹל	Tzayreh צֵירֶה	Patach פַּתָח	Kamatz קָמַץ
Chataf Segol חֲטָף סֶגוֹל	Chataf Patach חֲטָף פַּתָח	Chataf Kamatz חֲטָף קָמַץ	Shoorook שׁוּרֻק	Koobootz קֻבּוּץ	Cheereek חִירִק

Practice Page

Kamatz קָמַץ

אָ בָּ בָ גָ דָ הָ וָ זָ חָ טָ יָ כָּ כָ לָ מָ נָ סָ עָ פָּ פָ צָ קָ רָ שָׁ שָׂ תָּ תָ 04

Patach פַּתָּח

אַ בַּ בַ גַ דַ הַ וַ זַ חַ טַ יַ כַּ כַ לַ מַ נַ סַ עַ פַּ פַ צַ קַ רַ שַׁ שַׂ תַּ תַ

Tzayreh צֵירֶה

אֵ בֵּ בֵ גֵ דֵ הֵ וֵ זֵ חֵ טֵ יֵ כֵּ כֵ לֵ מֵ נֵ סֵ עֵ פֵּ פֵ צֵ קֵ רֵ שֵׁ שֵׂ תֵּ תֵ

Segol סֶגוֹל

אֶ בֶּ בֶ גֶ דֶ הֶ וֶ זֶ חֶ טֶ יֶ כֶּ כֶ לֶ מֶ נֶ סֶ עֶ פֶּ פֶ צֶ קֶ רֶ שֶׁ שֶׂ תֶּ תֶ

Cheereek חִירִק

אִ בִּ בִ גִ דִ הִ וִ זִ חִ טִ יִ כִּ כִ לִ מִ נִ סִ עִ פִּ פִ צִ קִ רִ שִׁ שִׂ תִּ תִ

Shihva שְׁוָא

אְ בְּ בְ גְ דְ הְ וְ זְ חְ טְ יְ כְּ כְ לְ מְ נְ סְ עְ פְּ פְ צְ קְ רְ שְׁ שְׂ תְּ תְ

Koobootz קֻבּוּץ

אֻ בֻּ בֻ גֻ דֻ הֻ וֻ זֻ חֻ טֻ יֻ כֻּ כֻ לֻ מֻ נֻ סֻ עֻ פֻּ פֻ צֻ קֻ רֻ שֻׁ שֻׂ תֻּ תֻ

Shoorook שׁוּרֻק

אוּ בּוּ בוּ גוּ דוּ הוּ ווּ זוּ חוּ טוּ יוּ כּוּ כוּ לוּ מוּ נוּ סוּ עוּ פּוּ פוּ צוּ קוּ רוּ שׁוּ שׂוּ תּוּ תוּ

Cholam חוֹלָם

אֹ בֹּ בֹ גֹ דֹ הֹ וֹ זֹ חֹ טֹ יֹ כֹּ כֹ לֹ מֹ נֹ סֹ עֹ פֹּ פֹ צֹ קֹ רֹ שֹׁ שֹׂ תֹּ תֹ

Cholam חוֹלָם

אוֹ בּוֹ בוֹ גוֹ דוֹ הוֹווֹ זוֹ חוֹ טוֹ יוֹ כּוֹ כוֹ לוֹ מוֹ נוֹ סוֹ עוֹ פּוֹ פוֹ צוֹ קוֹ רוֹ שׁוֹ שׂוֹ תּוֹ תוֹ

EVERYDAY/WEEKDAY PRAYERS

Read about the audio tracks and icons
in the back pages of this siddur.

MODEH ANI

> Thank you, Hashem, for your kindness.
> You returned my soul to me, refreshed.

Our very first words as we wake up in the morning. We are grateful and we show it!

	mo·deh	a·ni	l'fa·ne·cha
1	מוֹדֶה	אֲנִי	לְפָנֶיךָ,

	Meh·lech	chai	v'ka·yahm
2	מֶלֶךְ	חַי	וְקַיָּם,

	sheh·heh·che·zar·ta	bee	neesh·ma·ti	b'chem·la
3	שֶׁהֶחֱזַרְתָּ	בִּי	נִשְׁמָתִי	בְּחֶמְלָה,

	ra·ba	eh·mu·na·teh·cha
4	רַבָּה	אֱמוּנָתֶךָ.

אֱמוּנָתֶךָ	נִשְׁמָתִי	מֶלֶךְ	מוֹדֶה
faith	soul	King	thanks

NETILAT YADAYIM

> The Mitzvah to wash our hands,
> to purify ourselves from the impurities of sleep.

We pour water from a large cup onto our hands (preferably at our bedside),
right - left, right - left, right - left.
After we take care of our bodily needs, we wash again the same way, at a sink
(in the kitchen or anywhere outside the restroom), and say:

	Ba·ruch	A·ta	Adonai	Elohaynu	Meh·lech	ha·o·lahm
5	בָּרוּךְ	אַתָּה	יְיָ,	אֱלֹהֵינוּ,	מֶלֶךְ	הָעוֹלָם,

	ah·sher	ki·d'sha·nu	b'meetz·vo·tav	v'tzi·va·nu	al	n'ti·laht	ya·da·yeem
6	אֲשֶׁר	קִדְּשָׁנוּ	בְּמִצְוֹתָיו,	וְצִוָּנוּ	עַל	נְטִילַת	יָדָיִם.

נְטִילַת יָדַיִם	בְּמִצְוֹתָיו	קִדְּשָׁנוּ
washing hands	with His commandments	He made us holy

Asher Yatzar

Thank you, Hashem for my health, allowing my complex body to function properly.

(This *bracha* is also recited every time we use the restroom, after washing our hands.)

Ba·ruch A·ta Adonai Elohaynu Meh·lech ha·o·lahm

1 בָּרוּךְ אַתָּה יְיָ, אֱלֹהֵינוּ, מֶלֶךְ הָעוֹלָם,

ah·sher ya·tzar et ha·ah·dahm b'choch·ma

2 אֲשֶׁר יָצַר אֶת הָאָדָם בְּחָכְמָה,

u·va·ra vo n'ka·veem n'ka·veem cha·lu·leem cha·lu·leem

3 וּבָרָא בוֹ נְקָבִים נְקָבִים, חֲלוּלִים חֲלוּלִים,

ga·looy v'ya·du·ah leef·nay chi·say ch'vo·deh·cha

4 גָּלוּי וְיָדוּעַ לִפְנֵי כִסֵּא כְבוֹדֶךָ,

sheh·eem yi·sa·taym eh·chad may·hem

5 שֶׁאִם יִסָּתֵם אֶחָד מֵהֶם,

o eem yi·pa·tay·ach eh·chad may·hem

6 אוֹ אִם יִפָּתֵחַ אֶחָד מֵהֶם,

ee ef·shar l'heet·ka·yaym a·fee·lu sha·ah e·chaht

7 אִי אֶפְשַׁר לְהִתְקַיֵּם אֲפִילוּ שָׁעָה אֶחָת.

Ba·ruch A·ta Adonai ro·fay chol ba·sar u·maf·li la·ah·soht

8 בָּרוּךְ אַתָּה יְיָ, רוֹפֵא כָל בָּשָׂר, וּמַפְלִיא לַעֲשׂוֹת.

יָצַר	בְּחָכְמָה	רוֹפֵא	וּמַפְלִיא
formed	wisdom	Healer	does wonders

Elokai Neshama

Thank You for returning my pure, holy neshama to me this morning.

Elohai
1 אֱלֹהַי,

n'sha·ma sheh·na·ta·ta bee t'ho·ra hee
2 נְשָׁמָה שֶׁנָּתַתָּ בִּי טְהוֹרָה הִיא,

A·ta v'ra·tah A·ta y'tzar·tah
3 אַתָּה בְרָאתָהּ, אַתָּה יְצַרְתָּהּ,

A·ta n'fach·tah bee v'A·ta m'sha·m'rah b'keer·bee
4 אַתָּה נְפַחְתָּהּ בִּי, וְאַתָּה מְשַׁמְּרָהּ בְּקִרְבִּי,

v'A·ta a·teed li·t'lah mi·meh·ni
5 וְאַתָּה עָתִיד לִטְּלָהּ מִמֶּנִּי,

ool·ha·cha·zi·rah bee le·ah·teed la·vo
6 וּלְהַחֲזִירָהּ בִּי לֶעָתִיד לָבֹא.

kol z'mahn sheh·ha·n'sha·ma b'keer·bee
7 כָּל זְמַן שֶׁהַנְּשָׁמָה בְּקִרְבִּי,

mo·deh a·ni l'fa·ne·cha Adonai Elohai vAylohay a·vo·tai
8 מוֹדֶה אֲנִי לְפָנֶיךָ, יְיָ אֱלֹהַי וֵאלֹהֵי אֲבוֹתַי,

ri·bohn kol ha·ma·ah·seem A·dohn kol ha·n'sha·moht
9 רִבּוֹן כָּל הַמַּעֲשִׂים, אֲדוֹן כָּל הַנְּשָׁמוֹת.

Ba·ruch A·ta Adonai ha·ma·cha·zeer n'sha·moht leef·ga·reem may·teem
10 בָּרוּךְ אַתָּה יְיָ, הַמַּחֲזִיר נְשָׁמוֹת לִפְגָרִים מֵתִים.

נְשָׁמָה	טְהוֹרָה	מְשַׁמְּרָהּ
soul	pure	keep it

BIRCHOT HASHACHAR

Morning blessings of thanks.
Thank You Hashem for…

♫ 09

Ba·ruch A·ta Adonai Elohaynu Meh·lech ha·o·lahm

1 בָּרוּךְ אַתָּה יְיָ, אֱלֹהֵינוּ, מֶלֶךְ הָעוֹלָם...

Blessed are You Hashem our G-d, King of the Universe…

ha·no·tayn la·sech·vi vi·na l'hav·cheen bain yohm u·vayn lai·la

2 הַנּוֹתֵן לַשֶּׂכְוִי בִינָה, לְהַבְחִין בֵּין יוֹם וּבֵין לָיְלָה.

Thank You for helping us **understand the difference** between day and night, good and otherwise.

Ba·ruch A·ta... po·kay·ach eev·reem

3 בָּרוּךְ אַתָּה... פּוֹקֵחַ עִוְרִים.

Thank You for giving us the **insight** to **see** what is right for us.

Ba·ruch A·ta... ma·teer a·su·reem

4 בָּרוּךְ אַתָּה... מַתִּיר אֲסוּרִים.

Thank You for **enabling** us to do what is right.

Ba·ruch A·ta... zo·kayf k'fu·feem

5 בָּרוּךְ אַתָּה... זוֹקֵף כְּפוּפִים.

Thank You for removing our burdens from us; thank you for allowing us to **stand upright**.

Ba·ruch A·ta... mal·beesh a·ru·meem

6 בָּרוּךְ אַתָּה... מַלְבִּישׁ עֲרֻמִּים.

Thank You for our **clothes** and for the *mitzvot,* the **clothing** of our *neshama*.

Ba·ruch A·ta... ha·no·tayn la·ya·ayf ko·ach

7 בָּרוּךְ אַתָּה... הַנּוֹתֵן לַיָּעֵף כֹּחַ.

Thank You for giving us **strength**.

ha·ma·yeem al ha·ah·retz ro·ka A·ta... Ba·ruch

1 בָּרוּךְ אַתָּה... רוֹקַע הָאָרֶץ עַל הַמָּיִם.

Thank You for keeping the populated world safe from the **waters** of the oceans.

ga·vehr meetz·ah·day ha·may·cheen A·ta... Ba·ruch

2 בָּרוּךְ אַתָּה... הַמֵּכִין מִצְעֲדֵי גָבֶר.

Thank you for enabling us to **walk**, and our bodies to work.

Thank You for **guiding** our steps with *hashgacha prateet* so we end up where we need to be.

tzor·ki kol li sheh·ah·sa A·ta... Ba·ruch

3 בָּרוּךְ אַתָּה... שֶׁעָשָׂה לִי כָּל צָרְכִּי.

Thank You for giving me **everything I need**, right down to my shoelaces!

beeg·vu·ra Yisrael o·zayr A·ta... Ba·ruch

4 בָּרוּךְ אַתָּה... אוֹזֵר יִשְׂרָאֵל בִּגְבוּרָה.

Thank You for empowering us with the **might** we need in all areas of our life.

b'teef·ah·ra Yisrael o·tayr A·ta... Ba·ruch

5 בָּרוּךְ אַתָּה... עוֹטֵר יִשְׂרָאֵל בְּתִפְאָרָה.

Thank You for crowning us with **glory** (including our *kipot*).

goy ah·sa·ni sheh·lo A·ta... Ba·ruch

6 בָּרוּךְ אַתָּה... שֶׁלֹּא עָשַׂנִי גּוֹי.

Thank You for selecting me as part of Your **chosen nation**, giving me the opportunity to fulfill the *mitzvot*.

a·ved ah·sa·ni sheh·lo A·ta... Ba·ruch

7 בָּרוּךְ אַתָּה... שֶׁלֹּא עָשַׂנִי עָבֶד.

Thank You for helping me **free myself** from being a "**slave**" to my desires and instincts.

ee·sha ah·sa·ni sheh·lo A·ta... Ba·ruch

8 בָּרוּךְ אַתָּה... שֶׁלֹּא עָשַׂנִי אִשָּׁה.

Boys: Thank You for giving me the **opportunity** and **responsibility** to fulfill more *mitzvot*.

HAMA'AVIR SHAYNA

Please Hashem, help us overcome
the temptations of the day.

1
   Ba·ruch   A·ta   Adonai   Elohaynu   Meh·lech   ha·o·lahm

בָּרוּךְ אַתָּה יְיָ, אֱלֹהֵינוּ, מֶלֶךְ הָעוֹלָם,

2
   ha·ma·ah·veer   shay·na   may·ay·nai   oot·nu·ma   may·af·ah·pai

הַמַּעֲבִיר שֵׁנָה מֵעֵינַי, וּתְנוּמָה מֵעַפְעַפָּי.

Thank You for removing sleep from my eyes and slumber from my eyelids,
alerting me to the tricks and dangers of my own *Yetzer Hara*.

3
   vi·hee   ra·tzon   mi·l'fa·ne·cha   Adonai   Elohaynu   vAylohay   a·vo·tay·nu

וִיהִי רָצוֹן מִלְּפָנֶיךָ, יְיָ אֱלֹהֵינוּ וֵאלֹהֵי אֲבוֹתֵינוּ,

4
   sheh·tar·gi·lay·nu   b'Torah·teh·cha   v'tahd·bee·kay·nu   b'meetz·vo·teh·cha

שֶׁתַּרְגִּילֵנוּ בְּתוֹרָתֶךָ, וְתַדְבִּיקֵנוּ בְּמִצְוֹתֶיךָ,

5
   v'al   t'vi·ay·nu   lo   li·day   chayt

וְאַל תְּבִיאֵנוּ לֹא לִידֵי חֵטְא,

6
   v'lo   li·day   a·vay·ra   v'a·vohn

וְלֹא לִידֵי עֲבֵירָה וְעָוֹן,

7
   v'lo   li·day   ni·sa·yohn   v'lo   li·day   vi·za·yohn

וְלֹא לִידֵי נִסָּיוֹן, וְלֹא לִידֵי בִזָּיוֹן,

8
   v'al   yeesh·loht   ba·nu   yay·tzer   ha·ra

וְאַל יִשְׁלוֹט בָּנוּ יֵצֶר הָרָע,

9
   v'har·chi·kay·nu   may·ah·dahm   ra   u·may·cha·vayr   ra

וְהַרְחִיקֵנוּ מֵאָדָם רָע, וּמֵחָבֵר רָע,

וְאַל תְּבִיאֵנוּ... נִסָּיוֹן	יֵצֶר הָרָע
Do not test us	evil inclination

1
toh·veem oov·ma·ah·seem tov b'yay·tzer v'da·b'kay·nu
וְדַבְּקֵנוּ בְּיֵצֶר טוֹב, וּבְמַעֲשִׂים טוֹבִים,

2
lach l'heesh·ta·bed yeetz·ray·nu et v'chof
וְכוֹף אֶת יִצְרֵנוּ לְהִשְׁתַּעְבֶּד לָךְ,

3
yohm oov·chol ha·yohm oot·nay·nu
וּתְנֵנוּ הַיּוֹם, וּבְכָל יוֹם,

4
ool·ra·cha·meem ool·che·sed l'chayn
לְחֵן, וּלְחֶסֶד, וּלְרַחֲמִים,

5
ro·ay·nu chol oov·ay·nay b'ay·ne·cha
בְּעֵינֶיךָ וּבְעֵינֵי כָל רוֹאֵינוּ,

6
toh·veem cha·sa·deem v'teeg·m'lay·nu
וְתִגְמְלֵנוּ חֲסָדִים טוֹבִים.

7
Adonai A·ta Ba·ruch
בָּרוּךְ אַתָּה יְיָ,

8
Yisrael l'a·mo toh·veem cha·sa·deem ha·go·mayl
הַגּוֹמֵל חֲסָדִים טוֹבִים לְעַמּוֹ יִשְׂרָאֵל.

וּלְרַחֲמִים	וּלְחֶסֶד	לְחֵן	וּבְמַעֲשִׂים טוֹבִים	בְּיֵצֶר טוֹב
mercy	kindness	grace	good deeds	good inclination

YEHI RATZON

Please Hashem, keep me safe,
spiritually and physically.

1 יְהִי רָצוֹן מִלְּפָנֶיךָ יְיָ אֱלֹהַי וֵאלֹהֵי אֲבוֹתַי,
y'hee ra·tzon mi·l'fa·ne·cha Adonai Elohai vAylohay a·vo·tai

2 שֶׁתַּצִּילֵנִי הַיּוֹם, וּבְכָל יוֹם,
sheh·ta·tzi·lay·ni ha·yohm oov·chol yohm

3 מֵעַזֵּי פָנִים, וּמֵעַזּוּת פָּנִים,
may·ah·zay fa·neem u·may·ah·zut pa·neem

4 מֵאָדָם רָע, וּמֵחָבֵר רָע, וּמִשָּׁכֵן רָע,
may·ah·dahm ra u·may·cha·vayr ra u·mi·sha·chayn ra

5 וּמִפֶּגַע רָע, מֵעַיִן הָרָע,
u·mi·peh·ga ra may·ah·yeen ha·ra

6 מִלָּשׁוֹן הָרָע, מִמַּלְשִׁינוּת, מֵעֵדוּת שֶׁקֶר,
mi·la·shohn ha·ra mi·mal·shi·noot may·ay·doot sheh·ker

7 מִשִּׂנְאַת הַבְּרִיּוֹת, מֵעֲלִילָה,
mi·seen·aht ha·b'ri·yoht may·ah·li·la

8 מִמִּיתָה מְשֻׁנָּה, מֵחֳלָיִם רָעִים, וּמִמִּקְרִים רָעִים,
mi·mi·ta m'shu·na may·cho·la·yeem ra·eem u·mi·meek·reem ra·eem

9 וּמִשָּׂטָן הַמַּשְׁחִית, מִדִּין קָשֶׁה, וּמִבַּעַל דִּין קָשֶׁה,
u·mi·sa·tahn ha·mahsh·cheet mi·deen ka·sheh u·mi·ba·al deen ka·sheh

10 בֵּין שֶׁהוּא בֶן בְּרִית, וּבֵין שֶׁאֵינוֹ בֶן בְּרִית,
bain sheh·hu ven b'reet u·vayn sheh·ay·no ven b'reet

11 וּמִדִּינָהּ שֶׁל גֵּיהִנֹּם.
u·mi·dee·nah shel gay·hee·nohm

שֶׁתַּצִּילֵנִי	מֵאָדָם רָע	וּמִפֶּגַע רָע
save me	from not good people	and not good things

TORAH BLESSINGS

You give us the opportunity and obligation to learn Torah.
Please Hashem, make our Torah study sweet!

1 Ba·ruch   A·ta   Adonai   Elohaynu   Meh·lech   ha·o·lahm

בָּרוּךְ אַתָּה יְיָ, אֱלֹהֵינוּ, מֶלֶךְ הָעוֹלָם,

2 ah·sher   ki·d'sha·nu   b'meetz·vo·tav   v'tzi·va·nu   al   deev·ray   Torah

אֲשֶׁר קִדְּשָׁנוּ בְּמִצְוֹתָיו, וְצִוָּנוּ עַל דִּבְרֵי תוֹרָה.

3 v'ha·ah·rev   na   Adonai   Elohaynu

וְהַעֲרֶב נָא יְיָ אֱלֹהֵינוּ,

4 et   deev·ray   Torah·t'cha   b'fee·nu

אֶת דִּבְרֵי תוֹרָתְךָ בְּפִינוּ,

5 oov·fee   chol   a·m'cha   bayt   Yisrael

וּבְפִי כָל עַמְּךָ בֵּית יִשְׂרָאֵל,

6 v'neeh·yeh   a·nach·nu   v'tze·eh·tza·ay·nu

וְנִהְיֶה אֲנַחְנוּ וְצֶאֱצָאֵינוּ,

7 v'tze·eh·tza·ay   chol   a·m'cha   bayt   Yisrael

וְצֶאֱצָאֵי כָל עַמְּךָ בֵּית יִשְׂרָאֵל,

8 ku·la·nu   yo·d'ay   Sh'meh·cha   v'lo·m'day   Torah·t'cha   leesh·mah

כֻּלָּנוּ יוֹדְעֵי שְׁמֶךָ, וְלוֹמְדֵי תוֹרָתְךָ לִשְׁמָהּ.

9 Ba·ruch   A·ta   Adonai   ha·m'la·mayd   Torah   l'a·mo   Yisrael

בָּרוּךְ אַתָּה יְיָ, הַמְלַמֵּד תּוֹרָה לְעַמּוֹ יִשְׂרָאֵל.

וְלוֹמְדֵי תוֹרָתְךָ לִשְׁמָהּ	דִּבְרֵי תוֹרָתְךָ	וְהַעֲרֶב
learn Torah for its own sake	the words of Your Torah	make sweet

TORAH BLESSINGS

♫ 13

1   Ba·ruch   A·ta   Adonai   Elohaynu   Meh·lech   ha·o·lahm
בָּרוּךְ אַתָּה יְיָ, אֱלֹהֵינוּ, מֶלֶךְ הָעוֹלָם,

2   ah·sher   ba·char   ba·nu   mi·kol   ha·ah·meem   v'na·tahn   la·nu   et   Torah·toh
אֲשֶׁר בָּחַר בָּנוּ מִכָּל הָעַמִּים, וְנָתַן לָנוּ אֶת תּוֹרָתוֹ.

3   Ba·ruch   A·ta   Adonai   no·tayn   ha·Torah
בָּרוּךְ אַתָּה יְיָ, נוֹתֵן הַתּוֹרָה.

After reciting the Torah blessings, we "sample" Torah study,
with selections from the Written and Oral Torah.

BIRKAT KOHANIM: Hashem blesses us, the Jewish People, and entrusts the
Kohanim with the power to bless us. On Yom Tov, the Kohanim sing these words.

Verses from the Written Torah

♫ 14

4   vai·da·bayr   Adonai   el   Moshe   lay·mor
וַיְדַבֵּר יְיָ אֶל מֹשֶׁה לֵּאמֹר,

5   da·bayr   el   A·ha·rohn   v'el   ba·nav   lay·mor
דַּבֵּר אֶל אַהֲרֹן, וְאֶל בָּנָיו לֵאמֹר,

6   ko   t'va·ra·chu   et   b'nay   Yisrael   a·mor   la·hem
כֹּה תְבָרֲכוּ אֶת בְּנֵי יִשְׂרָאֵל אָמוֹר לָהֶם:

♫ 15

7   y'va·reh·ch'cha   Adonai   v'yeesh·m'reh·cha
יְבָרֶכְךָ יְיָ וְיִשְׁמְרֶךָ.

8   ya·ayr   Adonai   pa·nav   ay·le·cha   vi·chu·ne·ka
יָאֵר יְיָ פָּנָיו אֵלֶיךָ, וִיחֻנֶּךָּ.

9   yi·sa   Adonai   pa·nav   ay·le·cha   v'ya·saym   l'cha   shalom
יִשָּׂא יְיָ פָּנָיו אֵלֶיךָ, וְיָשֵׂם לְךָ שָׁלוֹם.

10   v'sa·mu   et   Sh'mi   al   b'nay   Yisrael   va·A·ni   A·va·ra·chaym
וְשָׂמוּ אֶת שְׁמִי עַל בְּנֵי יִשְׂרָאֵל, וַאֲנִי אֲבָרֲכֵם.

שָׁלוֹם	יִשָּׂא	יָאֵר	יְבָרֶכְךָ	מִכָּל הָעַמִּים	בָּחַר בָּנוּ
peace	raise up	shine	He shall bless you	from all nations	He chose us

EILU DEVARIM: Mitzvot that create a perfect and pleasant society.

A *Mishna* from the Oral Torah

shi·ur   la·hem   sheh·ayn   d'va·reem   ay·lu
1 אֵלּוּ דְבָרִים שֶׁאֵין לָהֶם שִׁעוּר:

v'ha·r'a·yohn   v'ha·bee·ku·reem   ha·pay·ah
2 הַפֵּאָה, וְהַבִּכּוּרִים, וְהָרְאָיוֹן,

Torah   v'tal·mood   cha·sa·deem   oog·mi·loot
3 וּגְמִילוּת חֲסָדִים, וְתַלְמוּד תּוֹרָה.

From the *Gemara* (Talmud)

ha·zeh   ba·o·lahm   pay·ro·tay·hem   o·chayl   sheh·ah·dahm   d'va·reem   ay·lu
4 אֵלּוּ דְבָרִים שֶׁאָדָם אוֹכֵל פֵּרוֹתֵיהֶם בָּעוֹלָם הַזֶּה,

hayn   v'ay·lu   ha·ba   la·o·lahm   ka·yeh·met   v'ha·ke·ren
5 וְהַקֶּרֶן קַיֶּמֶת לָעוֹלָם הַבָּא, וְאֵלּוּ הֵן:

cha·sa·deem   oog·mi·loot   va·aym   av   ki·bood
6 כִּבּוּד אָב וָאֵם, וּגְמִילוּת חֲסָדִים,

v'ar·veet   sha·cha·reet   ha·meed·rahsh   bayt   v'hash·ka·maht
7 וְהַשְׁכָּמַת בֵּית הַמִּדְרָשׁ שַׁחֲרִית וְעַרְבִית,

כִּבּוּד אָב וָאֵם	וְתַלְמוּד תּוֹרָה	וּגְמִילוּת חֲסָדִים	שֶׁאֵין לָהֶם שִׁעוּר
honoring parents	Torah study	acts of kindness	without limit

v'hach·na·saht o·r'cheem u·vee·kur cho·leem v'hach·na·saht ka·la

1 וְהַכְנָסַת אֹרְחִים, וּבִקּוּר חוֹלִים, וְהַכְנָסַת כַּלָּה,

v'hal·va·yat ha·mayt v'ee·yun t'fee·la

2 וְהַלְוָיַת הַמֵּת, וְעִיּוּן תְּפִלָּה,

va·ha·va·aht shalom sheh·bain a·dahm la·cha·vay·ro

3 וַהֲבָאַת שָׁלוֹם שֶׁבֵּין אָדָם לַחֲבֵרוֹ,

u·vayn eesh l'eesh·toh

4 וּבֵין אִישׁ לְאִשְׁתּוֹ,

v'tal·mood Torah k'ne·ged ku·lahm

5 וְתַלְמוּד תּוֹרָה כְּנֶגֶד כֻּלָּם.

וְהַכְנָסַת אוֹרְחִים welcoming guests	וּבִקּוּר חוֹלִים visiting the sick	וַהֲבָאַת שָׁלוֹם bringing peace

Tzitzit

Our uniform and reminder for the Mitzvot (for boys).

We stand, hold all our *tzitzit*, recite this *bracha* and then kiss the *tzitzit*.

Ba·ruch A·ta Adonai Elohaynu Meh·lech ha·o·lahm

6 בָּרוּךְ אַתָּה יְיָ, אֱלֹהֵינוּ, מֶלֶךְ הָעוֹלָם, ♫ 17

ah·sher ki·d'sha·nu b'meetz·vo·tav v'tzi·va·nu al meetz·vaht tzi·tzeet

7 אֲשֶׁר קִדְּשָׁנוּ בְּמִצְוֹתָיו, וְצִוָּנוּ עַל מִצְוַת צִיצִת.

מִצְוַת צִיצִת
the *mitzvah* of *tzitzit*

Talit Bracha

Married men (and some boys after Bar Mitzvah) wear a Talit Gadol during morning prayers, surrounding themselves with a Mitzvah.

Here's how to put on the *talit*:

1. While checking to see that all the strings and knots are intact, recite "*Barchi Nafshi*:"

1 ba·r'chi naf·shi et Adonai Adonai Elohai ga·dal·ta m'ohd hod v'ha·dar la·vash·ta

1 בָּרְכִי נַפְשִׁי אֶת יְיָ, יְיָ אֱלֹהַי גָּדַלְתָּ מְּאֹד, הוֹד וְהָדָר לָבָשְׁתָּ.

2 o·teh ohr ka·sal·ma no·teh sha·ma·yeem kai·ri·ah

2 עֹטֶה אוֹר כַּשַּׂלְמָה, נוֹטֶה שָׁמַיִם כַּיְרִיעָה.

2. Place the *talit* over your head and hold it up over your shoulders and back.
3. Recite this *bracha:*

♫ 18

3 Ba·ruch A·ta Adonai Elohaynu Meh·lech ha·o·lahm

3 בָּרוּךְ אַתָּה יְיָ, אֱלֹהֵינוּ, מֶלֶךְ הָעוֹלָם,

4 ah·sher ki·d'sha·nu b'meetz·vo·tav v'tzi·va·nu l'heet·ah·tayf b'tzi·tzeet

4 אֲשֶׁר קִדְּשָׁנוּ בְּמִצְוֹתָיו, וְצִוָּנוּ לְהִתְעַטֵּף בְּצִיצִת.

4. Let the *talit* drape over your head and shoulders. Hold both right corners in your right hand and the left corners in your left hand.
Fling the right corners over your left shoulder. Place the left corners over your heart, below your right hand. Recite the following prayer.

5 ma ya·kar chas·d'cha Eloheem oov·nay a·dahm b'tzayl k'na·feh·cha yeh·che·sa·yun

5 מַה יָּקָר חַסְדְּךָ אֱלֹהִים, וּבְנֵי אָדָם בְּצֵל כְּנָפֶיךָ יֶחֱסָיוּן.

6 yeer·v'yoon mi·deh·shen bay·teh·cha v'na·chal a·da·ne·cha tash·kaym

6 יִרְוְיֻן מִדֶּשֶׁן בֵּיתֶךָ וְנַחַל עֲדָנֶיךָ תַשְׁקֵם.

7 ki ee·m'cha m'kor cha·yeem b'o·r'cha neer·eh ohr

7 כִּי עִמְּךָ מְקוֹר חַיִּים, בְּאוֹרְךָ נִרְאֶה אוֹר.

8 m'shoch chas·d'cha l'yo·d'eh·cha v'tzeed·ka·t'cha l'yeesh·ray layv

8 מְשֹׁךְ חַסְדְּךָ לְיֹדְעֶיךָ, וְצִדְקָתְךָ לְיִשְׁרֵי לֵב.

5. Bring the right sides of the *talit* back over your right shoulder and fling the left sides over your left shoulder. Now (on a weekday) you are ready to put on the *tefilin*!

TEFILIN BRACHOT
Men and boys aged 13 and up wrap Tefilin every weekday, dedicating mind, heart (emotions) and actions to serve Hashem.

1. Position the *tefilin shel yad* (arm *tefilin*) on your left biceps (if you are right-handed) with the *tefilin* box facing your heart.

2. Recite the *bracha*. (Do not speak until the *shel rosh* [head *tefilin*] is in place.)

ha·o·lahm　　Meh·lech　Elohaynu　Adonai　A·ta　Ba·ruch
בָּרוּךְ אַתָּה יְיָ, אֱלֹהֵינוּ, מֶלֶךְ הָעוֹלָם,　1

t'fee·leen　l'ha·ni·ach　v'tzi·va·nu　b'meetz·vo·tav　ki·d'sha·nu　ah·sher
אֲשֶׁר קִדְּשָׁנוּ בְּמִצְוֹתָיו, וְצִוָּנוּ לְהָנִיחַ תְּפִלִּין.　2

3. Tighten the knot and wrap the straps;
Fasten the knot to the *tefilin* box by wrapping twice over the knot and *tefilin*, around your biceps, to create a שׁ. Then wrap seven more times on your arm past the elbow, until just before the wrist bone. Wrap the 8th wrap beyond the wrist bone diagonally across and into the palm. Hold the straps in your palm or let them loose while you don the *tefilin shel rosh*.

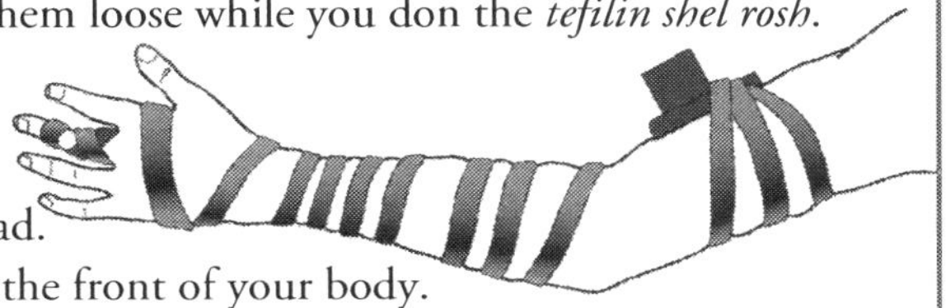

4. Place the *tefilin shel rosh* (head *tefilin*) on your head like a crown, lining up its front with your hairline, centered above your forehead. Pull the two straps from the back knot over to the front of your body.

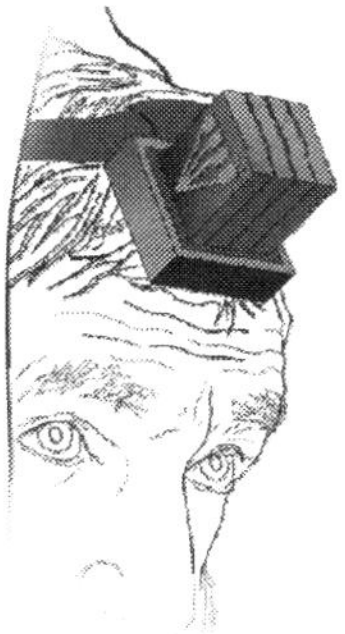

5. Wrap the loose end of the *shel yad* strap around your palm once, then three times around your middle finger: once around the base of the finger, once over the middle, and then once more around the base.

6. It is customary to pray *Shacharit* while wrapped in *tefilin*. When that is not an option, be sure to recite the *Shema* (pages 40-41) while wearing the *tefilin*.

If you mistakenly spoke after the first bracha and before the shel rosh was in place, recite this additional bracha while donning the shel rosh:

ha·o·lahm　Meh·lech　Elohaynu　Adonai　A·ta　Ba·ruch
בָּרוּךְ אַתָּה יְיָ, אֱלֹהֵינוּ, מֶלֶךְ הָעוֹלָם,　3

t'fee·leen　meetz·vaht　al　v'tzi·va·nu　b'meetz·vo·tav　ki·d'sha·nu　ah·sher
אֲשֶׁר קִדְּשָׁנוּ בְּמִצְוֹתָיו, וְצִוָּנוּ עַל מִצְוַת תְּפִלִּין.　4

Hareini Mekabel

I commit to love and treat others as myself.

ah·say meetz·vaht ah·lai m'ka·bayl ha·ray·ni

1 הֲרֵינִי מְקַבֵּל עָלַי מִצְוַת עֲשֵׂה, ♫ 20

ka·mo·cha l'ray·ah·cha v'a·hav·ta shel

2 שֶׁל וְאָהַבְתָּ לְרֵעֲךָ כָּמוֹךָ.

כָּמוֹךָ	לְרֵעֲךָ	וְאָהַבְתָּ
as yourself	your fellow	love

Ma Tovu

How wonderful that I can pray in a holy place!
Hashem, please accept my prayers.

Yisrael meesh·k'no·teh·cha Ya·ah·kov o·ha·le·cha toh·vu ma

3 מַה טֹּבוּ אֹהָלֶיךָ יַעֲקֹב, מִשְׁכְּנֹתֶיךָ יִשְׂרָאֵל. ♫ 21

vay·teh·cha a·vo chas·d'cha b'rov va·ah·ni

4 וַאֲנִי בְּרֹב חַסְדְּךָ, אָבֹא בֵיתֶךָ,

b'yeer·ah·teh·cha kod·sh'cha hay·chal el esh·ta·cha·veh

5 אֶשְׁתַּחֲוֶה אֶל הֵיכַל קָדְשְׁךָ, בְּיִרְאָתֶךָ.

ra·tzon ait Adonai l'cha t'fee·la·ti va·ah·ni

6 וַאֲנִי תְפִלָּתִי לְךָ יְיָ עֵת רָצוֹן,

yeesh·eh·cha beh·eh·met a·nay·ni chas·deh·cha b'rov Eloheem

7 אֱלֹהִים בְּרָב חַסְדֶּךָ, עֲנֵנִי בֶּאֱמֶת יִשְׁעֶךָ.

תְּפִלָּתִי	אֹהָלֶיךָ	טֹּבוּ
my prayer	tent	good

Adon Olam

During prayer, as we mention Hashem's Holy Name, we focus on Hashem's infinite eternity, where past, present and future are all one.

♫ 22

1 אֲדוֹן עוֹלָם, אֲשֶׁר מָלַךְ, בְּטֶרֶם כָּל יְצוּר נִבְרָא,
A·dohn o·lahm ah·sher ma·lach b'teh·rem kol y'tzur neev·ra

2 לְעֵת נַעֲשָׂה בְחֶפְצוֹ כֹּל, אֲזַי מֶלֶךְ שְׁמוֹ נִקְרָא.
l'ait na·ah·sa v'chef·tzo kol a·zai Meh·lech Sh'mo neek·ra

3 וְאַחֲרֵי כִּכְלוֹת הַכֹּל, לְבַדּוֹ יִמְלֹךְ נוֹרָא.
v'a·cha·ray keech·loht ha·kol l'va·doh yeem·lohch No·ra

4 וְהוּא הָיָה, וְהוּא הֹוֶה, וְהוּא יִהְיֶה בְּתִפְאָרָה.
v'Hu ha·ya v'Hu ho·veh v'Hu yeeh·yeh b'teef·ah·ra

5 וְהוּא אֶחָד, וְאֵין שֵׁנִי, לְהַמְשִׁיל לוֹ, לְהַחְבִּירָה.
v'Hu eh·chad v'ayn shay·ni l'hahm·sheel Lo l'hach·bee·ra

6 בְּלִי רֵאשִׁית, בְּלִי תַכְלִית, וְלוֹ הָעֹז וְהַמִּשְׂרָה.
b'li ray·sheet b'li tach·leet v'Lo ha·ohz v'ha·mees·ra

7 וְהוּא אֵלִי, וְחַי גֹּאֲלִי, וְצוּר חֶבְלִי בְּעֵת צָרָה.
v'Hu Ay·li v'chai go·ah·li v'tzur chev·li b'ait tza·ra

8 וְהוּא נִסִּי, וּמָנוֹס לִי, מְנָת כּוֹסִי בְּיוֹם אֶקְרָא.
v'Hu ni·si u·ma·nos li m'naht ko·si b'yohm ek·ra

9 בְּיָדוֹ אַפְקִיד רוּחִי, בְּעֵת אִישַׁן וְאָעִירָה.
b'ya·doh af·keed ru·chi b'ait ee·shan v'a·ee·ra

10 וְעִם רוּחִי גְּוִיָּתִי, יְיָ לִי וְלֹא אִירָא.
v'eem ru·chi g'vi·ya·ti Adonai li v'lo ee·ra

אֲדוֹן	הָיָה	הֹוֶה	יִהְיֶה	ה׳ לִי	וְלֹא אִירָא
Master	was (past)	is (present)	will be (future)	Hashem is with me	I will not fear

Korban HaTamid

Our daily prayers correspond to the daily communal Korbanot in the Beit Hamikdash, which brought us close to Hashem. Today, reading the Korbanot is like we are offering them.

lay·mor Moshe el Adonai vai·da·bayr
1 וַיְדַבֵּר יְיָ אֶל מֹשֶׁה לֵּאמֹר.

a·lay·hem v'a·mar·ta Yisrael b'nay et tzav
2 צַו אֶת בְּנֵי יִשְׂרָאֵל וְאָמַרְתָּ אֲלֵהֶם,

ni·cho·chi ray·ach l'ee·shai lach·mi kor·ba·ni et
3 אֶת קָרְבָּנִי, לַחְמִי לְאִשַּׁי, רֵיחַ נִיחֹחִי,

b'mo·ah·doh li l'hak·reev teesh·m'ru
4 תִּשְׁמְרוּ לְהַקְרִיב לִי בְּמוֹעֲדוֹ.

lAdonai tak·ri·vu ah·sher ha·ee·sheh zeh la·hem v'a·mar·ta
5 וְאָמַרְתָּ לָהֶם, זֶה הָאִשֶּׁה אֲשֶׁר תַּקְרִיבוּ לַייָ,

ta·meed o·la la·yohm sh'na·yeem t'mi·meem sha·na b'nay k'va·seem
6 כְּבָשִׂים בְּנֵי שָׁנָה תְמִימִם, שְׁנַיִם לַיּוֹם, עוֹלָה תָמִיד.

va·bo·ker ta·ah·seh eh·chad ha·ke·ves et
7 אֶת הַכֶּבֶשׂ אֶחָד תַּעֲשֶׂה בַבֹּקֶר,

ha·ar·ba·yeem bain ta·ah·seh ha·shay·ni ha·ke·ves v'ait
8 וְאֵת הַכֶּבֶשׂ הַשֵּׁנִי תַּעֲשֶׂה בֵּין הָעַרְבָּיִם.

בֵּין הָעַרְבָּיִם	בַבֹּקֶר	עוֹלָה תָמִיד	קָרְבָּנִי
in the afternoon	in the morning	a constant offering	My *korban* (sacrifice)

va·ah·si·reet ha·ay·fa so·let l'meen·cha
1 וַעֲשִׂירִית הָאֵיפָה סֹלֶת לְמִנְחָה,

b'lu·la b'sheh·men ka·teet r'vi·eet ha·heen
2 בְּלוּלָה בְּשֶׁמֶן כָּתִית, רְבִיעִת הַהִין.

o·laht ta·meed ha·ah·su·ya b'har si·nai l'ray·ach ni·cho·ach ee·sheh lAdonai
3 עֹלַת תָּמִיד, הָעֲשֻׂיָה בְּהַר סִינַי, לְרֵיחַ נִיחֹחַ אִשֶּׁה לַייָ.

v'nees·ko r'vi·eet ha·heen la·ke·ves ha·eh·chad
4 וְנִסְכּוֹ, רְבִיעִת הַהִין לַכֶּבֶשׂ הָאֶחָד,

ba·ko·desh ha·saych ne·sech shay·char lAdonai
5 בַּקֹּדֶשׁ הַסֵּךְ נֶסֶךְ שֵׁכָר לַייָ.

v'ait ha·ke·ves ha·shay·ni ta·ah·seh bain ha·ar·ba·yeem
6 וְאֵת הַכֶּבֶשׂ הַשֵּׁנִי, תַּעֲשֶׂה בֵּין הָעַרְבָּיִם,

k'meen·chaht ha·bo·ker ooch·nees·ko ta·ah·seh ee·shay ray·ach ni·cho·ach lAdonai
7 כְּמִנְחַת הַבֹּקֶר וּכְנִסְכּוֹ תַּעֲשֶׂה, אִשֵּׁה רֵיחַ נִיחֹחַ לַייָ.

v'sha·chaht o·toh al yeh·rech ha·meez·bay·ach tza·fo·na leef·nay Adonai
8 **וְשָׁחַט** אֹתוֹ עַל יֶרֶךְ הַמִּזְבֵּחַ צָפֹנָה לִפְנֵי יְיָ,

v'za·r'ku b'nay A·ha·rohn ha·ko·ha·neem et da·mo al ha·meez·bay·ach sa·veev
9 וְזָרְקוּ בְּנֵי אַהֲרֹן הַכֹּהֲנִים אֶת דָּמוֹ עַל הַמִּזְבֵּחַ סָבִיב.

When praying with a *minyan*, mourners recite *Kaddish d'Rabanan* (page 76).

לְרֵיחַ נִיחֹחַ	הַמִּזְבֵּחַ
a pleasing fragrance	the Altar

Hodu

Praise and thanks which were recited in the Beit Hamikdash after offering the daily korbanot.

	ho·du	lAdonai	keer·oo	veesh·mo	ho·dee·u	va·ah·meem	a·li·lo·tav
1	הוֹדוּ	לַייָ,	קִרְאוּ	בִשְׁמוֹ,	הוֹדִיעוּ	בָעַמִּים	עֲלִילוֹתָיו.

	shi·ru	lo	za·m'ru	lo	si·chu	b'chol	neef·l'o·tav
2	שִׁירוּ	לוֹ,	זַמְּרוּ	לוֹ,	שִׂיחוּ	בְּכָל	נִפְלְאֹתָיו...

	al	ti·g'u	beem·shi·chai	u·veen·vi·ai	al	ta·ray·u
3	אַל	תִּגְּעוּ	בִּמְשִׁיחָי,	וּבִנְבִיאַי	אַל	תָּרֵעוּ.

PART II. Illustrating our promised future, this was recited in the Beit Hamikdash after offering the evening Korbanot.

	shi·ru	lAdonai	kol	ha·ah·retz	ba·s'ru	mi·yohm	el	yohm	y'shu·ah·toh
4	שִׁירוּ	לַייָ	כָּל	הָאָרֶץ,	בַּשְּׂרוּ	מִיּוֹם	אֶל	יוֹם	יְשׁוּעָתוֹ...

	l'ho·doht	l'shaym	kod·sheh·cha	l'heesh·ta·bay·ach	beet·hee·la·teh·cha
5	...לְהוֹדוֹת	לְשֵׁם	קָדְשֶׁךָ,	לְהִשְׁתַּבֵּחַ	בִּתְהִלָּתֶךָ...

PART III. Hashem hears our prayers, even when we do not have the Beit Hamikdash and cannot offer Korbanot.

	ro·m'mu	Adonai	Elohaynu	v'heesh·ta·cha·vu	la·ha·dom	rahg·lav	Ka·dosh	Hu
6	רוֹמְמוּ	יְיָ	אֱלֹהֵינוּ,	וְהִשְׁתַּחֲווּ	לַהֲדֹם	רַגְלָיו,	קָדוֹשׁ	הוּא...

	v'Hu	Ra·chum	y'cha·payr	a·vohn
7	וְהוּא	רַחוּם	יְכַפֵּר	עָוֹן...

	Adonai	ho·shi·ah	ha·Meh·lech	ya·ah·nay·nu	v'yohm	kor·ay·nu
8	יְיָ	הוֹשִׁיעָה,	הַמֶּלֶךְ	יַעֲנֵנוּ	בְיוֹם	קָרְאֵנוּ.

הוֹדוּ לַה׳	שִׁירוּ לוֹ	לְהוֹדוֹת	רַחוּם
praise Hashem	sing to Him	to thank	merciful

meez·mor sheer cha·nu·kat ha·ba·yeet l'Daveed
1 מִזְמוֹר שִׁיר חֲנֻכַּת הַבַּיִת לְדָוִד.

a·ro·meem·cha Adonai ki dee·li·ta·ni v'lo si·mach·ta o·y'vai li
2 אֲרוֹמִמְךָ יְיָ כִּי דִלִּיתָנִי, וְלֹא שִׂמַּחְתָּ אֹיְבַי לִי...

Adonai Meh·lech Adonai ma·lach Adonai yeem·loch l'o·lahm va·ed
3 יְיָ מֶלֶךְ, יְיָ מָלָךְ, יְיָ יִמְלֹךְ לְעוֹלָם וָעֶד.

♫ 23

Adonai Meh·lech Adonai ma·lach Adonai yeem·loch l'o·lahm va·ed
4 יְיָ מֶלֶךְ, יְיָ מָלָךְ, יְיָ יִמְלֹךְ לְעוֹלָם וָעֶד.

v'ha·ya Adonai l'Meh·lech al kol ha·ah·retz
5 וְהָיָה יְיָ לְמֶלֶךְ עַל כָּל הָאָרֶץ,

ba·yohm ha·hu yeeh·yeh Adonai eh·chad oosh·mo eh·chad
6 בַּיּוֹם הַהוּא יִהְיֶה יְיָ אֶחָד וּשְׁמוֹ אֶחָד.

---

ho·shi·ay·nu Adonai Elohaynu v'ka·b'tzay·nu meen ha·go·yeem
7 הוֹשִׁיעֵנוּ יְיָ אֱלֹהֵינוּ וְקַבְּצֵנוּ מִן הַגּוֹיִם,

l'ho·doht l'shaym kod·sheh·cha l'heesh·ta·bay·ach beet·hee·la·teh·cha
8 לְהוֹדוֹת לְשֵׁם קָדְשֶׁךָ, לְהִשְׁתַּבֵּחַ בִּתְהִלָּתֶךָ...

---

la·m'na·tzay·ach been·gi·noht meez·mor sheer
9 לַמְנַצֵּחַ בִּנְגִינֹת מִזְמוֹר שִׁיר.

Eloheem y'cho·nay·nu vi·va·r'chay·nu ya·ayr pa·nav ee·ta·nu se·la
10 אֱלֹהִים יְחָנֵּנוּ וִיבָרְכֵנוּ, יָאֵר פָּנָיו אִתָּנוּ סֶלָה.

la·da·aht ba·a·retz dar·ke·cha b'chol go·yeem y'shu·a·te·cha
11 לָדַעַת בָּאָרֶץ דַּרְכֶּךָ, בְּכָל גּוֹיִם יְשׁוּעָתֶךָ...

ה׳ מֶלֶךְ	ה׳ מָלָךְ	ה׳ יִמְלֹךְ לְעוֹלָם וָעֶד
Hashem is King	Hashem was King	Hashem will rule forever

BARUCH SHE'AMAR

Blessing and praise to Hashem,
Creator and Manager of the world.

We stand while holding the two front *tzitzit* in our right hand. We kiss them after the *bracha*.
The following two lines are a mystical introduction to fulfilling our mitzvot of the day.

1
l'shaym	yi·chud	kood·sha	b'reech	Hu	u·sh'cheen·tayh
לְשֵׁם	יְחוּד	קוּדְשָׁא	בְּרִיךְ	הוּא	וּשְׁכִינְתֵּהּ,

2
l'ya·cha·da	Shaym	yud kay	b'vav kay	b'yi·chu·da	sh'leem	b'shaym	kol	Yisrael
לְיַחֲדָא	שֵׁם	י״ה	בו״ה	בְּיִחוּדָא	שְׁלִים,	בְּשֵׁם	כָּל	יִשְׂרָאֵל.

3
Ba·ruch	sheh·ah·mar	v'ha·ya	ha·o·lahm	Ba·ruch	Hu
בָּרוּךְ	שֶׁאָמַר	וְהָיָה	הָעוֹלָם,	בָּרוּךְ	הוּא,

4
Ba·ruch	o·mayr	v'o·seh	Ba·ruch	go·zayr	oom·ka·yaym
בָּרוּךְ	אוֹמֵר	וְעוֹשֶׂה,	בָּרוּךְ	גּוֹזֵר	וּמְקַיֵּם,

5
Ba·ruch	o·seh	v'ray·sheet
בָּרוּךְ	עֹשֶׂה	בְרֵאשִׁית,

6
Ba·ruch	m'ra·chaym	al	ha·ah·retz
בָּרוּךְ	מְרַחֵם	עַל	הָאָרֶץ,

7
Ba·ruch	m'ra·chaym	al	ha·b'ri·yoht
בָּרוּךְ	מְרַחֵם	עַל	הַבְּרִיּוֹת,

8
Ba·ruch	m'sha·laym	sa·char	tov	li·ray·av
בָּרוּךְ	מְשַׁלֵּם	שָׂכָר	טוֹב	לִירֵאָיו,

9
Ba·ruch	chai	la·ahd	v'ka·yahm	la·ne·tzach
בָּרוּךְ	חַי	לָעַד,	וְקַיָּם	לָנֶצַח,

10
Ba·ruch	po·deh	u·ma·tzeel	Ba·ruch	Sh'mo
בָּרוּךְ	פּוֹדֶה	וּמַצִּיל,	בָּרוּךְ	שְׁמוֹ.

אוֹמֵר וְעוֹשֶׂה	גּוֹזֵר וּמְקַיֵּם	מְרַחֵם	שָׂכָר	לָנֶצַח
says and does	decrees and fulfills	has mercy	reward	forever

ha·o·lahm Meh·lech Elohaynu Adonai A·ta Ba·ruch

1 בָּרוּךְ אַתָּה יְיָ, אֱלֹהֵינוּ, מֶלֶךְ הָעוֹלָם,

a·mo b'feh ha·m'hu·lal ha·Ra·cha·mahn Av ha·Ayl

2 הָאֵל, אָב הָרַחֲמָן, הַמְּהֻלָּל בְּפֶה עַמּוֹ.

va·ah·va·dav cha·si·dav beel·shohn oom·fo·ar m'shu·bach

3 מְשֻׁבָּח וּמְפֹאָר, בִּלְשׁוֹן חֲסִידָיו וַעֲבָדָיו,

av·deh·cha Da·veed oov·shi·ray

4 וּבְשִׁירֵי דָוִד עַבְדֶּךָ.

u·veez·mi·roht beesh·va·chot Elohaynu Adonai n'ha·lel·cha

5 **נְהַלֶּלְךָ יְיָ אֱלֹהֵינוּ, בִּשְׁבָחוֹת וּבִזְמִרוֹת,**

oon·fa·ehr·cha u·n'sha·bay·cha·cha n'ga·del·cha

6 נְגַדֶּלְךָ, וּנְשַׁבֵּחֲךָ, וּנְפָאֶרְךָ,

Elohaynu Mal·kay·nu Sheem·cha v'naz·keer v'nam·li·ch'cha

7 וְנַמְלִיכְךָ, וְנַזְכִּיר שִׁמְךָ, מַלְכֵּנוּ, אֱלֹהֵינוּ.

Meh·lech ha·o·la·meem chay ya·cheed

8 יָחִיד, חֵי הָעוֹלָמִים מֶלֶךְ,

ha·ga·dol Sh'mo ahd ah·day oom·fo·ar m'shu·bach

9 מְשֻׁבָּח וּמְפֹאָר, עֲדֵי עַד שְׁמוֹ הַגָּדוֹל.

ba·teesh·ba·chot m'hu·lal Meh·lech Adonai A·ta Ba·ruch

10 בָּרוּךְ אַתָּה יְיָ, מֶלֶךְ מְהֻלָּל בַּתִּשְׁבָּחוֹת.

וּבִזְמִרוֹת	בִּשְׁבָחוֹת	נְהַלֶּלְךָ	אָב הָרַחֲמָן
and songs	with praises	we will praise You	Merciful Father

MIZMOR L'TODAH

ha·a·retz kol lAdonai ha·ri·u l'toh·da meez·mor

מִזְמוֹר לְתוֹדָה, הָרִיעוּ לַייָ כָּל הָאָרֶץ. 1

beer·na·na l'fa·nav bo·u b'seem·cha Adonai et eev·du

עִבְדוּ אֶת יְיָ בְּשִׂמְחָה, בֹּאוּ לְפָנָיו בִּרְנָנָה... 2

YEHI CHEVOD

b'ma·ah·sav Adonai yees·mach l'o·lahm Adonai ch'vod y'hee

יְהִי כְבוֹד יְיָ לְעוֹלָם, יִשְׂמַח יְיָ בְּמַעֲשָׂיו. 3

o·lahm v'ahd may·a·ta m'vo·rach Adonai shaym y'hee

יְהִי שֵׁם יְיָ מְבֹרָךְ, מֵעַתָּה וְעַד עוֹלָם... 4

yash·cheet v'lo a·vohn y'cha·payr Ra·choom v'Hu

וְהוּא רַחוּם יְכַפֵּר עָוֹן, וְלֹא יַשְׁחִית, 5

cha·ma·toh kol ya·eer v'lo a·po l'ha·sheev v'heer·ba

וְהִרְבָּה לְהָשִׁיב אַפּוֹ, וְלֹא יָעִיר כָּל חֲמָתוֹ. 6

kor·ay·nu v'yohm ya·a·nay·nu ha·Meh·lech ho·shi·a Adonai

יְיָ הוֹשִׁיעָה, הַמֶּלֶךְ יַעֲנֵנוּ בְיוֹם קָרְאֵנוּ. 7

עִבְדוּ אֶת ה' בְּשִׂמְחָה

serve Hashem with joy

| **ASHREI** | We praise Hashem's wonders, kindness and mercy, from the Tehilim, the Psalms of King David, in א-ב order. |

1   אַשְׁרֵי יוֹשְׁבֵי בֵיתֶךָ, עוֹד יְהַלְלוּךָ סֶּלָה.
ahsh·ray   yo·sh'vay   vay·teh·cha   ohd   y'ha·l'lu·cha   seh·la

2   אַשְׁרֵי הָעָם שֶׁכָּכָה לּוֹ, אַשְׁרֵי הָעָם שֶׁיְיָ אֱלֹהָיו.
ahsh·ray   ha·ahm   sheh·ka·cha   lo   ahsh·ray   ha·ahm   sheh-Adonai   Elohav

3   תְּהִלָּה לְדָוִד,
t'hee·la   l'Da·veed

4   אֲרוֹמִמְךָ אֱלֹהַי הַמֶּלֶךְ, וַאֲבָרְכָה שִׁמְךָ לְעוֹלָם וָעֶד.
a·ro·meem·cha   Elohai   ha·Meh·lech   va·ah·va·r'cha   Sheem·cha   l'o·lahm   va·ed

5   בְּכָל יוֹם אֲבָרְכֶךָּ, וַאֲהַלְלָה שִׁמְךָ לְעוֹלָם וָעֶד.
b'chol   yohm   a·va·r'che·ka   va·ah·ha·l'la   Sheem·cha   l'o·lahm   va·ed

6   גָּדוֹל יְיָ וּמְהֻלָּל מְאֹד, וְלִגְדֻלָּתוֹ אֵין חֵקֶר.
ga·dol   Adonai   oom·hu·lal   m'ohd   v'leeg·du·la·toh   ayn   chay·ker

7   דּוֹר לְדוֹר יְשַׁבַּח מַעֲשֶׂיךָ, וּגְבוּרֹתֶיךָ יַגִּידוּ.
dor   l'dor   y'sha·bach   ma·ah·seh·cha   oog·vu·ro·teh·cha   ya·gi·du

8   הֲדַר כְּבוֹד הוֹדֶךָ, וְדִבְרֵי נִפְלְאֹתֶיךָ אָשִׂיחָה.
ha·dar   k'vod   ho·deh·cha   v'deev·ray   neef·l'o·teh·cha   a·si·cha

נִפְלְאֹתֶיךָ	גָּדוֹל	וַאֲבָרְכָה	אַשְׁרֵי
wonders	great	I will bless	happy

1.
ah·sa·p'reh·na oog·du·la·t'cha yo·may·ru no·r'o·teh·cha veh·eh·zooz

וֶעֱזוּז נוֹרְאוֹתֶיךָ יֹאמֵרוּ, וּגְדֻלָּתְךָ אֲסַפְּרֶנָּה.

2.
y'ra·nay·nu v'tzeed·ka·t'cha ya·bee·u tu·v'cha rav zeh·cher

זֵכֶר רַב טוּבְךָ יַבִּיעוּ, וְצִדְקָתְךָ יְרַנֵּנוּ.

3.
cha·sed oog·dol a·pa·yeem e·rech Adonai v'ra·chum cha·noon

חַנּוּן וְרַחוּם יְיָ, אֶרֶךְ אַפַּיִם, וּגְדָל חָסֶד.

4.
ma·ah·sav kol al v'ra·cha·mav la·kol Adonai tov

טוֹב יְיָ לַכֹּל, וְרַחֲמָיו עַל כָּל מַעֲשָׂיו.

5.
y'va·r'chu·cha va·cha·si·deh·cha ma·ah·seh·cha kol Adonai yo·du·cha

יוֹדוּךָ יְיָ כָּל מַעֲשֶׂיךָ, וַחֲסִידֶיךָ יְבָרְכוּכָה.

6.
y'da·bay·ru oog·vu·ra·t'cha yo·may·ru mal·chu·t'cha k'vod

כְּבוֹד מַלְכוּתְךָ יֹאמֵרוּ, וּגְבוּרָתְךָ יְדַבֵּרוּ.

7.
mal·chu·toh ha·dar ooch·vod g'vu·ro·tav ha·ah·dahm leev·nay l'ho·dee·ah

לְהוֹדִיעַ לִבְנֵי הָאָדָם גְּבוּרֹתָיו, וּכְבוֹד הֲדַר מַלְכוּתוֹ.

8.
va·dor dor b'chol u·mem·shal·t'cha o·la·meem kol mal·choot mal·chu·t'cha

מַלְכוּתְךָ, מַלְכוּת כָּל עֹלָמִים, וּמֶמְשַׁלְתְּךָ בְּכָל דֹּר וָדֹר.

9.
ha·k'fu·feem l'chol v'zo·kayf ha·no·f'leem l'chol Adonai so·maych

סוֹמֵךְ יְיָ לְכָל הַנֹּפְלִים, וְזוֹקֵף לְכָל הַכְּפוּפִים.

מַלְכוּת	טוֹב	וְרַחוּם
kingdom	Good	Merciful

ay·nay chol ay·le·cha y'sa·bay·ru v'A·ta no·tayn la·hem et och·lahm b'ee·toh

1 עֵינֵי כֹל אֵלֶיךָ יְשַׂבֵּרוּ, וְאַתָּה נוֹתֵן לָהֶם אֶת אָכְלָם בְּעִתּוֹ.

Focus

po·tay·ach et ya·deh·cha u·mas·bee·ah l'chol chai ra·tzon

2 פּוֹתֵחַ אֶת יָדֶךָ, וּמַשְׂבִּיעַ לְכָל חַי רָצוֹן.

tza·deek Adonai b'chol d'ra·chav v'cha·seed b'chol ma·ah·sav

3 צַדִּיק יְיָ בְּכָל דְּרָכָיו, וְחָסִיד בְּכָל מַעֲשָׂיו.

ka·rov Adonai l'chol ko·r'av l'chol ah·sher yeek·ra·oo·hu veh·eh·met

4 קָרוֹב יְיָ לְכָל קֹ*רְאָיו, לְכֹל אֲשֶׁר יִקְרָאֻהוּ בֶאֱמֶת.

r'tzon y'ray·av ya·ah·seh v'et shav·ah·tahm yeesh·ma v'yo·shi·aym

5 רְצוֹן יְרֵאָיו יַעֲשֶׂה, וְאֶת שַׁוְעָתָם יִשְׁמַע וְיוֹשִׁיעֵם.

sho·mayr Adonai et kol o·ha·vav v'ait kol ha·r'sha·eem yash·meed

6 שׁוֹמֵר יְיָ אֶת כָּל אֹהֲבָיו, וְאֵת כָּל הָ*רְשָׁעִים יַשְׁמִיד.

t'hee·laht Adonai y'da·behr pi

7 תְּהִלַּת יְיָ יְדַבֶּר פִּי,

vi·va·raych kol ba·sar shaym kod·sho l'o·lahm va·ed

8 וִיבָרֵךְ כָּל בָּשָׂר שֵׁם קָדְשׁוֹ לְעוֹלָם וָעֶד.

va·ah·nach·nu n'va·raych Yah may·ah·ta v'ahd o·lahm Ha·l'lu·yah

9 וַאֲנַחְנוּ נְבָרֵךְ יָהּ, מֵעַתָּה וְעַד עוֹלָם, הַלְלוּ*יָהּ.

On weekdays, after the Torah reading, continue with concluding prayers (pages 66-75).

אָכְלָם	פּוֹתֵחַ	וּמַשְׂבִּיעַ	צַדִּיק	קָרוֹב	יִשְׁמַע
food	open	satisfy	righteous	near	He listens

Halelukah

Ha·l'lu·yah ha·l'li naf·shi et Adonai
1 הַלְלוּיָהּ, הַלְלִי נַפְשִׁי אֶת יְיָ.

a·ha·l'la Adonai b'cha·yai a·za·m'ra lAylohai b'o·dee
2 אֲהַלְלָה יְיָ בְּחַיָּי, אֲזַמְּרָה לֵאלֹהַי בְּעוֹדִי...

Ha·l'lu·yah ki tov za·m'ra Elohaynu
3 הַלְלוּיָהּ, כִּי טוֹב זַמְּרָה אֱלֹהֵינוּ,

ki na·eem na·va t'hee·la
4 כִּי נָעִים, נָאוָה תְהִלָּה...

Ha·l'lu·yah ha·l'lu et Adonai meen ha·sha·ma·yeem
5 הַלְלוּיָהּ, הַלְלוּ אֶת יְיָ מִן הַשָּׁמַיִם,

ha·l'lu·hu ba·m'ro·meem
6 הַלְלוּהוּ בַּמְּרוֹמִים...

Ha·l'lu·yah shi·ru lAdonai sheer cha·dahsh
7 הַלְלוּיָהּ, שִׁירוּ לַייָ שִׁיר חָדָשׁ,

t'hee·la·toh beek·hal cha·si·deem
8 תְּהִלָּתוֹ בִּקְהַל חֲסִידִים...

הַלְלוּיָ-הּ	הַלְלִי נַפְשִׁי אֶת ה׳	שִׁירוּ לַה׳ שִׁיר חָדָשׁ
praise Hashem	my soul, praise Hashem	sing to Hashem a new song

HALELUKAH

Praise Hashem with musical instruments and dance.
(This is also the final chapter of Tehilim.)

♫ 27

Ha·l'lu·yah ha·l'lu Ayl b'kod·sho ha·l'lu·hu beer·ki·ah u·zo

1 הַלְלוּיָהּ, הַלְלוּ אֵל בְּקָדְשׁוֹ, הַלְלוּהוּ בִּרְקִיעַ עֻזּוֹ.

ha·l'lu·hu beeg·vu·ro·tav ha·l'lu·hu k'rov gewd·lo

2 הַלְלוּהוּ בִּגְבוּרֹתָיו, הַלְלוּהוּ כְּרֹב גֻּדְלוֹ.

ha·l'lu·hu b'tay·ka sho·far ha·l'lu·hu b'nay·vel v'chi·nor

3 הַלְלוּהוּ בְּתֵקַע שׁוֹפָר, הַלְלוּהוּ בְּנֵבֶל וְכִנּוֹר.

ha·l'lu·hu b'tof u·ma·chol ha·l'lu·hu b'mi·neem v'u·gav

4 הַלְלוּהוּ בְּתֹף וּמָחוֹל, הַלְלוּהוּ בְּמִנִּים וְעֻגָב.

ha·l'lu·hu b'tzeel·tz'lay sha·ma ha·l'lu·hu b'tzeel·tz'lay t'ru·ah

5 הַלְלוּהוּ בְּצִלְצְלֵי שָׁמַע, הַלְלוּהוּ בְּצִלְצְלֵי תְרוּעָה.

kol ha·n'sha·ma t'ha·layl Yah Ha·l'lu·yah

6 כֹּל הַנְּשָׁמָה תְּהַלֵּל יָהּ, הַלְלוּיָהּ.

kol ha·n'sha·ma t'ha·layl Yah Ha·l'lu·yah

7 כֹּל הַנְּשָׁמָה תְּהַלֵּל יָהּ, הַלְלוּיָהּ.

הַלְלוּיָ-הּ	בְּתֹף	וּמָחוֹל
praise Hashem	with drums	and dance

VAYEVARECH DAVID

Ba·ruch Adonai l'o·lahm ah·mayn v'ah·mayn

1 בָּרוּךְ יְיָ לְעוֹלָם, אָמֵן וְאָמֵן...

---

vai·va·rech Da·veed et Adonai l'ay·nay kol ha·ka·hal

2 וַיְבָרֶךְ דָּוִיד אֶת יְיָ, לְעֵינֵי כָּל הַקָּהָל,

va·yo·mehr Da·veed

3 וַיֹּאמֶר דָּוִיד:

Ba·ruch A·ta Adonai Elohay Yisrael a·vi·nu

4 בָּרוּךְ אַתָּה יְיָ, אֱלֹהֵי יִשְׂרָאֵל אָבִינוּ,

may·o·lahm v'ahd o·lahm

5 מֵעוֹלָם וְעַד עוֹלָם...

V'CHAROT

v'cha·roht ee·mo ha·b'reet la·tayt et eh·retz

6 וְכָרוֹת עִמּוֹ הַבְּ*רִית, לָתֵת אֶת אֶרֶץ

ha·k'na·a·ni ha·chi·ti ha·eh·mo·ri v'ha·p'ri·zi v'hai·vu·si v'ha·geer·ga·shi

7 הַכְּ*נַעֲנִי, הַחִתִּי, הָאֱמֹרִי, וְהַפְּ*רִזִּי, וְהַיְבוּסִי, וְהַגִּרְגָּשִׁי,

la·tayt l'zar·o va·ta·kem et d'va·reh·cha ki tza·deek A·ta

8 לָתֵת לְזַרְעוֹ, וַתָּקֶם אֶת דְּבָרֶיךָ, כִּי צַדִּיק אָתָּה...

וַתָּקֶם אֶת דְּבָרֶיךָ You fulfilled Your Words	כִּי צַדִּיק אָתָּה for You are righteous

Vayosha

meetz·ra·yeem mi·yad Yisrael et ha·hu ba·yohm Adonai va·yo·sha

1 וַיּוֹשַׁע יְיָ בַּיּוֹם הַהוּא, אֶת יִשְׂרָאֵל מִיַּד מִצְרָיִם,

ha·yahm s'faht al mayt meetz·ra·yeem et Yisrael va·yar

2 וַיַּרְא יִשְׂרָאֵל אֶת מִצְרַיִם, מֵת עַל שְׂפַת הַיָּם.

ha·g'doh·la ha·yad et Yisrael va·yar

3 וַיַּרְא יִשְׂרָאֵל אֶת הַיָּד הַגְּדֹלָה,

b'meetz·ra·yeem Adonai ah·sa ah·sher

4 אֲשֶׁר עָשָׂה יְיָ בְּמִצְרַיִם,

Adonai et ha·ahm va·yi·r'u

5 וַיִּירְאוּ הָעָם אֶת יְיָ,

av·doh oov·Moshe bAdonai va·ya·a·mi·nu

6 וַיַּאֲמִינוּ בַּייָ וּבְמֹשֶׁה עַבְדּוֹ.

Az Yashir

lAdonai ha·zot ha·shi·ra et Yisrael oov·nay Moshe ya·sheer az

6 אָז יָשִׁיר מֹשֶׁה וּבְנֵי יִשְׂרָאֵל אֶת הַשִּׁירָה הַזֹּאת לַייָ,

ga·ah ga·o ki lAdonai a·shi·ra lay·mor va·yo·m'ru

7 וַיֹּאמְרוּ לֵאמֹר: אָשִׁירָה לַייָ כִּי גָאֹה גָּאָה,

va·yahm ra·ma v'ro·ch'vo soos

8 סוּס וְרֹכְבוֹ רָמָה בַיָּם.

li·shu·ah li vai·hee Yah v'zeem·raht o·zi

9 עָזִּי וְזִמְרָת יָהּ, וַיְהִי לִי לִישׁוּעָה,

va·a·ro·m'men·Hu a·vi Elohay v'ahn·vay·Hu Ayli zeh

10 זֶה אֵלִי וְאַנְוֵהוּ, אֱלֹהֵי אָבִי וַאֲרֹמְמֶנְהוּ...

וַיַּאֲמִינוּ בַּה׳ וּבְמֹשֶׁה עַבְדּוֹ
they believed in Hashem and in Moshe, His servant

זֶה אֵ-לִי וְאַנְוֵהוּ
this is my G-d and I will glorify Him

YISHTABACH

This closing bracha of Pesukei d'Zimra
includes 15 expressions of praise to Hashem.

On Shabbat:

1   oov·chayn yeesh·ta·bach Sheem·cha la·ahd Mal·kay·nu
    וּבְכֵן יִשְׁתַּבַּח שִׁמְךָ לָעַד מַלְכֵּנוּ,

2   ha·Ayl ha·Meh·lech ha·ga·dol v'ha·ka·dosh ba·sha·ma·yeem u·va·ah·retz
    הָאֵל, הַמֶּלֶךְ, הַגָּדוֹל, וְהַקָּדוֹשׁ, בַּשָּׁמַיִם וּבָאָרֶץ.

3   ki l'cha na·eh Adonai Elohaynu vAylohay a·vo·tay·nu
    כִּי לְךָ נָאֶה יְיָ אֱלֹהֵינוּ וֵאלֹהֵי אֲבוֹתֵינוּ,

4   l'o·lahm va·ed
    לְעוֹלָם וָעֶד.

5   sheer oosh·va·cha ha·layl v'zeem·ra ohz u·mem·sha·la
    שִׁיר וּשְׁבָחָה, הַלֵּל וְזִמְרָה, עֹז וּמֶמְשָׁלָה,

6   ne·tzach g'du·la oog·vu·ra t'hee·la v'teef·eh·ret
    נֶצַח, גְּדֻלָּה וּגְבוּרָה, תְּהִלָּה וְתִפְאֶרֶת,

7   k'du·sha u·mal·choot
    קְדֻשָׁה וּמַלְכוּת.

וְזִמְרָה	הַלֵּל	וּשְׁבָחָה	שִׁיר
melody	praise	praise	song

1   b'ra·chot   v'ho·da·oht   l'Sheem·cha   ha·ga·dol   v'ha·ka·dosh
    בְּרָכוֹת וְהוֹדָאוֹת, לְשִׁמְךָ הַגָּדוֹל וְהַקָּדוֹשׁ,

2   u·may·o·lahm   ahd   o·lahm   A·ta   Ayl
    וּמֵעוֹלָם עַד עוֹלָם אַתָּה אֵל.

3   Ba·ruch   A·ta   Adonai
    בָּרוּךְ אַתָּה יְיָ,

4   Ayl   Meh·lech   ga·dol   oom·hu·lal   ba·teesh·ba·chot
    אֵל מֶלֶךְ, גָּדוֹל, וּמְהֻלָּל בַּתִּשְׁבָּחוֹת,

5   Ayl   ha·ho·da·oht   A·dohn   ha·neef·la·oht
    אֵל הַהוֹדָאוֹת, אֲדוֹן הַנִּפְלָאוֹת,

6   bo·ray   kol   ha·n'sha·moht   Ree·bohn   kol   ha·ma·ah·seem
    בּוֹרֵא כָּל הַנְּשָׁמוֹת, רִבּוֹן כָּל הַמַּעֲשִׂים.

7   ha·bo·chayr   b'shi·ray   zeem·ra
    הַבּוֹחֵר בְּשִׁירֵי זִמְרָה,

8   Meh·lech   ya·cheed   chay   ha·o·la·meem
    מֶלֶךְ יָחִיד, חֵי הָעוֹלָמִים.

When praying with a *minyan*, the *Chazzan* recites
Half *Kaddish* (page 76) and *Barchu* (below).

מֶלֶךְ יָחִיד	חֵי הָעוֹלָמִים
the only King	the Life of the worlds

Barchu

The Chazzan invites the congregation to join him in blessing.

We bow along with the *Chazzan* while he says *"Barchu."*

Chazzan:

ha·m'vo·rach Adonai et ba·r'chu

1 בָּרְכוּ אֶת יְיָ הַמְּבֹרָךְ.

We bow while saying *"Baruch"* and straighten up for *"A-donai."*

Cong. then *Chazzan*:

va·ed l'o·lahm ha·m'vo·rach Adonai Ba·ruch

2 בָּרוּךְ יְיָ הַמְּבֹרָךְ לְעוֹלָם וָעֶד.

Yotzer Or

First blessing before the Shema:
Hashem creates light and darkness, goodness and otherwise.

ha·o·lahm Meh·lech Elohaynu Adonai A·ta Ba·ruch

3 בָּרוּךְ אַתָּה יְיָ, אֱלֹהֵינוּ, מֶלֶךְ הָעוֹלָם,

cho·shech u·vo·ray or yo·tzayr

4 יוֹצֵר אוֹר, וּבוֹרֵא חֹשֶׁךְ,

ha·kol et u·vo·ray shalom o·seh

5 עֹשֶׂה שָׁלוֹם, וּבוֹרֵא אֶת הַכֹּל.

שָׁלוֹם	חֹשֶׁךְ	אוֹר
peace	darkness	light

BLESSINGS OF SHEMA SAMPLINGS

1
b'ra·cha·meem   a·le·ha   v'la·da·reem   la·a·retz   ha·may·eer

הַמֵּאִיר לָאָרֶץ וְלַדָּרִים עָלֶיהָ בְּרַחֲמִים,

2
v'ray·sheet   ma·a·say   ta·meed   yohm   b'chol   m'cha·daysh   oov·tu·vo

וּבְטוּבוֹ מְחַדֵּשׁ בְּכָל יוֹם תָּמִיד מַעֲשֵׂה בְרֵאשִׁית...

3
k'doh·sheem   bo·ray   v'Go·ah·lay·nu   Mal·kay·nu   Tzu·ray·nu   la·ne·tzach   teet·ba·raych

תִּתְבָּרַךְ לָנֶצַח, צוּרֵנוּ, מַלְכֵּנוּ, וְגֹאֲלֵנוּ, בּוֹרֵא קְדוֹשִׁים...

4
Hu   Ka·dosh   v'ha·No·ra   ha·Gi·bor   ha·Ga·dol   ha·Meh·lech   ha·Ayl   Shaym   et

אֶת שֵׁם הָאֵל, הַמֶּלֶךְ הַגָּדוֹל, הַגִּבּוֹר וְהַנּוֹרָא, קָדוֹשׁ הוּא...

ANGELS' PRAISE

All kinds of angels sing all kinds of praises.
Here, we chant some of the angels' praises.

5
Tz'va·oht   Adonai   Ka·dosh   Ka·dosh   Ka·dosh

קָדוֹשׁ קָדוֹשׁ קָדוֹשׁ, יְיָ צְבָאוֹת,

6
k'vo·doh   ha·ah·retz   chol   m'lo

מְלֹא כָל הָאָרֶץ כְּבוֹדוֹ.

7
mi·m'ko·mo   Adonai   k'vod   Ba·ruch

בָּרוּךְ כְּבוֹד יְיָ מִמְּקוֹמוֹ.

הָאָרֶץ	מְלֹא	קָדוֹשׁ
the world	fills	holy

LA·KEIL BARUCH

End of the first blessing before Shema:
Hashem continues to create everything, always.

v'ka·yahm chai Ayl la·Meh·lech yi·tay·nu n'ee·moht Ba·ruch la·Ayl

1 לָאֵל בָּרוּךְ נְעִימוֹת יִתֵּנוּ, לַמֶּלֶךְ אֵל חַי וְקַיָּם.

yash·mi·u v'teesh·ba·chot yo·may·ru z'mi·roht

2 זְמִרוֹת יֹאמֵרוּ, וְתִשְׁבָּחוֹת יַשְׁמִיעוּ.

v'ka·dosh ma·rohm l'va·doh Hu ki

3 כִּי הוּא לְבַדּוֹ, מָרוֹם וְקָדוֹשׁ,

meel·cha·moht ba·al cha·da·shoht o·seh g'vu·roht po·ayl

4 פּוֹעֵל גְּבוּרוֹת, עוֹשֶׂה חֲדָשׁוֹת, בַּעַל מִלְחָמוֹת,

r'fu·oht bo·ray y'shu·oht matz·mi·ach tz'da·kot zo·ray·ah

5 זוֹרֵעַ צְדָקוֹת, מַצְמִיחַ יְשׁוּעוֹת, בּוֹרֵא רְפוּאוֹת,

ha·neef·la·oht A·dohn t'hee·loht no·ra

6 נוֹרָא תְהִלּוֹת, אֲדוֹן הַנִּפְלָאוֹת,

v'ray·sheet ma·ah·say ta·meed yohm b'chol b'tu·vo ha·m'cha·daysh

7 הַמְחַדֵּשׁ בְּטוּבוֹ, בְּכָל יוֹם תָּמִיד, מַעֲשֵׂה בְרֵאשִׁית.

chas·doh l'o·lahm ki g'doh·leem o·reem l'o·say ka·ah·moor

8 כָּאָמוּר: לְעֹשֵׂה אוֹרִים גְּדֹלִים, כִּי לְעוֹלָם חַסְדּוֹ.

ha·m'o·roht yo·tzayr Adonai A·ta Ba·ruch

9 בָּרוּךְ אַתָּה יְיָ, יוֹצֵר הַמְּאוֹרוֹת.

תָּמִיד	הַמְחַדֵּשׁ	הַנִּפְלָאוֹת	אֲדוֹן	בּוֹרֵא
continuously	renews	wonders	Master	creates

AHAVAT OLAM

Second blessing before Shema:
We prepare to awaken our love for Hashem in Shema
by reminding ourselves that Hashem loves us.

1
a·ha·vaht   o·lahm   a·hav·ta·nu   Adonai   Elohaynu
אַהֲבַת עוֹלָם אֲהַבְתָּנוּ יְיָ אֱלֹהֵינוּ,

2
chem·la   g'doh·la   vi·tay·ra   cha·mal·ta   a·lay·nu
חֶמְלָה גְדוֹלָה וִיתֵרָה חָמַלְתָּ עָלֵינוּ...

3
A·vi·nu   Av   ha·Ra·cha·mahn   ha·m'ra·chaym
אָבִינוּ אָב הָרַחֲמָן, הַמְרַחֵם,

4
ra·chem   na   a·lay·nu   v'tayn   b'li·bay·nu   bee·na
רַחֵם נָא עָלֵינוּ, וְתֵן בְּלִבֵּנוּ בִּינָה,

5
l'ha·veen   ool·hahs·keel   leesh·mo·ah   leel·mohd   u·l'la·mayd   leesh·mor   v'la·ah·sot
לְהָבִין, וּלְהַשְׂכִּיל, לִשְׁמֹעַ, לִלְמוֹד, וּלְלַמֵּד, לִשְׁמֹר, וְלַעֲשׂוֹת,

6
ool·ka·yaym   et   kol   deev·ray   tal·mood   Torah·teh·cha   b'a·ha·va
וּלְקַיֵּם אֶת כָּל דִּבְרֵי תַלְמוּד תּוֹרָתֶךָ בְּאַהֲבָה.

7
v'ha·ayr   ay·nay·nu   b'Torah·teh·cha   v'da·bayk   li·bay·nu   b'meetz·vo·teh·cha
וְהָאֵר עֵינֵינוּ בְּתוֹרָתֶךָ, וְדַבֵּק לִבֵּנוּ בְּמִצְוֹתֶיךָ,

8
v'ya·chayd   l'va·vay·nu   l'a·ha·va   ool·yeer·ah   et   Sh'meh·cha
וְיַחֵד לְבָבֵנוּ לְאַהֲבָה וּלְיִרְאָה אֶת שְׁמֶךָ,

9
v'lo   nay·vosh   v'lo   ni·ka·laym   v'lo   ni·ka·shayl   l'o·lahm   va·ed
וְלֹא נֵבוֹשׁ, וְלֹא נִכָּלֵם, וְלֹא נִכָּשֵׁל לְעוֹלָם וָעֶד...

10
vahaviaynu   l'shalom   may·ar·ba   kahn·foht   ha·ah·retz
We gather the tzitzit into our left hand.
וַהֲבִיאֵנוּ לְשָׁלוֹם מֵאַרְבַּע כַּנְפוֹת הָאָרֶץ...

11
v'kay·rav·ta·nu   Mal·kay·nu   l'Sheem·cha   ha·ga·dol   b'a·ha·va
וְקֵרַבְתָּנוּ מַלְכֵּנוּ לְשִׁמְךָ הַגָּדוֹל בְּאַהֲבָה,

12
l'ho·doht   l'cha   ool·ya·ched·cha   ool·a·ha·va   et   Sh'meh·cha
לְהוֹדוֹת לְךָ וּלְיַחֶדְךָ וּלְאַהֲבָה אֶת שְׁמֶךָ.

13
Ba·ruch   A·ta   Adonai   ha·bo·chayr   b'a·mo   Yisrael   b'a·ha·va
בָּרוּךְ אַתָּה יְיָ, הַבּוֹחֵר בְּעַמּוֹ יִשְׂרָאֵל בְּאַהֲבָה.

אֲהַבְתָּנוּ	וְדַבֵּק לִבֵּנוּ בְּמִצְוֹתֶיךָ	וְקֵרַבְתָּנוּ	הַבּוֹחֵר בְּעַמּוֹ יִשְׂרָאֵל בְּאַהֲבָה
You loved us	attach our hearts to Your *mitzvot*	bring us close	chooses His nation Israel with love

SHEMA

We proclaim our loyalty to The One Hashem:
Hear O Israel, Hashem is our G-d, Hashem is One.

The *Shema* is our most important declaration and affirmation of Hashem's unity.

As we say the *Shema* we have in mind that we accept Hashem's Torah and *mitzvot* in our lives, and we are ready to live – and if need be, die – for Hashem.

While holding the *tzitzit* in our left hand, we cover our eyes with our right hand in order to say the *Shema* with total concentration.

Sh'ma Yisrael

1 שְׁמַע יִשְׂרָאֵל, ♫ 34

Adonai Elohaynu

2 יְיָ אֱלֹהֵינוּ,

Adonai Eh·chad

3 יְיָ אֶחָד.

Shhh... whisper these words.

Ba·ruch shaym k'vod mal·chu·toh l'o·lahm va·ed

4 בָּרוּךְ שֵׁם כְּבוֹד מַלְכוּתוֹ לְעוֹלָם וָעֶד.

V'AHAVTA

Love Hashem until self-sacrifice, study Torah everywhere, teach it to our children, wrap Tefilin and post Mezuzot.

Pause when you get to a dot (·) to separate between the words.

1 וְאָהַבְתָּ אֵת יְיָ אֱלֹהֶיךָ,
v'a·hav·ta ait Adonai Elohecha

2 בְּכָל · לְבָבְךָ, וּבְכָל נַפְשְׁךָ, וּבְכָל מְאֹדֶךָ.
b'chol l'va·v'cha oov·chol naf·sh'cha oov·chol m'o·deh·cha

3 וְהָיוּ הַדְּבָרִים הָאֵלֶּה,
v'ha·yu ha·d'va·reem ha·ay·leh

4 אֲשֶׁר אָנֹכִי מְצַוְּךָ הַיּוֹם, עַל · לְבָבֶךָ.
ah·sher A·no·chi m'tza·v'cha ha·yohm al l'va·veh·cha

5 וְשִׁנַּנְתָּם לְבָנֶיךָ, וְדִבַּרְתָּ בָּם,
v'shi·nan·tahm l'va·ne·cha v'dee·bar·ta bahm

6 בְּשִׁבְתְּךָ בְּבֵיתֶךָ, וּבְלֶכְתְּךָ בַדֶּרֶךְ, וּבְשָׁכְבְּךָ, וּבְקוּמֶךָ.
b'sheev·t'cha b'vay·teh·cha oov·lech·t'cha va·deh·rech oov·shoch·b'cha oov·ku·meh·cha

7 וּקְשַׁרְתָּם לְאוֹת עַל יָדֶךָ, וְהָיוּ לְטֹטָפֹת בֵּין עֵינֶיךָ.
ook·shar·tahm l'oht al ya·deh·cha v'ha·yu l'toh·ta·foht bain ay·ne·cha

8 וּכְתַבְתָּם · עַל מְזֻזוֹת בֵּיתֶךָ, וּבִשְׁעָרֶיךָ.
ooch·tav·tahm al m'zu·zot bay·teh·cha u·veesh·a·reh·cha

וְאָהַבְתָּ	לְבָבְךָ	נַפְשְׁךָ	מְאֹדֶךָ
love	heart	soul	might/money

בְּבֵיתֶךָ	בַדֶּרֶךְ	וּבְשָׁכְבְּךָ	וּבְקוּמֶךָ	וּקְשַׁרְתָּם	לְאוֹת	מְזֻזוֹת
in your house	on the road	bedtime	wake-up time	wrap them	sign	doorposts

V'HAYA

Rewards and consequences for keeping the Mitzvot.

♫ 36

v'ha·ya eem sha·mo·ah teesh·m'u

1 וְהָיָה, אִם שָׁמֹעַ תִּשְׁמְ*עוּ,

el meetz·vo·tai ah·sher A·no·chi m'tza·veh et·chem ha·yohm

2 אֶל מִצְוֹתַי, אֲשֶׁר אָנֹכִי מְצַוֶּה אֶתְכֶם הַיּוֹם,

l'a·ha·va et Adonai Elohaychem

3 לְאַהֲבָה אֶת יְיָ אֱלֹהֵיכֶם,

ool·ov·doh b'chol l'vav·chem oov·chol naf·sh'chem

4 וּלְעָבְדוֹ בְּכָל · לְבַבְכֶם, וּבְכָל נַפְשְׁ*כֶם.

v'na·ta·ti m'tar ar·tz'chem b'ee·toh yo·reh u·mal·kosh

5 וְנָתַתִּי מְטַר אַרְצְ*כֶם בְּעִתּוֹ, יוֹרֶה וּמַלְקוֹשׁ.

v'a·saf·ta d'ga·ne·cha v'ti·ro·sh'cha v'yeetz·ha·reh·cha

6 וְאָסַפְתָּ דְגָנֶךָ, וְתִירשְׁ*ךָ, וְיִצְהָרֶךָ.

v'na·ta·ti ay·sev b'sa·d'cha leev·hem·teh·cha

7 וְנָתַתִּי עֵשֶׂב בְּשָׂדְ*ךָ, לִבְהֶמְתֶּךָ,

v'a·chal·ta v'sa·va·ta

8 וְאָכַלְתָּ, וְשָׂבָעְתָּ.

שָׁמֹעַ	וּלְעָבְדוֹ	מְטַר	וְאָכַלְתָּ	וְשָׂבָעְתָּ
listen	to serve Him	rain	you will eat	you will be satisfied

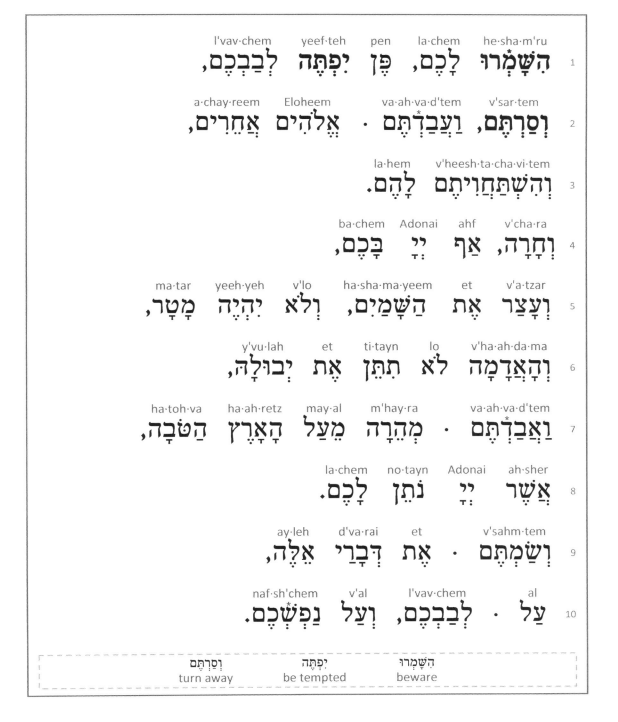

he·sha·m'ru la·chem pen yeef·teh l'vav·chem
1 הִשָּׁמְרוּ לָכֶם, פֶּן יִפְתֶּה לְבַבְכֶם,

v'sar·tem va·ah·va·d'tem Eloheem a·chay·reem
2 וְסַרְתֶּם, וַעֲבַדְתֶּם · אֱלֹהִים אֲחֵרִים,

v'heesh·ta·cha·vi·tem la·hem
3 וְהִשְׁתַּחֲוִיתֶם לָהֶם.

v'cha·ra ahf Adonai ba·chem
4 וְחָרָה, אַף יְיָ בָּכֶם,

v'a·tzar et ha·sha·ma·yeem v'lo yeeh·yeh ma·tar
5 וְעָצַר אֶת הַשָּׁמַיִם, וְלֹא יִהְיֶה מָטָר,

v'ha·ah·da·ma lo ti·tayn et y'vu·lah
6 וְהָאֲדָמָה לֹא תִתֵּן אֶת יְבוּלָהּ,

va·ah·va·d'tem m'hay·ra may·al ha·ah·retz ha·toh·va
7 וַאֲבַדְתֶּם · מְהֵרָה מֵעַל הָאָרֶץ הַטֹּבָה,

ah·sher Adonai no·tayn la·chem
8 אֲשֶׁר יְיָ נֹתֵן לָכֶם.

v'sahm·tem et d'va·rai ay·leh
9 וְשַׂמְתֶּם · אֶת דְּבָרַי אֵלֶּה,

al l'vav·chem v'al naf·sh'chem
10 עַל · לְבַבְכֶם, וְעַל נַפְשְׁכֶם.

הִשָּׁמְרוּ	יִפְתֶּה	וְסַרְתֶּם
beware	be tempted	turn away

1

yed·chem   al   l'oht   o·tahm   ook·shar·tem

וּקְשַׁרְתֶּם · אֹתָם לְאוֹת עַל יֶדְכֶם,

2

ay·nay·chem   bain   l'toh·ta·foht   v'ha·yu

וְהָיוּ לְטוֹטָפֹת, בֵּין עֵינֶיכֶם.

3

bahm   l'da·bayr   b'nay·chem   et   o·tahm   v'li·ma·d'tem

וְלִמַּדְתֶּם · אֹתָם · אֶת בְּנֵיכֶם לְדַבֵּר בָּם,

4

va·deh·rech   oov·lech·t'cha   b'vay·teh·cha   b'sheev·t'cha

בְּשִׁבְתְּךָ בְּבֵיתֶךָ, וּבְלֶכְתְּךָ בַדֶּרֶךְ,

5

u·v'ku·meh·cha   oov·shoch·b'cha

וּבְשָׁכְבְּךָ וּבְקוּמֶךָ.

6

u·veesh·a·reh·cha   bay·teh·cha   m'zu·zot   al   ooch·tav·tahm

וּכְתַבְתָּם · עַל מְזוּזוֹת בֵּיתֶךָ, וּבִשְׁעָרֶיךָ.

7

ha·ah·da·ma   al   v'nay·chem   vi·may   y'may·chem   yeer·bu   l'ma·ahn

לְמַעַן יִרְבּוּ יְמֵיכֶם, וִימֵי בְנֵיכֶם, עַל הָאֲדָמָה,

8

la·hem   la·tayt   la·ah·vo·tay·chem   Adonai   neesh·ba   ah·sher

אֲשֶׁר נִשְׁבַּע יְיָ לַאֲבֹתֵיכֶם, לָתֵת לָהֶם,

9

ha·ah·retz   al   ha·sha·ma·yeem   ki·may

כִּימֵי הַשָּׁמַיִם עַל הָאָרֶץ.

וּכְתַבְתָּם	וְלִמַּדְתֶּם	וּקְשַׁרְתֶּם
write	teach	wrap

Vayomer

1) Tzitzit remind us of the Mitzvot and help us stay on the right path. 2) We remember our redemption from Egypt.

We hold our *tzitzit*, look at them as we begin "*Vayomer*" and kiss them at the words "*tzitzit*" and "*emet*" (during daylight hours).

♫ 37

va·yo·mer Adonai el Moshe lay·mor

וַיֹּאמֶר יְיָ אֶל מֹשֶׁה לֵּאמֹר:

da·bayr el b'nay Yisrael v'a·mar·ta a·lay·hem

דַּבֵּר אֶל בְּנֵי יִשְׂרָאֵל, וְאָמַרְתָּ אֲלֵהֶם,

v'a·su la·hem tzi·tzeet al kan·fay veeg·day·hem l'doh·ro·tahm

וְעָשׂוּ לָהֶם צִיצִת, עַל כַּנְפֵי בִגְדֵיהֶם לְדֹרֹתָם.

v'na·t'nu al tzi·tzeet ha·ka·naf p'teel t'chay·let

וְנָתְנוּ עַל צִיצִת הַכָּנָף, פְּתִיל תְּכֵלֶת.

v'ha·ya la·chem l'tzi·tzeet oor·ee·tem o·toh

וְהָיָה לָכֶם לְצִיצִת, וּרְאִיתֶם · אֹתוֹ,

ooz·char·tem et kol meetz·voht Adonai va·ah·si·tem o·tahm

וּזְכַרְתֶּם · אֶת כָּל מִצְוֹת יְיָ, וַעֲשִׂיתֶם · אֹתָם.

v'lo ta·tu·ru a·cha·ray l'vav·chem v'a·cha·ray ay·nay·chem

וְלֹא תָתוּרוּ אַחֲרֵי לְבַבְכֶם, וְאַחֲרֵי עֵינֵיכֶם,

ah·sher ah·tem zo·neem a·cha·ray·hem

אֲשֶׁר אַתֶּם זֹנִים אַחֲרֵיהֶם.

צִיצִת	הַכָּנָף	וּרְאִיתֶם	וּזְכַרְתֶּם	מִצְוֹת	וַעֲשִׂיתֶם
fringes	corner	see	remember	commandments	and do them

l'ma·ahn teez·k'ru va·ah·si·tem et kol meetz·vo·tai
לְמַעַן תִּזְכְּרוּ, וַעֲשִׂיתֶם · אֶת כָּל מִצְוֹתָי,

veeh·yi·tem k'doh·sheem lAylohaychem
וִהְיִיתֶם קְדֹשִׁים לֵאלֹהֵיכֶם.

A·ni Adonai Elohaychem
אֲנִי יְיָ אֱלֹהֵיכֶם,

ah·sher ho·tzay·ti et·chem may·eh·retz meetz·ra·yeem
אֲשֶׁר הוֹצֵאתִי אֶתְכֶם · מֵאֶרֶץ מִצְרַיִם,

leeh·yoht la·chem lAyloheem
לִהְיוֹת לָכֶם לֵאלֹהִים.

A·ni Adonai Elohaychem
אֲנִי יְיָ אֱלֹהֵיכֶם,

A·ni Adonai Elohaychem e·met
אֲנִי יְיָ אֱלֹהֵיכֶם, אֱמֶת;

V'YATZIV

Blessing after the Shema: All that we have just proclaimed is true and certain, treasured and dear, forever and ever.

v'ya·tzeev v'na·chon v'ka·yahm v'ya·shar v'neh·eh·mahn v'ah·hoov v'cha·veev
וְיַצִּיב, וְנָכוֹן, וְקַיָּם, וְיָשָׁר, וְנֶאֱמָן, וְאָהוּב וְחָבִיב,

v'nech·mahd v'na·eem v'no·ra v'ah·deer oom·tu·kan oom·ku·bal
וְנֶחְמָד וְנָעִים, וְנוֹרָא וְאַדִּיר, וּמְתֻקָּן וּמְקֻבָּל,

v'tov v'ya·feh ha·da·var ha·zeh a·lay·nu l'o·lahm va·ed
וְטוֹב וְיָפֶה, הַדָּבָר הַזֶּה עָלֵינוּ לְעוֹלָם וָעֶד...

תִּזְכְּרוּ	מִצְוֹתָי	קְדֹשִׁים	הוֹצֵאתִי אֶתְכֶם	מִצְרַיִם	אֱמֶת
remember	My commandments	holy	I took you out	of Egypt	truth

EZRAT: Hashem always helps us!

ez·raht a·vo·tay·nu A·ta Hu may·o·lahm ma·gayn u·mo·shi·ah la·hem

1 עֶזְרַת אֲבוֹתֵינוּ אַתָּה הוּא מֵעוֹלָם, מָגֵן וּמוֹשִׁיעַ לָהֶם,

v'leev·nay·hem a·cha·ray·hem b'chol dor va·dor

2 וְלִבְנֵיהֶם אַחֲרֵיהֶם, בְּכָל דּוֹר וָדוֹר...

MI CHAMOCHA: There is none like Hashem!

mi cha·mo·cha ba·ay·leem Adonai

3 מִי כָמֹכָה בָּאֵלִם, יְיָ,

mi ka·mo·cha ne·dar ba·ko·desh

4 מִי כָּמֹכָה, נֶאְדָּר בַּקֹּדֶשׁ,

no·ra t'hee·loht o·say feh·leh

5 נוֹרָא תְהִלֹּת עֹשֵׂה פֶלֶא.

SHIRA CHADASHA: Thanks to Hashem for our Geula (redemption) from Egypt.

shi·ra cha·da·sha shi·b'chu g'u·leem l'Sheem·cha ha·ga·dol

6 שִׁירָה חֲדָשָׁה שִׁבְּחוּ גְאוּלִים לְשִׁמְךָ הַגָּדוֹל,

al s'faht ha·yahm ya·chad ku·lahm ho·du v'heem·li·chu v'a·m'ru

7 עַל שְׂפַת הַיָּם, יַחַד כֻּלָּם הוֹדוּ, וְהִמְלִיכוּ, וְאָמְרוּ,

Adonai yeem·loch l'o·lahm va·ed

8 יְיָ יִמְלֹךְ, לְעֹלָם וָעֶד.

v'ne·eh·mar go·ah·lay·nu Adonai Tz'va·oht Sh'mo K'dosh Yisrael

9 וְנֶאֱמַר: גֹּאֲלֵנוּ יְיָ צְבָאוֹת שְׁמוֹ, קְדוֹשׁ יִשְׂרָאֵל.

Ba·ruch A·ta Adonai ga·al Yisrael

10 בָּרוּךְ אַתָּה יְיָ, גָּאַל יִשְׂרָאֵל.

גֹּאֲלֵנוּ	שִׁירָה חֲדָשָׁה	עֹשֵׂה פֶלֶא	מִי כָמֹכָה
our Redeemer	a new song	does wonders	who is like You

SH'MONEH ESREI/AMIDA

The Amida is the main, silent prayer, with 18 (+1) blessings, divided into 3 parts: Praise, Requests & Thanks.

Our *tefila* is like a ladder, and the *Amida* is at the top.
1. We express our gratitude to Hashem in *Birchot HaShachar*.
2. We awaken our love and fear of Hashem in Psalms of Praise - *Pesukei d'Zimra*.
3. We affirm our faith in Hashem's unity and accept His *mitzvot* in the *Shema*.
4. We are now ready to stand before the King, Hashem, and request all our needs.

These are the *Amida* blessings:

First 3 Brachot: **Praise:**   1. Fathers   2. Might   3. Holiness

Middle 13 Brachot: **Requests:**
1. Knowledge	
2. Return	8. Justice
3. Forgiveness	9. *Heretics
4. Redemption	10. Righteous
5. Healing	11. Jerusalem
6. Success	12. *Moshiach*
7. Ingathering	13. Acceptance

Final 3 Brachot: **Thanks:**   1. Service   2. Thanks   3. Peace

We direct our faces towards the site of the *Beit Hamikdash* in Jerusalem.
(In most of America, we face east.)
We take three steps back, then three steps forward, put our feet together
and stand at attention, like a soldier before a king.
We bend our knees and bow four times during the *Amida*, as noted:
We bend at "*Baruch*", bow at "*Ata*" and straighten up for "*A-donai*."

Amida / Sh'moneh Esrei

The Amida is the main, silent prayer, with 18 (+1) blessings, divided into 3 parts: Praise, Requests & Thanks.

We ask Hashem to help us speak properly to Him in our Amida, with this introduction:

Adonai s'fa·tai teef·tach u·fee ya·geed t'hee·la·teh·cha
אֲדֹנָי שְׂפָתַי תִּפְתָּח, וּפִי יַגִּיד תְּהִלָּתֶךָ.

♫ 39

1. אָבוֹת FATHERS: We bless Hashem, our G-d and the G-d of our forefathers, for His help, kindness and protection.

Ba·ruch A·ta Adonai Elohaynu vAylohay a·vo·tay·nu
בָּרוּךְ אַתָּה יְיָ, אֱלֹהֵינוּ, וֵאלֹהֵי אֲבוֹתֵינוּ,

Elohay Av·ra·hahm Elohay Yeetz·chak vAylohay Ya·ah·kov
אֱלֹהֵי אַבְרָהָם, אֱלֹהֵי יִצְחָק, וֵאלֹהֵי יַעֲקֹב.

ha·Ayl ha·ga·dol ha·gi·bor v'ha·no·ra Ayl el·yohn
הָאֵל הַגָּדוֹל הַגִּבּוֹר וְהַנּוֹרָא, אֵל עֶלְיוֹן,

go·mayl cha·sa·deem toh·veem ko·nay ha·kol v'zo·chayr chas·day a·voht
גּוֹמֵל חֲסָדִים טוֹבִים, קוֹנֵה הַכֹּל, וְזוֹכֵר חַסְדֵי אָבוֹת,

u·may·vi go·ayl leev·nay v'nay·hem l'ma·ahn Sh'mo b'a·ha·va
וּמֵבִיא גּוֹאֵל לִבְנֵי בְנֵיהֶם, לְמַעַן שְׁמוֹ, בְּאַהֲבָה.

During the *Aseret Y'mei Teshuva*, we add:

zoch·ray·nu l'cha·yeem Meh·lech cha·faytz ba·cha·yeem v'chot·vay·nu b'say·fer ha·cha·yeem l'ma·ahn·cha Eloheem cha·yeem
זָכְרֵנוּ לְחַיִּים, מֶלֶךְ חָפֵץ בַּחַיִּים, וְכָתְבֵנוּ בְּסֵפֶר הַחַיִּים, לְמַעַנְךָ אֱלֹהִים חַיִּים.

Meh·lech o·zayr u·mo·shi·ah u·ma·gayn
מֶלֶךְ, עוֹזֵר וּמוֹשִׁיעַ, וּמָגֵן.

Ba·ruch A·ta Adonai ma·gayn Av·ra·hahm
בָּרוּךְ אַתָּה יְיָ, מָגֵן אַבְרָהָם.

בְּנֵיהֶם	גּוֹאֵל	אָבוֹת	וְזוֹכֵר	אַתָּה	בָּרוּךְ
children	redeem	fathers	remember	You	Blessed

2. גְּבוּרוֹת MIGHT: The Almighty Hashem supports us, heals us, and restores life to those who passed away (when Moshiach will come).

♫ 40

A·ta gi·bor l'o·lahm Adonai
1 אַתָּה גִּבּוֹר לְעוֹלָם אֲדֹנָי,

m'cha·yeh may·teem A·ta rav l'ho·shi·ah
2 מְחַיֵּה מֵתִים אַתָּה, רַב לְהוֹשִׁיעַ,

mo·reed ha·tal *Summer* → / ← *Winter* ma·sheev ha·ru·ach u·mo·reed ha·ge·shem
3 מוֹרִיד הַטָּל. מַשִּׁיב הָרוּחַ וּמוֹרִיד הַגֶּשֶׁם.

m'chal·kayl cha·yeem b'che·sed m'cha·yeh may·teem b'ra·cha·meem ra·beem
4 מְכַלְכֵּל חַיִּים בְּחֶסֶד, מְחַיֵּה מֵתִים בְּרַחֲמִים רַבִּים,

so·maych no·f'leem v'ro·fay cho·leem u·ma·teer a·su·reem
5 סוֹמֵךְ נוֹפְ*לִים, וְרוֹפֵא חוֹלִים, וּמַתִּיר אֲסוּרִים,

oom·ka·yaym eh·mu·na·toh li·shay·nay ah·far
6 וּמְקַיֵּם אֱמוּנָתוֹ לִישֵׁנֵי עָפָר.

mi cha·mo·cha ba·al g'vu·roht u·mi doh·meh lach
7 מִי כָמוֹךָ בַּעַל גְּבוּרוֹת, וּמִי דּוֹמֶה לָּךְ,

Meh·lech may·meet oom·cha·yeh u·matz·mi·ach y'shu·ah
8 מֶלֶךְ מֵמִית וּמְחַיֶּה, וּמַצְמִיחַ יְשׁוּעָה.

During the *Aseret Y'mei Teshuva*, we add:

mi cha·mo·cha Av ha·Ra·cha·mahn zo·chayr y'tzu·rav l'cha·yeem b'ra·cha·meem
9 מִי כָמוֹךָ, אָב הָרַחֲמָן, זוֹכֵר יְצוּרָיו לְחַיִּים, בְּרַחֲמִים.

v'neh·eh·mahn A·ta l'ha·cha·yoht may·teem
10 וְנֶאֱמָן אַתָּה לְהַחֲיוֹת מֵתִים.

Ba·ruch A·ta Adonai m'cha·yeh ha·may·teem
11 בָּרוּךְ אַתָּה יְיָ, מְחַיֵּה הַמֵּתִים.

גִּבּוֹר	מְחַיֵּה מֵתִים	מְכַלְכֵּל חַיִּים	וְנֶאֱמָן
mighty	revives the dead	sustains life	trustworthy

3. קְדוּשָׁה HOLINESS: Hashem is Holy, infinitely removed from this world, yet chooses to connect to us and makes us His holy nation.

♪ 41

          Ka·dosh   v'Sheem·cha   Ka·dosh   A·ta

1   אַתָּה קָדוֹשׁ, וְשִׁמְךָ קָדוֹשׁ,

     seh·la   y'ha·l'lu·cha   yohm   b'chol   ook·doh·sheem

2   וּקְדוֹשִׁים בְּכָל יוֹם יְהַלְלוּךָ סֶּלָה.

     ha·Ka·dosh   ha·Ayl   Adonai   A·ta   Ba·ruch

3   בָּרוּךְ אַתָּה יְיָ, הָאֵל הַקָּדוֹשׁ.

During the *Aseret Y'mei Teshuva*, we replace "ha·Ayl - הָאֵל" with "ha·Meh·lech - הַמֶּלֶךְ."

קָדוֹשׁ
holy

---

4. דַעַת KNOWLEDGE: Hashem, grant us wisdom, understanding and knowledge.

♪ 42

 bee·na le·eh·nosh oom·la·mayd da·aht l'a·dahm cho·nayn A·ta

4   אַתָּה חוֹנֵן לְאָדָם דַּעַת, וּמְלַמֵּד לֶאֱנוֹשׁ בִּינָה.

    va·da·aht   bee·na   choch·ma   may·ee·t'cha   cho·nay·nu

5   חָנֵּנוּ מֵאִתְּךָ חָכְמָה, בִּינָה, וָדָעַת.

   ha·da·aht   cho·nayn   Adonai   A·ta   Ba·ruch

6   בָּרוּךְ אַתָּה יְיָ, חוֹנֵן הַדָּעַת.

וָדָעַת	בִּינָה	חָכְמָה
knowledge/application	understanding	wisdom

5. תְּשׁוּבָה RETURN: Hashem, return us to Your Torah and service.

♫ 43

l'Torah-teh-cha A-vi-nu ha-shi-vay-nu
הֲשִׁיבֵנוּ אָבִינוּ לְתוֹרָתֶךָ, 1

la-ah-vo-da-teh-cha Mal-kay-nu v'ka-r'vay-nu
וְקָרְבֵנוּ מַלְכֵּנוּ לַעֲבוֹדָתֶךָ, 2

l'fa-ne-cha sh'lay-ma beet-shu-va v'ha-cha-zi-ray-nu
וְהַחֲזִירֵנוּ בִּתְשׁוּבָה שְׁלֵמָה לְפָנֶיךָ. 3

beet-shu-va ha-ro-tzeh Adonai A-ta Ba-ruch
בָּרוּךְ אַתָּה יְיָ, הָרוֹצֶה בִּתְשׁוּבָה. 4

בִּתְשׁוּבָה	לְתוֹרָתֶךָ	הֲשִׁיבֵנוּ
return/repentance	to Your Torah	return us

6. סְלִיחָה FORGIVENESS: Hashem, forgive us for all our wrongdoings.

♫ 44

cha-ta-nu ki A-vi-nu la-nu s'lach
סְלַח לָנוּ אָבִינוּ, כִּי חָטָאנוּ, 5

fa-sha-nu ki Mal-kay-nu la-nu m'chol
מְחוֹל לָנוּ מַלְכֵּנוּ, כִּי פָשָׁעְנוּ, 6

A-ta v'sa-lach tov Ayl ki
כִּי אֵל טוֹב וְסַלָּח אָתָּה. 7

lees-lo-ach ha-mar-beh cha-noon Adonai A-ta Ba-ruch
בָּרוּךְ אַתָּה יְיָ, חַנּוּן הַמַּרְבֶּה לִסְלוֹחַ. 8

סְלַח לָנוּ
forgive us

7. גְּאוּלָּה REDEMPTION: Hashem, see our plight and redeem us from all suffering.

♫ 45

ri·vay·nu v'ri·va v'on·yay·nu na r'ay
רְאֵה נָא בְעָנְיֵנוּ, וְרִיבָה רִיבֵנוּ,

Sh'meh·cha l'ma·ahn m'hay·ra oog·a·lay·nu
וּגְאָלֵנוּ מְהֵרָה לְמַעַן שְׁמֶךָ,

A·ta cha·zak go·ayl Ayl ki
כִּי אֵל גּוֹאֵל חָזָק אָתָּה.

Yisrael go·ayl Adonai A·ta Ba·ruch
בָּרוּךְ אַתָּה יְיָ, גּוֹאֵל יִשְׂרָאֵל.

וּגְאָלֵנוּ	בְעָנְיֵנוּ	רְאֵה
redeem us	our suffering	see

8. רְפוּאָה HEALING: Hashem, heal all our illnesses.

♫ 46

v'ni·va·shay·ah ho·shi·ay·nu v'nay·ra·fay Adonai r'fa·ay·nu
רְפָאֵנוּ יְיָ וְנֵרָפֵא, הוֹשִׁיעֵנוּ וְנִוָּשֵׁעָה,

A·ta t'hee·la·tay·nu ki
כִּי תְהִלָּתֵנוּ אָתָּה.

ma·ko·tay·nu l'chol sh'lay·ma oor·fu·ah a·ru·cha v'ha·ah·lay
וְהַעֲלֵה אֲרוּכָה וּרְפוּאָה שְׁלֵמָה לְכָל מַכּוֹתֵינוּ,

A·ta v'ra·cha·mahn ne·eh·mahn ro·fay Meh·lech Ayl ki
כִּי אֵל מֶלֶךְ רוֹפֵא נֶאֱמָן וְרַחֲמָן אָתָּה.

Yisrael a·mo cho·lay ro·fay Adonai A·ta Ba·ruch
בָּרוּךְ אַתָּה יְיָ, רוֹפֵא חוֹלֵי עַמּוֹ יִשְׂרָאֵל.

וּרְפוּאָה שְׁלֵמָה	רְפָאֵנוּ
complete healing	heal us

9. בִּרְכַּת הַשָּׁנִים BLESSING FOR THE YEAR: Hashem, bless us with all our material needs.

ba·raych a·lay·nu Adonai Elohaynu et ha·sha·na ha·zot

1 בָּרֵךְ עָלֵינוּ יְיָ אֱלֹהֵינוּ, אֶת הַשָּׁנָה הַזֹּאת,

♫ 47

v'ait kol mi·nay t'vu·ah·tah l'toh·va

2 וְאֵת כָּל מִינֵי תְבוּאָתָהּ לְטוֹבָה,

v'tayn b'ra·cha *Summer →* v'tayn tal u·ma·tar leev·ra·cha

3 וְתֵן בְּרָכָה *← Winter* וְתֵן טַל וּמָטָר לִבְרָכָה

al p'nay ha·ah·da·ma v'sa·b'ay·nu mi·tu·veh·cha

4 עַל פְּנֵי הָאֲדָמָה, וְשַׂבְּעֵנוּ* מִטּוּבֶךָ,

u·va·raych sh'na·tay·nu ka·sha·neem ha·toh·voht leev·ra·cha

5 וּבָרֵךְ שְׁנָתֵנוּ כַּשָּׁנִים הַטּוֹבוֹת לִבְרָכָה,

ki Ayl tov u·may·teev A·ta oom·va·raych ha·sha·neem

6 כִּי אֵל טוֹב וּמֵטִיב אַתָּה, וּמְבָרֵךְ הַשָּׁנִים.

Ba·ruch A·ta Adonai m'va·raych ha·sha·neem

7 בָּרוּךְ אַתָּה יְיָ, מְבָרֵךְ הַשָּׁנִים.

בָּרֵךְ	טַל	וּמָטָר	הָאֲדָמָה
bless	dew	rain	the earth

10. קִבּוּץ גָּלֻיּוֹת INGATHERING OF THE EXILES: Hashem, blow the blast of freedom, gather our exiles from all over the world, and bring us back to our Holy Land.

♫ 48

t'ka b'sho·far ga·dol l'chay·ru·tay·nu
תְּקַע בְּשׁוֹפָר גָּדוֹל לְחֵרוּתֵנוּ, 1

v'sa nays l'ka·baytz ga·lu·yo·tay·nu
וְשָׂא נֵס לְקַבֵּץ גָּלֻיּוֹתֵינוּ, 2

v'ka·b'tzay·nu ya·chad may·ar·ba kan·foht ha·ah·retz l'ar·tzay·nu
וְקַבְּצֵנוּ יַחַד מֵאַרְבַּע כַּנְפוֹת הָאָרֶץ לְאַרְצֵנוּ. 3

Ba·ruch A·ta Adonai m'ka·baytz need·chay a·mo Yisrael
בָּרוּךְ אַתָּה יְיָ, מְקַבֵּץ נִדְחֵי עַמּוֹ יִשְׂרָאֵל. 4

תְּקַע	בְּשׁוֹפָר	לְקַבֵּץ	גָּלֻיּוֹתֵינוּ	לְאַרְצֵנוּ
blow	horn	gather	our exiles	to our land

11. מִשְׁפָּט JUSTICE: Hashem, restore our spiritual leaders and let true justice rule.

♫ 49

ha·shi·va sho·f'tay·nu k'va·ri·sho·na v'yo·ah·tzay·nu k'va·t'chi·la
הָשִׁיבָה שׁוֹפְטֵינוּ כְּבָרִאשׁוֹנָה, וְיוֹעֲצֵינוּ כְּבַתְּחִלָּה, 5

v'ha·sayr mi·meh·nu ya·gon va·ah·na·cha
וְהָסֵר מִמֶּנּוּ יָגוֹן וַאֲנָחָה, 6

oom·loch a·lay·nu A·ta Adonai l'va·d'cha
וּמְלוֹךְ עָלֵינוּ אַתָּה יְיָ לְבַדְּךָ, 7

b'che·sed oov·ra·cha·meem b'tzeh·dek oov·meesh·paht
בְּחֶסֶד וּבְרַחֲמִים, בְּצֶדֶק וּבְמִשְׁפָּט. 8

Ba·ruch A·ta Adonai Meh·lech o·hayv tz'da·ka u·meesh·paht
בָּרוּךְ אַתָּה יְיָ, מֶלֶךְ אוֹהֵב צְדָקָה וּמִשְׁפָּט. 9

During the *Aseret Y'mei Teshuva*, we end with: "ha·Meh·lech ha·meesh·paht" – הַמֶּלֶךְ הַמִּשְׁפָּט

הָשִׁיבָה	שׁוֹפְטֵינוּ
return	our judges

12. מִינִים HERETICS: Hashem, let there be no hope for the slanderers and heretics, and may all our enemies' plans fail.

♪ 50

teek·va   t'hee   al   v'la·mal·shi·neem
1   וְלַמַּלְשִׁינִים אַל תְּהִי תִקְוָה,

yo·vay·du   k'reh·ga   ha·zay·deem   v'chol   ha·mi·neem   v'chol
2   וְכָל הַמִּינִים וְכָל הַזֵּדִים, כְּרֶגַע יֹאבֵדוּ,

yi·ka·ray·tu   m'hay·ra   a·m'cha   o·y'vay   v'chol
3   וְכָל אוֹיְבֵי עַמְּךָ מְהֵרָה יִכָּרֵתוּ,

oot·ma·gayr   oot·sha·bayr   t'a·kayr   m'hay·ra   ha·reesh·ah   u·mal·choot
4   וּמַלְכוּת הָרִשְׁעָה מְהֵרָה תְעַקֵּר, וּתְשַׁבֵּר, וּתְמַגֵּר,

v'ya·may·nu   beem·hay·ra   v'tach·ni·ah
5   וְתַכְנִיעַ בִּמְהֵרָה בְיָמֵינוּ.

zay·deem   u·mach·ni·ah   o·y'veem   sho·vayr   Adonai   A·ta   Ba·ruch
6   בָּרוּךְ אַתָּה יְיָ, שֹׁבֵר אֹיְבִים, וּמַכְנִיעַ זֵדִים.

וְלַמַּלְשִׁינִים	יֹאבֵדוּ	אוֹיְבֵי עַמְּךָ	יִכָּרֵתוּ
informers	be destroyed	Your nation's enemies	be cut off

13. צַדִּיקִים RIGHTEOUS: Hashem, show mercy to the righteous, and reward those who trust in You.

♫ 51

al ha·tza·dee·keem v'al ha·cha·si·deem
1 עַל הַצַּדִּיקִים וְעַל הַחֲסִידִים,

v'al zeek·nay a·m'cha bayt Yisrael
2 וְעַל זִקְנֵי עַמְּךָ בֵּית יִשְׂרָאֵל,

v'al p'lay·taht bayt so·f'ray·hem
3 וְעַל פְּלֵיטַת בֵּית סוֹפְרֵיהֶם,

v'al gay·ray ha·tzeh·dek v'a·lay·nu
4 וְעַל גֵּרֵי הַצֶּדֶק, וְעָלֵינוּ,

yeh·heh·mu na ra·cha·meh·cha Adonai Elohaynu
5 יֶהֱמוּ נָא רַחֲמֶיךָ, יְיָ אֱלֹהֵינוּ,

v'tayn sa·char tov l'chol ha·bo·t'cheem b'Sheem·cha beh·eh·met
6 וְתֵן שָׂכָר טוֹב, לְכָל הַבּוֹטְחִים בְּשִׁמְךָ בֶּאֱמֶת,

v'seem chel·kay·nu ee·ma·hem
7 וְשִׂים חֶלְקֵנוּ עִמָּהֶם,

ool·o·lahm lo nay·vosh ki v'cha ba·tach·nu
8 וּלְעוֹלָם לֹא נֵבוֹשׁ, כִּי בְךָ בָּטָחְנוּ.

Ba·ruch A·ta Adonai meesh·ahn u·meev·tach la·tza·dee·keem
9 בָּרוּךְ אַתָּה יְיָ, מִשְׁעָן וּמִבְטָח לַצַּדִּיקִים.

הַצַּדִּיקִים	הַחֲסִידִים	רַחֲמֶיךָ	שָׂכָר	הַבּוֹטְחִים
righteous	pious	Your mercy	reward	those who trust

14. יְרוּשָׁלַיִם JERUSALEM: Hashem, return to Jerusalem and rebuild the Beit Hamikdash.

♫ 52

v'li·ru·sha·la·yeem ee·r'cha b'ra·cha·meem ta·shuv
1 וְלִירוּשָׁלַיִם עִירְךָ בְּרַחֲמִים תָּשׁוּב,

v'teesh·kohn b'toh·chah ka·ah·sher dee·bar·ta
2 וְתִשְׁכּוֹן בְּתוֹכָהּ כַּאֲשֶׁר דִּבַּרְתָּ,

v'chi·say Da·veed av·d'cha m'hay·ra b'toh·chah ta·cheen
3 וְכִסֵּא דָוִד עַבְדְּךָ מְהֵרָה בְּתוֹכָהּ תָּכִין,

oov·nay o·tah b'ka·rov b'ya·may·nu been·yahn o·lahm
4 וּבְנֵה אוֹתָהּ בְּקָרוֹב בְּיָמֵינוּ בִּנְיַן עוֹלָם.

Ba·ruch A·ta Adonai bo·nay Y'ru·sha·la·yeem
5 בָּרוּךְ אַתָּה יְיָ, **בּוֹנֵה יְרוּשָׁלָיִם.**

בּוֹנֵה יְרוּשָׁלָיִם
Builder of Jerusalem

15. מָשִׁיחַ MOSHIACH: Hashem, bring Moshiach because we await him all day!

♫ 53

et tzeh·mach Da·veed av·d'cha m'hay·ra tatz·mi·ach
6 **אֶת צֶמַח** דָּוִד עַבְדְּךָ מְהֵרָה תַצְמִיחַ,

v'kar·no ta·room bee·shu·ah·teh·cha
7 וְקַרְנוֹ תָּרוּם בִּישׁוּעָתֶךָ,

ki li·shu·ah·t'cha ki·vi·nu kol ha·yohm
8 כִּי **לִישׁוּעָתְךָ קִוִּינוּ** כָּל הַיּוֹם.

Ba·ruch A·ta Adonai matz·mi·ach ke·ren y'shu·ah
9 בָּרוּךְ אַתָּה יְיָ, מַצְמִיחַ קֶרֶן יְשׁוּעָה.

לִישׁוּעָתְךָ	קִוִּינוּ
for Your salvation	we hope

---

16. שׁוֹמֵעַ תְּפִלָּה ACCEPTANCE: Hashem, please listen to and accept all our prayers!

1   sh'ma   ko·lay·nu   Adonai   Elohaynu   Av   ha·Ra·cha·mahn   ra·chaym   a·lay·nu
שְׁמַע קוֹלֵנוּ יְיָ אֱלֹהֵינוּ, אָב הָרַחֲמָן, רַחֵם עָלֵינוּ,

2   v'ka·bayl   b'ra·cha·meem   oov·ra·tzon   et   t'fee·la·tay·nu
וְקַבֵּל בְּרַחֲמִים וּבְרָצוֹן אֶת תְּפִלָּתֵנוּ,

3   ki   Ayl   sho·may·ah   t'fee·loht   v'ta·cha·nu·neem   A·ta
כִּי אֵל שׁוֹמֵעַ תְּפִלּוֹת וְתַחֲנוּנִים אָתָּה,

4   u·mi·l'fa·ne·cha   Mal·kay·nu   ray·kam   al   t'shi·vay·nu
וּמִלְּפָנֶיךָ, מַלְכֵּנוּ, רֵיקָם אַל תְּשִׁיבֵנוּ.

5   ki   A·ta   sho·may·ah   t'fee·laht   kol   peh
כִּי אַתָּה שׁוֹמֵעַ תְּפִלַּת כָּל פֶּה.

6   Ba·ruch   A·ta   Adonai   sho·may·ah   t'fee·la
בָּרוּךְ אַתָּה יְיָ, שׁוֹמֵעַ תְּפִלָּה.

---

17. עֲבוֹדָה SERVICE: Hashem, be pleased with our prayers and service.

7   r'tzay   Adonai   Elohaynu   b'a·m'cha   Yisrael   v'leet·fee·la·tahm   sh'ay
רְצֵה יְיָ אֱלֹהֵינוּ בְּעַמְּךָ יִשְׂרָאֵל, וְלִתְפִלָּתָם שְׁעֵה,

8   v'ha·shayv   ha·ah·vo·da   leed·veer   bay·teh·cha
וְהָשֵׁב הָעֲבוֹדָה לִדְבִיר בֵּיתֶךָ,

9   v'ee·shay   Yisrael   oot·fee·la·tahm   b'a·ha·va   t'ka·bayl   b'ra·tzon
וְאִשֵּׁי יִשְׂרָאֵל, וּתְפִלָּתָם, בְּאַהֲבָה תְקַבֵּל בְּרָצוֹן,

10   oot·hee   l'ra·tzon   ta·meed   a·vo·daht   Yisrael   a·meh·cha
וּתְהִי לְרָצוֹן תָּמִיד, עֲבוֹדַת יִשְׂרָאֵל עַמֶּךָ.

On *Rosh Chodesh* and *Chol Hamoed*, flip to page 110 for *Ya'ale V'yavo.*

11   v'teh·che·zeh·na   ay·nay·nu   b'shu·v'cha   l'tzi·yohn   b'ra·cha·meem
וְתֶחֱזֶינָה עֵינֵינוּ בְּשׁוּבְךָ לְצִיּוֹן בְּרַחֲמִים.

12   Ba·ruch   A·ta   Adonai   ha·ma·cha·zeer   Sh'chi·na·toh   l'tzi·yohn
בָּרוּךְ אַתָּה יְיָ, הַמַּחֲזִיר שְׁכִינָתוֹ לְצִיּוֹן.

---

listen to our voice	You hear	prayers of every mouth	return	service	Hashem's presence
שְׁמַע קוֹלֵנוּ	אַתָּה שׁוֹמֵעַ	תְּפִלַּת כָּל פֶּה	וְהָשֵׁב	הָעֲבוֹדָה	שְׁכִינָתוֹ

18. הוֹדָאָה GRATITUDE: Hashem, thank You for Your daily
wonders, miracles and mercy.

We bow at "*Modeem*" and
straighten up for "*A-donai*".

lach a·nach·nu mo·deem
מוֹדִים אֲנַחְנוּ לָךְ, 1

va·ed l'o·lahm a·vo·tay·nu vAylohay Elohaynu Adonai Hu sha·A·ta
שָׁאַתָּה הוּא יְיָ אֱלֹהֵינוּ וֵאלֹהֵי אֲבוֹתֵינוּ לְעוֹלָם וָעֶד. 2

va·dor l'dor Hu A·ta yeesh·ay·nu ma·gayn cha·yay·nu tzur
צוּר חַיֵּינוּ, מָגֵן יִשְׁעֵנוּ, אַתָּה הוּא לְדוֹר וָדוֹר, 3

t'hee·la·teh·cha oon·sa·payr l'cha no·deh
נוֹדֶה לְךָ, וּנְסַפֵּר תְּהִלָּתֶךָ, 4

b'ya·deh·cha ha·m'su·reem cha·yay·nu al
עַל חַיֵּינוּ הַמְּסוּרִים בְּיָדֶךָ, 5

lach ha·p'ku·doht neesh·mo·tay·nu v'al
וְעַל נִשְׁמוֹתֵינוּ הַפְּקוּדוֹת לָךְ, 6

ee·ma·nu yohm sheh·b'chol ni·seh·cha v'al
וְעַל נִסֶּיךָ שֶׁבְּכָל יוֹם עִמָּנוּ, 7

ait sheh·b'chol v'toh·vo·teh·cha neef·l'o·teh·cha v'al
וְעַל נִפְלְאוֹתֶיךָ וְטוֹבוֹתֶיךָ שֶׁבְּכָל עֵת, 8

v'tza·hoh·ra·yeem va·vo·kehr eh·rev
עֶרֶב, וָבֹקֶר, וְצָהֳרָיִם. 9

ra·cha·meh·cha cha·lu lo ki ha·tov
הַטּוֹב, כִּי לֹא כָלוּ רַחֲמֶיךָ, 10

cha·sa·deh·cha ta·mu lo ki ha·m'ra·chaym
הַמְרַחֵם, כִּי לֹא תַמּוּ חֲסָדֶיךָ, 11

lach ki·vi·nu may·o·lahm ki
כִּי מֵעוֹלָם קִוִּינוּ לָךְ. 12

On *Chanuka* and *Purim*, flip to "*V'Al Hanisim*" (page 135) here.

רַחֲמֶיךָ	וְצָהֳרָיִם	וָבֹקֶר	עֶרֶב	נִסֶּיךָ	צוּר	מוֹדִים
Your mercy	afternoon	morning	evening	Your miracles	rock/strength	thanks

18. הוֹדָאָה GRATITUDE: continued…

ku·lahm v'al
1 וְעַל כֻּלָּם,

Mal·kay·nu Sheem·cha v'yeet·na·say v'yeet·ro·mam yeet·ba·raych
2 יִתְבָּרַךְ, וְיִתְרוֹמַם, וְיִתְנַשֵּׂא, שִׁמְךָ מַלְכֵּנוּ,

va·ed l'o·lahm ta·meed
3 תָּמִיד לְעוֹלָם וָעֶד.

♫ 58

During the *Aseret Y'mei Teshuva* we add:

v'ri·teh·cha b'nay kol toh·veem l'cha·yeem ooch·tov
4 וּכְתוֹב לְחַיִּים טוֹבִים, כָּל בְּנֵי בְרִיתֶךָ.

seh·la yo·du·cha ha·cha·yeem v'chol
5 וְכָל הַחַיִּים יוֹדוּךָ סֶּלָה,

tov ki l'o·lahm ha·ga·dol Sheem·cha vi·hal'lu
6 וִיהַלְלוּ* שִׁמְךָ הַגָּדוֹל לְעוֹלָם, כִּי טוֹב,

ha·tov ha·Ayl seh·la v'ez·ra·tay·nu y'shu·ah·tay·nu ha·Ayl
7 הָאֵל יְשׁוּעָתֵנוּ וְעֶזְרָתֵנוּ סֶלָה, הָאֵל הַטּוֹב.

Adonai A·ta Ba·ruch
8 בָּרוּךְ אַתָּה יְיָ,

l'ho·doht na·eh ool·cha Sheem·cha ha·tov
9 הַטּוֹב שִׁמְךָ, וּלְךָ נָאֶה לְהוֹדוֹת.

יוֹדוּךָ סֶּלָה	וְכָל הַחַיִּים
thank You forever	all living things

19. שָׁלוֹם PEACE: Hashem, our Father, grant peace
and all good blessings to Your children, for we are united.

[♫ 59]

	seem	shalom	toh·va	oov·ra·cha
1	שִׂים	שָׁלוֹם,	טוֹבָה,	וּבְרָכָה,

	cha·yeem	chayn	va·che·sed	v'ra·cha·meem
2	חַיִּים,	חֵן,	וָחֶסֶד,	וְרַחֲמִים,

	a·lay·nu	v'al	kol	Yisrael	a·meh·cha
3	עָלֵינוּ,	וְעַל	כָּל	יִשְׂרָאֵל	עַמֶּךָ,

	ba·r'chay·nu	A·vi·nu	ku·la·nu	k'eh·chad	b'or	pa·ne·cha
4	בָּרְכֵנוּ	אָבִינוּ,	כֻּלָּנוּ	כְּאֶחָד,	בְּאוֹר	פָּנֶיךָ.

	ki	v'or	pa·ne·cha	na·ta·ta	la·nu	Adonai	Elohaynu
5	כִּי	בְאוֹר	פָּנֶיךָ,	נָתַתָּ	לָּנוּ	יְיָ	אֱלֹהֵינוּ,

	toh·raht	cha·yeem	v'a·ha·vaht	che·sed
6	תּוֹרַת	חַיִּים,	וְאַהֲבַת	חֶסֶד,

	ootz·da·ka	oov·ra·cha	v'ra·cha·meem	v'cha·yeem	v'shalom
7	וּצְדָקָה,	וּבְרָכָה,	וְרַחֲמִים,	וְחַיִּים,	וְשָׁלוֹם,

	v'tov	b'ay·ne·cha	l'va·raych	et	a·m'cha	Yisrael
8	וְטוֹב	בְּעֵינֶיךָ	לְבָרֵךְ	אֶת	עַמְּךָ	יִשְׂרָאֵל,

	b'chol	ait	oov·chol	sha·ah	beesh·lo·meh·cha
9	בְּכָל	עֵת,	וּבְכָל	שָׁעָה,	בִּשְׁלוֹמֶךָ.

During the *Aseret Y'mei Teshuva* we add *"Uv'seifer"* (page 64).

	Ba·ruch	A·ta	Adonai	ha·m'va·raych	et	a·mo	Yisrael	ba·shalom
10	בָּרוּךְ	אַתָּה	יְיָ,	הַמְבָרֵךְ	אֶת	עַמּוֹ	יִשְׂרָאֵל	בַּשָּׁלוֹם.

שָׁלוֹם	בָּרְכֵנוּ	כְּאֶחָד	בְּכָל עֵת
peace	bless us	as one	at all times

END OF AMIDA

1 v'go·ah·li tzu·ri Adonai l'fa·ne·cha li·bee v'heg·yohn fee eem·ray l'ra·tzon yeeh·yu
יִהְיוּ לְרָצוֹן אִמְרֵי פִי, וְהֶגְיוֹן לִבִּי לְפָנֶיךָ, יְיָ צוּרִי וְגוֹאֲלִי.

2 meer·ma mi·da·bayr oos·fa·tai may·ra l'sho·ni n'tzor Elohai
אֱלֹהַי, נְצוֹר לְשׁוֹנִי מֵרָע, וּשְׂפָתַי מִדַּבֵּר מִרְמָה,

3 teeh·yeh la·kol ke·ah·far v'naf·shi ti·dohm naf·shi v'leem·ka·l'lai
וְלִמְקַלְלַי נַפְשִׁי תִדּוֹם, וְנַפְשִׁי כֶּעָפָר לַכֹּל תִּהְיֶה,

4 naf·shi teer·dohf oov·meetz·vo·teh·cha b'Torah·teh·cha li·bee p'tach
פְּתַח לִבִּי בְּתוֹרָתֶךָ, וּבְמִצְוֹתֶיךָ תִּרְדּוֹף נַפְשִׁי.

5 ra·ah ah·lai ha·cho·sh'veem v'chol
וְכָל הַחוֹשְׁבִים עָלַי רָעָה,

6 ma·cha·shav·tahm v'kal·kayl a·tza·tahm ha·fayr m'hay·ra
מְהֵרָה הָפֵר עֲצָתָם, וְקַלְקֵל מַחֲשַׁבְתָּם.

7 doh·cheh Adonai u·mal·ach ru·ach leef·nay k'motz yeeh·yu
יִהְיוּ כְּמֹץ לִפְנֵי רוּחַ, וּמַלְאַךְ יְיָ דֹּחֶה.

8 va·ah·nay·ni y'mi·n'cha ho·shi·ah y'dee·deh·cha yay·cha·l'tzun l'ma·ahn
לְמַעַן יֵחָלְצוּן יְדִידֶיךָ, הוֹשִׁיעָה יְמִינְךָ, וַעֲנֵנִי.

9 y'mi·ne·cha l'ma·ahn ah·say Sh'meh·cha l'ma·ahn ah·say
עֲשֵׂה לְמַעַן שְׁמֶךָ, עֲשֵׂה לְמַעַן יְמִינֶךָ,

10 k'du·sha·teh·cha l'ma·ahn ah·say Torah·teh·cha l'ma·ahn ah·say
עֲשֵׂה לְמַעַן תּוֹרָתֶךָ, עֲשֵׂה לְמַעַן קְדֻשָּׁתֶךָ.

11 v'go·ah·li tzu·ri Adonai l'fa·ne·cha li·bee v'heg·yohn fee eem·ray l'ra·tzon yeeh·yu
יִהְיוּ לְרָצוֹן אִמְרֵי פִי, וְהֶגְיוֹן לִבִּי לְפָנֶיךָ, יְיָ צוּרִי וְגוֹאֲלִי.

פְּתַח לִבִּי בְּתוֹרָתֶךָ	נְצוֹר לְשׁוֹנִי מֵרָע	יִהְיוּ לְרָצוֹן אִמְרֵי פִי
open my heart to Your Torah	stop my mouth from speaking evil	may my prayers be desired/accepted

Bring Peace עֹשֶׂה שָׁלוֹם

We take three steps back, then bow to the left while saying עֹשֶׂה הַשָּׁלוֹם בִּמְרוֹמָיו; then bow forward while saying הוּא; to the right while saying יַעֲשֶׂה שָׁלוֹם עָלֵינוּ, and forward again while saying וְעַל כָּל יִשְׂרָאֵל וְאִמְרוּ אָמֵן.

During the *Aseret Y'mei Teshuva* we add "ha-הַ."

o·seh ha·shalom beem·ro·mav Hu ya·ah·seh shalom a·lay·nu

1 עֹשֶׂה הַשָּׁלוֹם בִּמְרוֹמָיו, הוּא יַעֲשֶׂה שָׁלוֹם עָלֵינוּ, ♫ 62

v'al kol Yisrael v'eem·ru a·mayn

2 וְעַל כָּל יִשְׂרָאֵל, וְאִמְרוּ אָמֵן.

y'hee ra·tzon mi·l'fa·ne·cha Adonai Elohaynu vAylohay a·vo·tay·nu

3 יְהִי רָצוֹן מִלְּפָנֶיךָ, יְיָ אֱלֹהֵינוּ וֵאלֹהֵי אֲבוֹתֵינוּ,

sheh·yi·ba·neh bayt ha·meek·dahsh beem·hay·ra v'ya·may·nu

4 שֶׁיִּבָּנֶה בֵּית הַמִּקְדָּשׁ בִּמְהֵרָה בְיָמֵינוּ,

v'tayn chel·kay·nu b'Torah·teh·cha

5 וְתֵן חֶלְקֵנוּ בְּתוֹרָתֶךָ.

This ends the *Amida*.

After the *Amida* flip to *Tachanun* [*Ashamnu*] (page 131).

On *Rosh Chodesh* and some holidays we say *Hallel* (page 111).

When with a *minyan*, the *Chazzan* recites Half *Kaddish* and the Torah is read on certain days.

During the *Aseret Y'mei Teshuva* we add this at the end of "*Seem Shalom.*"

oov·say·fehr cha·yeem b'ra·cha v'shalom u·far·na·sa toh·va y'shu·ah v'ne·cha·ma

6 וּבְסֵפֶר חַיִּים, בְּרָכָה וְשָׁלוֹם, וּפַרְנָסָה טוֹבָה, יְשׁוּעָה וְנֶחָמָה,

oog·zay·roht toh·voht ni·za·chayr v'ni·ka·tayv l'fa·ne·cha

7 וּגְזֵרוֹת טוֹבוֹת, נִזָּכֵר וְנִכָּתֵב לְפָנֶיךָ,

a·nach·nu v'chol a·m'cha bayt Yisrael l'cha·yeem toh·veem ool·shalom

8 אֲנַחְנוּ, וְכָל עַמְּךָ בֵּית יִשְׂרָאֵל, לְחַיִּים טוֹבִים וּלְשָׁלוֹם.

שֶׁיִּבָּנֶה בֵּית הַמִּקְדָּשׁ
the Holy Temple should be rebuilt

Psalm 20
A powerful prayer to heal the sick.

LAM'NATZEIACH

1 lam·na·tzay·ach meez·mor l'Da·veed
לַמְנַצֵּחַ מִזְמוֹר לְדָוִד.

2 ya·ahn·cha Adonai b'yohm tza·ra, y'sa·gev·cha shaym Elohay Ya·ah·kov
יַעַנְךָ יְיָ בְּיוֹם צָרָה, יְשַׂגֶּבְךָ שֵׁם אֱלֹהֵי יַעֲקֹב.

3 yeesh·lach ez·r'cha mi·ko·desh, u·mi·tzi·yon yees·ah·deh·ka
יִשְׁלַח עֶזְרְךָ מִקֹּדֶשׁ, וּמִצִּיּוֹן יִסְעָדֶךָּ.

4 yeez·kor kol meen·cho·teh·cha, v'o·la·t'cha y'da·sh'neh seh·la
יִזְכֹּר כָּל מִנְחֹתֶיךָ, וְעוֹלָתְךָ יְדַשְּׁנֶה סֶלָה.

5 yi·ten l'cha cheel·va·veh·cha, v'chol a·tza·t'cha y'ma·lay
יִתֶּן לְךָ כִלְבָבֶךָ, וְכָל עֲצָתְךָ יְמַלֵּא.

6 n'ra·n'na bee·shu·ah·teh·cha, oov·shaym Elohaynu need·gol,
נְרַנְּנָה בִּישׁוּעָתֶךָ, וּבְשֵׁם אֱלֹהֵינוּ נִדְגֹּל,

7 y'ma·lay Adonai kol meesh·ah·lo·teh·cha.
יְמַלֵּא יְיָ כָּל מִשְׁאֲלוֹתֶיךָ.

8 a·ta ya·da·ti ki ho·shi·ah Adonai m'shi·cho,
עַתָּה יָדַעְתִּי, כִּי הוֹשִׁיעַ יְיָ מְשִׁיחוֹ,

9 ya·ah·nay·hu mi·sh'may kod·sho, beeg·vu·roht yay·sha y'mi·no.
יַעֲנֵהוּ מִשְּׁמֵי קָדְשׁוֹ, בִּגְבוּרוֹת יֵשַׁע יְמִינוֹ.

10 ay·leh va·reh·chev v'ay·leh va·su·seem,
אֵלֶּה בָרֶכֶב, וְאֵלֶּה בַסּוּסִים,

11 va·ah·nach·nu b'shaym Adonai Elohaynu naz·keer.
וַאֲנַחְנוּ בְּשֵׁם יְיָ אֱלֹהֵינוּ נַזְכִּיר.

12 hay·ma ka·ru v'na·fa·lu, va·ah·nach·nu kam·nu va·neet·o·dahd.
הֵמָּה כָּרְעוּ וְנָפָלוּ, וַאֲנַחְנוּ קַמְנוּ וַנִּתְעוֹדָד.

13 Adonai ho·shi·ah ha·Meh·lech ya·ah·nay·nu v'yohm kor·ay·nu.
יְיָ הוֹשִׁיעָה, הַמֶּלֶךְ יַעֲנֵנוּ בְיוֹם קָרְאֵנוּ.

יְמַלֵּא ה' כָּל מִשְׁאֲלוֹתֶיךָ | Hashem will fulfill all your requests
אֵלֶּה בָרֶכֶב וְאֵלֶּה בַסּוּסִים | they trust in horses and chariots
וַאֲנַחְנוּ בְּשֵׁם ה' אֱ-לֹקֵינוּ | but we trust in Hashem our G-d

When praying with a *minyan*, the *Chazzan* recites *Kaddish* (page 76).

| SHIR SHEL YOM | Song of the Day, sung by the Levi'im in the Holy Temple. |

SUNDAY

ha·yohm   yohm   ri·shon   ba·Shabbat
הַיּוֹם, יוֹם רִאשׁוֹן בַּשַּׁבָּת, ♪ 64 1

sheh·bo   ha·yu   hal·vi·yeem   o·m'reem   b'vayt   ha·meek·dahsh
שֶׁבּוֹ הָיוּ הַלְוִיִּם אוֹמְרִים בְּבֵית הַמִּקְדָּשׁ: 2

l'Da·veed   meez·mor   lAdonai   ha·ah·retz   oom·lo·ah   tay·vayl   v'yo·sh'vay   vah
לְדָוִד מִזְמוֹר, לַייָ הָאָרֶץ וּמְלוֹאָה, תֵּבֵל וְיֹשְׁבֵי בָהּ... 3

MONDAY

ha·yohm   yohm   shay·ni   ba·Shabbat
הַיּוֹם, יוֹם שֵׁנִי בַּשַּׁבָּת, 4

sheh·bo   ha·yu   hal·vi·yeem   o·m'reem   b'vayt   ha·meek·dahsh
שֶׁבּוֹ הָיוּ הַלְוִיִּם אוֹמְרִים בְּבֵית הַמִּקְדָּשׁ: 5

sheer   meez·mor   leev·nay   Ko·rach   ga·dol   Adonai   oom·hu·lal   m'ohd
שִׁיר מִזְמוֹר לִבְנֵי קֹרַח. גָּדוֹל יְיָ וּמְהֻלָּל מְאֹד, 6

b'eer   Elohaynu   har   kod·sho
בְּעִיר אֱלֹהֵינוּ הַר קָדְשׁוֹ... 7

TUESDAY

ha·yohm   yohm   sh'li·shi   ba·Shabbat
הַיּוֹם, יוֹם שְׁלִישִׁי בַּשַּׁבָּת, 8

sheh·bo   ha·yu   hal·vi·yeem   o·m'reem   b'vayt   ha·meek·dahsh
שֶׁבּוֹ הָיוּ הַלְוִיִּם אוֹמְרִים בְּבֵית הַמִּקְדָּשׁ: 9

meez·mor   l'A·saf   Eloheem   ni·tzav   ba·ah·daht   Ayl   b'ke·rev   Eloheem   yeesh·poht
מִזְמוֹר לְאָסָף, אֱלֹהִים נִצָּב בַּעֲדַת אֵל, בְּקֶרֶב אֱלֹהִים יִשְׁפֹּט... 10

יוֹם שְׁלִישִׁי	יוֹם שֵׁנִי	יוֹם רִאשׁוֹן
Tuesday	Monday	Sunday

Wednesday

ha·yohm yohm r'vi·ee ba·Shabbat

1 הַיּוֹם, יוֹם רְבִיעִי בַּשַּׁבָּת,

sheh·bo ha·yu hal·vi·yeem o·m'reem b'vayt ha·meek·dahsh

2 שֶׁבּוֹ הָיוּ הַלְוִיִּם אוֹמְרִים בְּבֵית הַמִּקְדָּשׁ:

Ayl n'ka·moht Adonai Ayl n'ka·moht ho·fee·ah

3 אֵל נְקָמוֹת יְיָ, אֵל נְקָמוֹת הוֹפִיעַ...

Thursday

ha·yohm yohm cha·mi·shi ba·Shabbat

4 הַיּוֹם, יוֹם חֲמִישִׁי בַּשַּׁבָּת,

sheh·bo ha·yu hal·vi·yeem o·m'reem b'vayt ha·meek·dahsh

5 שֶׁבּוֹ הָיוּ הַלְוִיִּם אוֹמְרִים בְּבֵית הַמִּקְדָּשׁ:

lam·na·tzay·ach al ha·gi·teet l'A·saf

6 לַמְנַצֵּחַ עַל הַגִּתִּית לְאָסָף.

har·ni·nu lAyloheem u·zay·nu ha·ri·u lAylohay Ya·ah·kov

7 הַרְנִינוּ לֵאלֹהִים עוּזֵּנוּ, הָרִיעוּ לֵאלֹהֵי יַעֲקֹב...

Friday

ha·yohm yohm shi·shi ba·Shabbat

8 הַיּוֹם, יוֹם שִׁשִּׁי בַּשַּׁבָּת,

sheh·bo ha·yu hal·vi·yeem o·m'reem b'vayt ha·meek·dahsh

9 שֶׁבּוֹ הָיוּ הַלְוִיִּם אוֹמְרִים בְּבֵית הַמִּקְדָּשׁ:

Adonai ma·lach gay·oot la·vaysh la·vaysh Adonai ohz heet·ah·zar

10 יְיָ מָלָךְ גֵּאוּת לָבֵשׁ, לָבֵשׁ יְיָ, עֹז הִתְאַזָּר,

ahf ti·kohn tay·vayl bal ti·moht

11 אַף תִּכּוֹן תֵּבֵל בַּל תִּמּוֹט...

From *Rosh Chodesh Elul* through *Hoshaana Rabba*, we say *"L'David Hashem Ori"* (page 118).

יוֹם רְבִיעִי	יוֹם חֲמִישִׁי	יוֹם שִׁשִּׁי
Wednesday	Thursday	Friday

EIN KELOKEINU

There is none like our G-d!

ayn kAylohaynu ayn kAdonaynu

1 אֵין כֵּאלֹהֵינוּ, אֵין כַּאדוֹנֵינוּ,

ayn k'Mal·kay·nu ayn k'Mo·shi·ay·nu

2 אֵין כְּמַלְכֵּנוּ, אֵין כְּמוֹשִׁיעֵנוּ.

mi chAylohaynu mi chAdonaynu

3 מִי כֵאלֹהֵינוּ, מִי כַאדוֹנֵינוּ,

mi ch'Mal·kay·nu mi ch'Mo·shi·ay·nu

4 מִי כְמַלְכֵּנוּ, מִי כְמוֹשִׁיעֵנוּ.

no·deh lAylohaynu no·deh lAdonaynu

5 נוֹדֶה לֵאלֹהֵינוּ, נוֹדֶה לַאדוֹנֵינוּ,

no·deh l'Mal·kay·nu no·deh l'Mo·shi·ay·nu

6 נוֹדֶה לְמַלְכֵּנוּ, נוֹדֶה לְמוֹשִׁיעֵנוּ.

Ba·ruch Elohaynu Ba·ruch Adonaynu

7 בָּרוּךְ אֱלֹהֵינוּ, בָּרוּךְ אֲדוֹנֵינוּ,

Ba·ruch Mal·kay·nu Ba·ruch Mo·shi·ay·nu

8 בָּרוּךְ מַלְכֵּנוּ, בָּרוּךְ מוֹשִׁיעֵנוּ.

A·ta Hu Elohaynu A·ta Hu Adonaynu

9 אַתָּה הוּא אֱלֹהֵינוּ, אַתָּה הוּא אֲדוֹנֵינוּ,

A·ta Hu Mal·kay·nu A·ta Hu Mo·shi·ay·nu

10 אַתָּה הוּא מַלְכֵּנוּ, אַתָּה הוּא מוֹשִׁיעֵנוּ.

אֵין	כֵּא-לֹקֵינוּ	כַּאדוֹנֵינוּ	כְּמַלְכֵּנוּ	כְּמוֹשִׁיעֵנוּ
there is none	like our G-d	like our Master	like our King	like our Savior

tzi·yohn t'ra·chaym ta·koom A·ta toh·shi·ay·nu A·ta
1 אַתָּה תוֹשִׁיעֵנוּ, אַתָּה תָקוּם תְּרַחֵם צִיּוֹן,

mo·ayd va ki l'che·n'nah ait ki
2 כִּי עֵת לְחֶנְנָהּ, כִּי בָא מוֹעֵד.

a·vo·tay·nu vAylohay Elohaynu Adonai Hu A·ta
3 אַתָּה הוּא יְיָ אֱלֹהֵינוּ, וֵאלֹהֵי אֲבוֹתֵינוּ,

ha·sa·meem k'toh·ret et l'fa·ne·cha a·vo·tay·nu sheh·heek·ti·ru
4 שֶׁהִקְטִירוּ אֲבוֹתֵינוּ לְפָנֶיךָ, אֶת קְטֹרֶת הַסַּמִּים.

v'ha·l'vo·na ha·chel·b'na v'ha·tzi·po·ren ha·tzo·ri ha·k'toh·ret pi·toom
5 פִּטּוּם הַקְּטֹרֶת: הַצֳּרִי, וְהַצִּפֹּרֶן, הַחֶלְבְּנָה, וְהַלְּבוֹנָה...

ki·na·mon ki·lu·fa ha·kohsht v'char·kom shi·bo·let nayrd ook·tzi·ah mor
6 מוֹר, וּקְצִיעָה, שִׁבֹּלֶת נֵרְדְּ, וְכַרְכֹּם... הַקֹּשְׁטְ... קְלוּפָה... קִנָּמוֹן...

קְטֹרֶת	מוֹעֵד
incense	appointed time/holiday

Lema'an Achai

A blessing of peace and strength.

bach shalom na a·da·b'ra v'ray·ai a·chai l'ma·ahn
7 לְמַעַן אַחַי וְרֵעָי, אֲדַבְּרָה נָּא שָׁלוֹם בָּךְ.

lach tov a·vak·sha Elohaynu Adonai bayt l'ma·ahn
8 לְמַעַן בֵּית יְיָ אֱלֹהֵינוּ, אֲבַקְשָׁה טוֹב לָךְ.

yi·tayn l'a·mo ohz Adonai
9 יְיָ עֹז לְעַמּוֹ יִתֵּן,

va·shalom a·mo et y'va·raych Adonai
10 יְיָ יְבָרֵךְ אֶת עַמּוֹ בַשָּׁלוֹם.

When praying with a *minyan*, mourners recite *Kaddish d'Rabanan* (page 76).

עֹז	שָׁלוֹם	וְרֵעָי	אַחַי
strength	peace	my friends	my brothers

Aleinu

We proclaim Hashem as the Creator and praise Him, thankful that He chose us to be His special people.

♫ 66

a·lay·nu l'sha·bay·ach la·Adon ha·kol
1 עָלֵינוּ לְשַׁבֵּחַ לַאֲדוֹן הַכֹּל,

la·tayt g'du·la l'yo·tzayr b'ray·sheet
2 לָתֵת גְּדֻלָּה לְיוֹצֵר בְּרֵאשִׁית,

sheh·lo ah·sa·nu k'go·yay ha·ah·ra·tzot
3 שֶׁלֹּא עָשָׂנוּ כְּגוֹיֵי הָאֲרָצוֹת,

v'lo sa·ma·nu k'meesh·p'chot ha·ah·da·ma
4 וְלֹא שָׂמָנוּ כְּמִשְׁפְּחוֹת הָאֲדָמָה.

sheh·lo sahm chel·kay·nu ka·hem
5 שֶׁלֹּא שָׂם חֶלְקֵנוּ כָּהֶם,

v'go·ra·lay·nu k'chol ha·mo·nam
6 וְגֹרָלֵנוּ כְּכָל הֲמוֹנָם.

sheh·haym meesh·ta·cha·veem l'heh·vel v'la·reek
7 שֶׁהֵם מִשְׁתַּחֲוִים לְהֶבֶל וְלָרִיק.

va·ah·nach·nu ko·r'eem u·meesh·ta·cha·veem u·mo·deem
8 וַאֲנַחְנוּ כּוֹרְעִים, וּמִשְׁתַּחֲוִים, וּמוֹדִים:

leef·nay Meh·lech Mal·chay ha·m'la·cheem ha·Ka·dosh Ba·ruch Hu
9 לִפְנֵי מֶלֶךְ מַלְכֵי הַמְּלָכִים, הַקָּדוֹשׁ בָּרוּךְ הוּא.

עָלֵינוּ לְשַׁבֵּחַ	וּמִשְׁתַּחֲוִים	וּמוֹדִים	מֶלֶךְ מַלְכֵי הַמְּלָכִים	הַקָּדוֹשׁ בָּרוּךְ הוּא
we must praise	we bow	we thank	the King of kings	the Holy One, Blessed be He

1   שֶׁהוּא נוֹטֶה שָׁמַיִם, וְיוֹסֵד אָרֶץ,
sheh·hu *no·teh* *sha·ma·yeem* *v'yo·sayd* *a·retz*

2   וּמוֹשַׁב יְקָרוֹ בַּשָּׁמַיִם מִמַּעַל,
u·mo·shav *y'ka·ro* *ba·sha·ma·yeem* *mi·ma·al*

3   וּשְׁכִינַת עֻזּוֹ בְּגָבְהֵי מְרוֹמִים,
oosh·chi·naht *u·zo* *b'gov·hay* *m'ro·meem*

4   הוּא אֱלֹהֵינוּ, אֵין עוֹד.
Hu *Elohaynu* *ayn* *ohd*

5   אֱמֶת מַלְכֵּנוּ, אֶפֶס זוּלָתוֹ.
e·met *Mal·kay·nu* *eh·fes* *zu·la·toh*

6   כַּכָּתוּב בְּתוֹרָתוֹ:
ka·ka·toov *b'Torah·toh*

7   וְיָדַעְתָּ הַיּוֹם, וַהֲשֵׁבֹתָ אֶל לְבָבֶךָ,
v'ya·da·ta *ha·yohm* *va·ha·shay·vo·ta* *el* *l'va·veh·cha*

8   כִּי יְיָ הוּא הָאֱלֹהִים,
ki *Adonai* *Hu* *ha·Eloheem*

9   בַּשָּׁמַיִם מִמַּעַל, וְעַל הָאָרֶץ מִתָּחַת,
ba·sha·ma·yeem *mi·ma·al* *v'al* *ha·ah·retz* *mi·ta·chaht*

10   אֵין עוֹד.
ayn *ohd*

וּשְׁכִינַת Hashem's Presence	אֵין עוֹד there is nothing else	אֱמֶת מַלְכֵּנוּ our King is true

V'AL KEIN

The day will come when the whole world will recognize and accept Hashem as King.

♫ 67

v'al kayn n'ka·veh l'cha Adonai Elohaynu

1 וְעַל כֵּן, נְקַוֶּה לְךָ, יְיָ אֱלֹהֵינוּ,

leer·oht m'hay·ra b'teef·eh·ret u·zeh·cha

2 לִרְאוֹת מְהֵרָה בְּתִפְאֶרֶת עֻזֶּךָ.

l'ha·ah·veer gi·lu·leem meen ha·ah·retz

3 לְהַעֲבִיר גִּלּוּלִים מִן הָאָרֶץ,

v'ha·eh·li·leem ka·roht yi·ka·ray·toon

4 וְהָאֱלִילִים כָּרוֹת יִכָּרֵתוּן.

l'ta·kayn o·lahm b'mal·choot Shadai

5 לְתַקֵּן עוֹלָם בְּמַלְכוּת שַׁדַּי,

v'chol b'nay va·sar yeek·r'u veesh·meh·cha

6 וְכָל בְּנֵי בָשָׂר יִקְרְאוּ בִשְׁמֶךָ,

l'haf·noht ay·le·cha kol reesh·ay a·retz

7 לְהַפְנוֹת אֵלֶיךָ, כָּל רִשְׁעֵי אָרֶץ,

ya·ki·ru v'yay·d'u kol yo·sh'vay tay·vayl

8 יַכִּירוּ וְיֵדְעוּ כָּל יוֹשְׁבֵי תֵבֵל,

ki l'cha teech·ra kol beh·rech ti·sha·va kol la·shon

9 כִּי לְךָ תִּכְרַע כָּל בֶּרֶךְ, תִּשָּׁבַע כָּל לָשׁוֹן.

נְקַוֶּה	לְתַקֵּן עוֹלָם	יִקְרְאוּ בִשְׁמֶךָ	יַכִּירוּ
we hope	to perfect the world	they will call Your Name	they will recognize

l'fa·ne·cha Adonai Elohaynu yeech·r'u v'yi·po·lu
לְפָנֶיךָ יְיָ אֱלֹהֵינוּ, יִכְרְעוּ וְיִפּוֹלוּ,

v'leech·vod Sheem·cha y'kar yi·tay·nu
וְלִכְבוֹד שִׁמְךָ יְקָר יִתֵּנוּ,

vi·kab'lu chu·lahm ah·lay·hem et ol mal·chu·teh·cha
וִיקַבְּלוּ כֻלָּם עֲלֵיהֶם אֶת **עוֹל** מַלְכוּתֶךָ,

v'teem·loch a·lay·hem m'hay·ra l'o·lahm va·ed
וְתִמְלֹךְ עֲלֵיהֶם מְהֵרָה לְעֹלָם וָעֶד,

ki ha·mal·choot sheh·l'cha hee
כִּי הַמַּלְכוּת שֶׁלְּךָ הִיא,

ool·o·l'may ahd teem·loch b'cha·vod
וּלְעוֹלְמֵי עַד **תִּמְלוֹךְ** בְּכָבוֹד.

ka·ka·tuv b'Torah·teh·cha Adonai yeem·loch l'o·lahm va·ed
כַּכָּתוּב בְּתוֹרָתֶךָ: יְיָ יִמְלֹךְ לְעוֹלָם וָעֶד.

v'ne·eh·mar v'ha·ya Adonai l'Meh·lech al kol ha·ah·retz
וְנֶאֱמַר: וְהָיָה יְיָ לְמֶלֶךְ עַל כָּל הָאָרֶץ, ♫ 68

ba·yohm ha·hu yeeh·yeh Adonai Eh·chad oosh·mo Eh·chad
בַּיּוֹם הַהוּא יִהְיֶה יְיָ **אֶחָד**, וּשְׁמוֹ אֶחָד.

When praying with a *minyan*, mourners recite *Kaddish Yatom* (page 76).

אֶחָד	תִּמְלוֹךְ	עוֹל	וִיקַבְּלוּ
one	You will rule	responsibility	they will accept

AL TIRA

Do not fear anything, for Hashem is always with us.

♫ 69

al · ti·ra · mi·pa·chad · peet·ohm

1 אַל תִּירָא מִפַּחַד פִּתְאֹם,

u·mi·sho·aht · r'sha·eem · ki · ta·vo

2 וּמִשֹּׁאַת רְשָׁעִים כִּי תָבֹא.

u·tzu · ay·tza · v'tu·far

3 עֻצוּ עֵצָה וְתֻפָר,

da·b'ru · da·var · v'lo · ya·kum

4 דַּבְּ*רוּ דָבָר וְלֹא יָקוּם,

ki · ee·ma·nu · Ayl

5 כִּי עִמָּנוּ אֵל.

v'ahd · zeek·na · A·ni · Hu · v'ahd · say·va · A·ni · es·bol

6 וְעַד זִקְנָה אֲנִי הוּא, וְעַד שֵׂיבָה אֲנִי אֶסְבֹּל,

A·ni · ah·si·ti · va·A·ni · eh·sa · va·A·ni · es·bol · va·ah·ma·layt

7 אֲנִי עָשִׂיתִי, וַאֲנִי אֶשָּׂא, וַאֲנִי אֶסְבֹּל וַאֲמַלֵּט.

ach · tza·dee·keem · yo·du · leesh·meh·cha

8 אַךְ צַדִּיקִים יוֹדוּ לִשְׁמֶךָ,

yay·sh'vu · y'sha·reem · et · pa·ne·cha

9 יֵשְׁ*בוּ יְשָׁרִים אֶת פָּנֶיךָ.

When praying with a *minyan*, mourners study designated Mishnayot and recite *Kaddish Derabanan* (page 76).

אַל תִּירָא	עִמָּנוּ אֵ-ל
do not fear	Hashem is with us

SIX REMEMBRANCES
The Torah tells us to remember these six things every day.

1) Remember that Hashem redeemed us from Egypt.

l'ma·ahn	teez·kor	et	yohm	tzay·t'cha	may·eh·retz	meetz·ra·yeem

לְמַעַן תִּזְכֹּר אֵת יוֹם צֵאתְךָ מֵאֶרֶץ מִצְרַיִם, 1

kol	y'may	cha·yeh·cha

כֹּל יְמֵי חַיֶּיךָ. 2

2) Forget not when you stood at Mt. Sinai before Hashem.

pen	teesh·kach	yohm	ah·sher	a·ma·d'ta	leef·nay	Adonai	Elohecha	b'cho·rayv

פֶּן תִּשְׁכַּח... יוֹם אֲשֶׁר עָמַדְתָּ לִפְנֵי יְיָ אֱלֹהֶיךָ בְּחֹרֵב. 3

3) Remember Amalek's attempt to diminish your excitement for the Torah. Erase their memory.

za·chor	ait	ah·sher	ah·sa	l'cha	a·ma·layk	teem·cheh	et	zeh·cher	a·ma·layk

זָכוֹר אֵת אֲשֶׁר עָשָׂה לְךָ עֲמָלֵק, ...תִּמְחֶה אֶת זֵכֶר עֲמָלֵק. 4

4) Remember how you upset Hashem in the desert.

z'chor	al	teesh·kach

זְכֹר אַל תִּשְׁכַּח, 5

ait	ah·sher	heek·tzaf·ta	et	Adonai	Elohecha	ba·meed·bar

אֵת אֲשֶׁר הִקְצַפְתָּ אֶת יְיָ אֱלֹהֶיךָ בַּמִּדְבָּר. 6

5) Remember how Miriam was punished for her Lashon Harah in the desert.

za·chor	ait	ah·sher	ah·sa	Adonai	Elohecha	l'Meer·yahm

זָכוֹר אֵת אֲשֶׁר עָשָׂה יְיָ אֱלֹהֶיךָ לְמִרְיָם, 7

ba·deh·rech	b'tzay·t'chem	mi·meetz·ra·yeem

בַּדֶּרֶךְ בְּצֵאתְכֶם מִמִּצְרָיִם. 8

6) Remember and observe the holy Shabbat day.

za·chor	et	yohm	ha·Shabbat	l'ka·d'sho

זָכוֹר אֶת יוֹם הַשַּׁבָּת לְקַדְּשׁוֹ. 9

Kaddish

The Kaddish is praise to Hashem. It divides between sections of our Tefila and is said for some family members who passed away.

There are several versions of *Kaddish*. All begin with the "Half *Kaddish*" (this page), and then continue with their various inserts (next few pages), as applicable.

Kaddish is a responsive prayer. Listeners respond with "*Amein*" after each phrase.

♫ 70

yeet·ga·dal v'yeet·ka·dahsh Sh'mayh ra·ba

1 **יִתְגַּדַּל** וְיִתְקַדַּשׁ שְׁמֵהּ רַבָּא. "*Amein*"

♫ 71

b'a·l'ma dee v'ra chir·oo·tayh v'yahm·leech mal·chu·tayh

2 בְּעָלְמָא דִּי בְרָא כִרְעוּתֵהּ, וְיַמְלִיךְ מַלְכוּתֵהּ,

v'yatz·mach pur·ka·nayh vi·ka·rayv m'shi·chayh

3 וְיַצְמַח פּוּרְקָנֵהּ וִיקָרֵב מְשִׁיחֵהּ. "*Amein*"

♫ 72

b'cha·yay·chon oov·yo·may·chon oov·cha·yay d'chol bayt Yisrael

4 בְּחַיֵּיכוֹן וּבְיוֹמֵיכוֹן וּבְחַיֵּי דְכָל בֵּית יִשְׂרָאֵל,

ba·ah·ga·la u·veez·mahn ka·reev v'eem·ru a·mayn

5 בַּעֲגָלָא וּבִזְמַן קָרִיב וְאִמְרוּ אָמֵן. "*Amein*"

Listeners say the following line **with concentration**; the one saying *Kaddish* repeats it and continues.

♫ 73

y'hay Sh'mayh ra·ba m'va·rach l'a·lahm ool·a·l'may al·ma·ya yeet·ba·raych

6 **יְהֵא שְׁמֵהּ רַבָּא מְבָרַךְ לְעָלַם וּלְעָלְמֵי עָלְמַיָּא. יִתְבָּרַךְ,**

v'yeesh·ta·bach v'yeet·pa·ayr v'yeet·ro·mam v'yeet·na·say

7 וְיִשְׁתַּבַּח, וְיִתְפָּאַר, וְיִתְרוֹמַם, וְיִתְנַשֵּׂא,

v'yeet·ha·dar v'yeet·ah·leh v'yeet·ha·lal Sh'mayh d'kud·sha b'reech Hu

8 וְיִתְהַדָּר, וְיִתְעַלֶּה, וְיִתְהַלָּל, שְׁמֵהּ דְּקוּדְשָׁא בְּרִיךְ הוּא. "*Amein*"

♫ 74

l'ay·la meen kol beer·cha·ta v'shi·ra·ta toosh·b'cha·ta v'ne·che·ma·ta

9 לְעֵלָּא מִן כָּל בִּרְכָתָא וְשִׁירָתָא תֻּשְׁבְּחָתָא וְנֶחֱמָתָא,

da·ah·mi·rahn b'a·l'ma v'eem·ru a·mayn

10 דַּאֲמִירָן בְּעָלְמָא, וְאִמְרוּ אָמֵן. "*Amein*"

יְהֵא שְׁמֵהּ רַבָּא מְבָרַךְ לְעָלַם

May Hashem's Great Name be Blessed forever

Kaddish d'Rabanan – The Rabbis' Kaddish Insert

A mourner (and/or *Chazzan*) says this paragraph only at the start and end of the *tefila*.

♫ 75

al Yisrael v'al ra·ba·nan
עַל יִשְׂרָאֵל וְעַל רַבָּנָן.

v'al tal·mi·day·hon v'al kol tal·mi·day tal·mi·day·hon
וְעַל תַּלְמִידֵיהוֹן, וְעַל כָּל תַּלְמִידֵי תַלְמִידֵיהוֹן.

v'al kol mahn d'ah·s'keen b'o·rai·ta
וְעַל כָּל מָאן דְּעָסְקִין בְּאוֹרַיְתָא,

dee v'aht·ra ha·dayn
דִּי בְּאַתְרָא הָדֵין,

v'dee v'chol a·tar va·ah·tar
וְדִי בְכָל אֲתַר וַאֲתַר.

y'hay l'hon ool·chon sh'la·ma ra·ba
יְהֵא לְהוֹן וּלְכוֹן שְׁלָמָא רַבָּא,

chee·na v'chees·da v'ra·cha·meen
חִנָּא וְחִסְדָּא וְרַחֲמִין,

v'cha·yeen a·ri·cheen oom·zo·na r'vi·cha u·fur·ka·na
וְחַיִּין אֲרִיכִין, וּמְזוֹנָא רְוִיחָא, וּפוּרְקָנָא,

meen koh·dahm A·vu·hon d'veesh·ma·ya
מִן קֳדָם אֲבוּהוֹן דְּבִשְׁמַיָּא,

v'eem·ru A·mayn
וְאִמְרוּ אָמֵן: *"Amein"*

רַבָּנָן Rabbis	תַּלְמִידֵיהוֹן their students	וְרַחֲמִין mercy

Kaddish Titkabel Insert

This paragraph is said only by the *Chazzan* during the *tefila*.

teet·ka·bayl tz'lo·t'hon u·va·u·t'hon d'chol bayt Yisrael
1 תִּתְקַבֵּל צְלוֹתְהוֹן וּבָעוּתְהוֹן דְּכָל בֵּית יִשְׂרָאֵל ♫ 76

koh·dahm a·vu·hon dee veesh·ma·ya v'eem·ru a·mayn
2 קֳדָם אֲבוּהוֹן דִּי בִשְׁמַיָּא, וְאִמְרוּ אָמֵן. *"Amein"*

Continue here for Kaddish d'Rabanan, Titkabel and Yatom (Mourner's)

y'hay sh'la·ma ra·ba meen sh'ma·ya
3 יְהֵא שְׁלָמָא רַבָּא מִן שְׁמַיָּא, ♫ 77

v'cha·yeem toh·veem a·lay·nu
4 וְחַיִּים טוֹבִים עָלֵינוּ,

v'al kol Yisrael v'eem·ru a·mayn
5 וְעַל כָּל יִשְׂרָאֵל, וְאִמְרוּ אָמֵן. *"Amein"*

Kaddish Sayer: Take three steps back. Bow to the right while saying עֹשֶׂה שָׁלוֹם בִּמְרוֹמָיו then forward while saying הוּא; to the left while saying יַעֲשֶׂה שָׁלוֹם עָלֵינוּ and forward again while saying וְעַל כָּל יִשְׂרָאֵל וְאִמְרוּ אָמֵן.

o·seh ha·shalom beem·ro·mav
6 עֹשֶׂה הַשָּׁלוֹם בִּמְרוֹמָיו, ♫ 78

During the *Aseret Y'mei Teshuva* add "ha-הַ."

Hu ya·ah·seh shalom a·lay·nu
7 הוּא יַעֲשֶׂה שָׁלוֹם עָלֵינוּ,

v'al kol Yisrael v'eem·ru a·mayn
8 וְעַל כָּל יִשְׂרָאֵל, וְאִמְרוּ אָמֵן. *"Amein"*

עֹשֶׂה שָׁלוֹם בִּמְרוֹמָיו	הוּא יַעֲשֶׂה שָׁלוֹם עָלֵינוּ
He Who makes peace in the heavens	He shall make peace for us

Traveler's Prayer

For a safe journey and return.

y'hee ra·tzon mi·l'fa·ne·cha Adonai Elohaynu vAylohay a·vo·tay·nu
1 יְהִי רָצוֹן מִלְּפָנֶיךָ יְיָ אֱלֹהֵינוּ וֵאלֹהֵי אֲבוֹתֵינוּ,

sheh·toh·li·chay·nu l'shalom v'tatz·ee·day·nu l'shalom
2 שֶׁתּוֹלִיכֵנוּ לְשָׁלוֹם, וְתַצְעִידֵנוּ לְשָׁלוֹם,

v'tahd·ri·chay·nu l'shalom v'tees·m'chay·nu l'shalom
3 וְתַדְרִיכֵנוּ לְשָׁלוֹם, וְתִסְמְכֵנוּ לְשָׁלוֹם,

v'ta·gi·ay·nu leem·choz chef·tzay·nu l'cha·yeem ool·seem·cha ool·shalom
4 וְתַגִּיעֵנוּ לִמְחוֹז חֶפְצֵנוּ, לְחַיִּים וּלְשִׂמְחָה וּלְשָׁלוֹם,

(v'ta·cha·zi·ray·nu l'shalom)
5 (וְתַחֲזִירֵנוּ לְשָׁלוֹם), If returning the same day:

v'ta·tzi·lay·nu mi·kaf kol o·yayv v'o·rayv v'lees·teem v'cha·yoht ra·oht ba·deh·rech
6 וְתַצִּילֵנוּ מִכַּף כָּל אוֹיֵב וְאוֹרֵב וְלִסְטִים וְחַיּוֹת רָעוֹת בַּדֶּרֶךְ,

u·mi·kol pur·ah·ni·yoht ha·meet·ra·g'shoht u·va·oht l'o·lahm
7 וּמִכָּל פּוּרְעָנִיּוֹת הַמִּתְרַגְּשׁוֹת וּבָאוֹת לְעוֹלָם,

v'teesh·lach b'ra·cha b'chol ma·ah·say ya·day·nu
8 וְתִשְׁלַח בְּרָכָה בְּכָל מַעֲשֵׂה יָדֵינוּ,

v'ti·t'nay·ni l'chayn ool·che·sed ool·ra·cha·meem
9 וְתִתְּנֵנִי לְחֵן וּלְחֶסֶד וּלְרַחֲמִים,

b'ay·ne·cha oov·ay·nay chol ro·ay·nu v'teeg·m'laynu cha·sa·deem to·veem
10 בְּעֵינֶיךָ וּבְעֵינֵי כָל רוֹאֵינוּ, וְתִגְמְלֵנוּ חֲסָדִים טוֹבִים,

v'teesh·ma kol t'fee·la·tay·nu ki A·ta sho·may·ah t'fee·laht kol peh
11 וְתִשְׁמַע קוֹל תְּפִלָּתֵנוּ, כִּי אַתָּה שׁוֹמֵעַ תְּפִלַּת כָּל פֶּה.

Ba·ruch A·ta Adonai sho·may·ah t'fee·la
12 בָּרוּךְ אַתָּה יְיָ, שׁוֹמֵעַ תְּפִלָּה.

שֶׁתּוֹלִיכֵנוּ לְשָׁלוֹם	וְתַדְרִיכֵנוּ לְשָׁלוֹם	וְתַחֲזִירֵנוּ לְשָׁלוֹם
lead us in peace	guide us in peace	return us in peace

COMMON BRACHOT

Brachot for wondrous natural sights and sounds,
and common Mitzvot.

Recite the beginning of the *bracha* and continue with its proper ending.

ha·o·lahm Meh·lech Elohaynu Adonai A·ta Ba·ruch
בָּרוּךְ אַתָּה יְיָ, אֱלֹהֵינוּ, מֶלֶךְ הָעוֹלָם... 1

When we see lightning, we say:

v'ray·sheet ma·ah·say o·say
...עֹשֶׂה מַעֲשֵׂה בְרֵאשִׁית. 2

When we hear thunder, we say:

o·lahm ma·lay oog·vu·ra·toh sheh·ko·cho
...שֶׁכֹּחוֹ וּגְבוּרָתוֹ מָלֵא עוֹלָם. 3

When we see a rainbow, we say:

b'ma·ah·ma·ro v'ka·yahm beev·ri·toh v'neh·eh·mahn ha·b'reet zo·chayr
...זוֹכֵר הַבְּרִית, וְנֶאֱמָן בִּבְרִיתוֹ, וְקַיָּם בְּמַאֲמָרוֹ. 4

For these *brachot*, after בָּרוּךְ אַתָּה...הָעוֹלָם add this:

v'tzi·va·nu b'meetz·vo·tav ki·d'sha·nu ah·sher
אֲשֶׁר קִדְּשָׁנוּ בְּמִצְוֹתָיו, וְצִוָּנוּ... 5

When affixing a *mezuzah* on our doors, we say:

mezuzah leek·bo·ah
לִקְבּוֹעַ מְזוּזָה. 6

When separating *Challah*, we say:

cha·la l'haf·reesh
לְהַפְרִישׁ חַלָּה. 7

When immersing dishes or utensils* in the *mikvah*, we say:

kay·leem | *for one vessel* → | ke·li | t'vi·lat | al
כֵּלִים. | ← *for multiple vessels* | כְּלִי | עַל טְבִילַת: | 8

We immerse utensils used for food preparation, serving or eating that touch the food.

Bedtime Shema

As we prepare for bed, we reflect on our conduct during the day and commit to a better tomorrow. We forgive anyone who may have wronged us, and ask Hashem to do the same for us.

For weekdays:

ri·bo·no shel o·lahm
1 רִבּוֹנוֹ שֶׁל עוֹלָם,

ha·ray·ni mo·chayl l'chol mi sheh·heech·ees v'heek·neet o·ti
2 הֲרֵינִי מוֹחֵל לְכָל מִי שֶׁהִכְעִיס וְהִקְנִיט אוֹתִי...

y'hee ra·tzon mi·l'fa·ne·cha Adonai Elohai vAylohay a·vo·tai
3 יְהִי רָצוֹן מִלְּפָנֶיךָ, יְיָ אֱלֹהַי, וֵאלֹהֵי אֲבוֹתַי,

sheh·lo ech·ta ohd
4 שֶׁלֹּא אֶחֱטָא עוֹד...

u·ma sheh·cha·ta·ti m'chok b'ra·cha·meh·cha ha·ra·beem
5 וּמַה שֶּׁחָטָאתִי מְחוֹק בְּרַחֲמֶיךָ הָרַבִּים...

We now say the 3 paragraphs of *Shema, V'haya & Vayomer* (pages 40-45), and then continue below.

gad g'dude y'gu·deh·nu v'hu ya·gude a·kayv
6 גָּד גְּדוּד יְגוּדֶנּוּ וְהוּא יָגֻד עָקֵב.

a·kayv ya·gude v'hu y'gu·deh·nu g'dude gad
7 עָקֵב יָגֻד וְהוּא יְגוּדֶנּוּ גְּדוּד גָּד.

b'ya·d'cha af·keed ru·chi pa·dee·ta o·ti Adonai Ayl e·met
8 בְּיָדְךָ, אַפְקִיד רוּחִי, פָּדִיתָה אוֹתִי, יְיָ, אֵל אֱמֶת.

In preparation for the morning,
place a cup of water in a bowl near your bed, to be used for washing *netilat yadayim*.
See page 4 for details and the *bracha.*

בְּיָדְךָ	אַפְקִיד רוּחִי
in Your Hand	I entrust my soul

HAMAPIL

Our final prayer before we drift into peaceful sleep.

1   Ba·ruch   A·ta   Adonai   Elohaynu   Meh·lech   ha·o·lahm
בָּרוּךְ אַתָּה יְיָ, אֱלֹהֵינוּ, מֶלֶךְ הָעוֹלָם,

2   ha·ma·peel   chev·lay   shay·na   al   ay·nai   oot·nu·ma   al   af·ah·pai
הַמַּפִּיל חֶבְלֵי שֵׁנָה עַל עֵינַי, וּתְנוּמָה עַל עַפְעַפָּי,

3   u·may·eer   l'ee·shon   baht   a·yeen
וּמֵאִיר לְאִישׁוֹן בַּת עָיִן.

4   vi·hee   ra·tzon   mi·l'fa·ne·cha   Adonai   Elohai   vAylohai   a·vo·tai
וִיהִי רָצוֹן מִלְּפָנֶיךָ, יְיָ אֱלֹהַי, וֵאלֹהֵי אֲבוֹתַי,

5   sheh·tash·ki·vay·ni   l'shalom   v'ta·ah·mi·day·ni   l'cha·yeem   to·veem   ool·shalom
שֶׁתַּשְׁכִּיבֵנִי לְשָׁלוֹם, וְתַעֲמִידֵנִי לְחַיִּים טוֹבִים וּלְשָׁלוֹם.

6   v'al   y'va·ha·lu·ni   ra·yo·nai
וְאַל יְבַהֲלוּנִי רַעְיוֹנַי,

7   va·cha·lo·moht   ra·eem   v'heer·hu·reem   ra·eem
וַחֲלוֹמוֹת רָעִים, וְהִרְהוּרִים רָעִים,

8   oot·hay   mi·ta·ti   sh'lay·ma   l'fa·ne·cha
וּתְהֵא מִטָּתִי שְׁלֵמָה לְפָנֶיךָ,

9   v'ha·ayr   ay·nai   pen   ee·shan   ha·ma·vet
וְהָאֵר עֵינַי, פֶּן אִישַׁן הַמָּוֶת.

10   Ba·ruch   A·ta   Adonai   ha·may·eer   l'o·lahm   ku·lo   beech·vo·doh
בָּרוּךְ אַתָּה יְיָ, הַמֵּאִיר לְעוֹלָם כֻּלּוֹ, בִּכְבוֹדוֹ.

שֶׁתַּשְׁכִּיבֵנִי לְשָׁלוֹם	וְתַעֲמִידֵנִי לְחַיִּים טוֹבִים	וְאַל יְבַהֲלוּנִי רַעְיוֹנַי	וַחֲלוֹמוֹת רָעִים
may I lie down peacefully	wake me to a good life	may my thoughts not disturb me	bad dreams

SHABBAT

Candles, Kiddush
Torah Reading & Havdalah

SHABBAT CANDLE LIGHTING

Women and girls (from age three) light up the world with the Shabbat candles on Friday evening, 18 minutes before the sun sets. Men light when women are not present.

Give some money to *Tzedaka*, then light the *Shabbat* candles.
Spread your hands over the candles three times, cover your eyes, then recite the *bracha*:

ha·o·lahm   Meh·lech   Elohaynu   Adonai   A·ta   Ba·ruch

בָּרוּךְ אַתָּה יְיָ, אֱלֹהֵינוּ, מֶלֶךְ הָעוֹלָם, 1

v'tzi·va·nu   b'meetz·vo·tav   ki·d'sha·nu   ah·sher

אֲשֶׁר קִדְּשָׁנוּ בְּמִצְוֺתָיו, וְצִוָּנוּ 2

ko·desh   Shabbat   shel   nayr   l'hahd·leek

לְהַדְלִיק נֵר שֶׁל שַׁבָּת קֹדֶשׁ. 3

Now is a special time to pray for your heart's desires, for children who will be upright and G-d-fearing, and for the coming of Mashiach. Take the time also to pray for others who need blessings and good health.

Shabbat Shalom!

For *Yom Tov* (holiday) candle lighting blessings, turn to page 119.

♫ Please do not play **Shabbat Trax** on Shabbat or Jewish Holy Days ♫

לְהַדְלִיק נֵר שֶׁל שַׁבָּת קֹדֶשׁ
to light the candle of the holy Shabbat

Shalom Aleichem

Returning from Shul, we welcome the accompanying angels to bless us before we begin our Shabbat meal.

♫ 52

We repeat each of these stanzas three times.

shalom a·lay·chem mal·ah·chay ha·sha·rayt mal·ah·chay el·yohn
שָׁלוֹם עֲלֵיכֶם, מַלְאֲכֵי הַשָּׁרֵת, מַלְאֲכֵי עֶלְיוֹן,

mi·Meh·lech Mal·chay ha·m'la·cheem ha·Ka·dosh Ba·ruch Hu
מִמֶּלֶךְ מַלְכֵי הַמְּלָכִים, הַקָּדוֹשׁ בָּרוּךְ הוּא. 3x

bo·ah·chem l'shalom mal·ah·chay ha·shalom mal·ah·chay el·yohn
בּוֹאֲכֶם לְשָׁלוֹם, מַלְאֲכֵי הַשָּׁלוֹם, מַלְאֲכֵי עֶלְיוֹן,

mi·Meh·lech Mal·chay ha·m'la·cheem ha·Ka·dosh Ba·ruch Hu
מִמֶּלֶךְ מַלְכֵי הַמְּלָכִים, הַקָּדוֹשׁ בָּרוּךְ הוּא. 3x

ba·r'chu·ni l'shalom mal·ah·chay ha·shalom mal·ah·chay el·yohn
בָּרְכוּנִי לְשָׁלוֹם, מַלְאֲכֵי הַשָּׁלוֹם, מַלְאֲכֵי עֶלְיוֹן,

mi·Meh·lech Mal·chay ha·m'la·cheem ha·Ka·dosh Ba·ruch Hu
מִמֶּלֶךְ מַלְכֵי הַמְּלָכִים, הַקָּדוֹשׁ בָּרוּךְ הוּא. 3x

tzay·t'chem l'shalom mal·ah·chay ha·shalom mal·ah·chay el·yohn
צֵאתְכֶם לְשָׁלוֹם, מַלְאֲכֵי הַשָּׁלוֹם, מַלְאֲכֵי עֶלְיוֹן,

mi·Meh·lech Mal·chay ha·m'la·cheem ha·Ka·dosh Ba·ruch Hu
מִמֶּלֶךְ מַלְכֵי הַמְּלָכִים, הַקָּדוֹשׁ בָּרוּךְ הוּא. 3x

ki mal·a·chav y'tza·ve lach leesh·mor·cha b'chol d'ra·che·cha
כִּי מַלְאָכָיו יְצַוֶּה לָּךְ לִשְׁמָרְךָ בְּכָל דְּרָכֶיךָ.

Adonai yeesh·mor tzay·t'cha u·vo·eh·cha may·a·ta v'ahd o·lam
יְיָ יִשְׁמָר צֵאתְךָ וּבוֹאֶךָ מֵעַתָּה וְעַד עוֹלָם.

שָׁלוֹם עֲלֵיכֶם	בּוֹאֲכֶם לְשָׁלוֹם	מַלְאֲכֵי הַשָּׁלוֹם	בָּרְכוּנִי לְשָׁלוֹם	צֵאתְכֶם לְשָׁלוֹם
peace unto you	come in peace	angels of peace	bless me with peace	depart in peace

Aishet Chayil

Praise & tribute to the honored Jewish wife & mother from א to ת.
Also: 1) We praise the Torah, our "wife."
2) Hashem praises us, His faithful "wife."

♫ 53

ay·shet cha·yeel mi yeem·tza v'ra·chok mi·p'ni·neem meech·rah
1 אֵשֶׁת חַיִל מִי יִמְצָא, וְרָחֹק מִפְּנִינִים מִכְרָהּ.

ba·tach bah layv ba·lah v'sha·lal lo yech·sar
2 בָּטַח בָּהּ לֵב בַּעְלָהּ, וְשָׁלָל לֹא יֶחְסָר.

g'ma·laht·hu tov v'lo ra kol y'may cha·yeh·ha
3 גְּמָלַתְהוּ טוֹב וְלֹא רָע, כֹּל יְמֵי חַיֶּיהָ.

da·r'sha tzeh·mehr u·feesh·teem va·ta·ahs b'chay·fetz ka·peh·ha
4 דָּרְשָׁה צֶמֶר וּפִשְׁתִּים, וַתַּעַשׂ בְּחֵפֶץ כַּפֶּיהָ.

ha·y'ta ka·oh·ni·yoht so·chayr mi·mer·chak ta·vi lach·mah
5 הָיְתָה כָּאֳנִיּוֹת סוֹחֵר, מִמֶּרְחָק תָּבִיא לַחְמָהּ.

va·ta·kom b'ohd lai·la va·ti·tayn teh·ref l'vay·tah v'chok l'na·ah·ro·teh·ha
6 וַתָּקָם בְּעוֹד לַיְלָה, וַתִּתֵּן טֶרֶף לְבֵיתָהּ, וְחֹק לְנַעֲרֹתֶיהָ.

za·m'ma sa·deh va·ti·ka·chay·hu mi·p'ri cha·peh·ha na·t'a ka·rem
7 זָמְמָה שָׂדֶה וַתִּקָּחֵהוּ, מִפְּרִי כַפֶּיהָ נָטְעָה כָּרֶם.

cha·g'ra b'ohz mot·ne·ha va·t'a·maytz z'ro·oh·teh·ha
8 חָגְרָה בְעוֹז מָתְנֶיהָ, וַתְּאַמֵּץ זְרוֹעֹתֶיהָ.

ta·ah·ma ki tov sach·rah lo yeech·beh ba·lai·la nay·rah
9 טָעֲמָה כִּי טוֹב סַחְרָהּ, לֹא יִכְבֶּה בַלַּיְלָה נֵרָהּ.

ya·deh·ha shi·l'cha va·ki·shor v'cha·peh·ha ta·m'chu fa·lech
10 יָדֶיהָ שִׁלְּחָה בַכִּישׁוֹר, וְכַפֶּיהָ תָּמְכוּ פָלֶךְ.

אֵשֶׁת חַיִל	וַתָּקָם בְּעוֹד לַיְלָה	וַתִּתֵּן טֶרֶף לְבֵיתָהּ
a wife of excellence	she rises while it is still night	and she feeds her household

1 la·ev·yohn shi·l'cha v'ya·deh·ha le·ah·ni pa·r'sa ka·pah
כַּפָּהּ פָּרְשָׂה לֶעָנִי, וְיָדֶיהָ שִׁלְּחָה לָאֶבְיוֹן.

2 sha·neem la·vush bay·tah chol ki mi·sha·leg l'vay·tah ti·ra lo
לֹא תִירָא לְבֵיתָהּ מִשָּׁלֶג, כִּי כָל בֵּיתָהּ לָבֻשׁ שָׁנִים.

3 l'vu·shah v'ar·ga·mahn shaysh lah ah·s'ta mar·va·deem
מַרְבַדִּים עָשְׂתָה לָּהּ, שֵׁשׁ וְאַרְגָּמָן לְבוּשָׁהּ.

4 a·retz zeek·nay eem b'sheev·toh ba·lah ba·sh'a·reem no·da
נוֹדָע בַּשְּׁעָרִים בַּעְלָהּ, בְּשִׁבְתּוֹ עִם זִקְנֵי אָרֶץ.

5 la·k'na·ah·ni na·t'na va·cha·gor va·teem·kor ah·s'ta sa·deen
סָדִין עָשְׂתָה וַתִּמְכֹּר, וַחֲגוֹר נָתְנָה לַכְּנַעֲנִי.

6 a·cha·rohn l'yohm va·tees·chak l'vu·shah v'ha·dar ohz
עוֹז וְהָדָר לְבוּשָׁהּ, וַתִּשְׂחַק לְיוֹם אַחֲרוֹן.

7 l'sho·nah al che·sed v'toh·raht v'choch·ma pa·t'cha pi·ha
פִּיהָ פָּתְחָה בְחָכְמָה, וְתוֹרַת חֶסֶד עַל לְשׁוֹנָהּ.

8 toh·chayl lo atz·loot v'le·chem bay·tah ha·li·chot tzo·fee·ya
צוֹפִיָּה הֲלִיכוֹת בֵּיתָהּ, וְלֶחֶם עַצְלוּת לֹא תֹאכֵל.

9 vai·ha·l'lah ba·lah vai·a·sh'ru·ha va·ne·ha ka·mu
קָמוּ בָנֶיהָ וַיְאַשְּׁרוּהָ, בַּעְלָהּ וַיְהַלְלָהּ.

10 ku·la·na al ah·leet v'aht cha·yeel ah·su ba·noht ra·boht
רַבּוֹת בָּנוֹת עָשׂוּ חָיִל, וְאַתְּ עָלִית עַל כֻּלָּנָה.

11 teet·ha·lal hee Adonai yeer·aht ee·sha ha·yo·fee v'heh·vel ha·chayn sheh·ker
שֶׁקֶר הַחֵן וְהֶבֶל הַיֹּפִי, אִשָּׁה יִרְאַת יְיָ הִיא תִתְהַלָּל.

12 ma·ah·seh·ha ba·sh'a·reem vi·ha·l'lu·ha ya·deh·ha mi·p'ri lah t'nu
תְּנוּ לָהּ מִפְּרִי יָדֶיהָ, וִיהַלְלוּהָ בַּשְּׁעָרִים מַעֲשֶׂיהָ.

עֹז וְהָדָר לְבוּשָׁהּ her garb is strength and dignity	כַּפָּהּ פָּרְשָׂה לֶעָנִי she extends her hand to the poor
פִּיהָ פָּתְחָה בְחָכְמָה she opens her mouth with wisdom	וַתִּשְׂחַק לְיוֹם אַחֲרוֹן she looks smilingly toward the future

הִיא תִתְהַלָּל shall be praised	אִשָּׁה יִרְאַת ה׳ a G-d fearing woman	וְהֶבֶל הַיֹּפִי beauty is naught	שֶׁקֶר הַחֵן grace is false

MIZMOR: HASHEM RO·EE: We now recite this psalm for the 2nd time (the 1st time was in Shul), bringing Shabbat's peace into our home.

1 מִזְמוֹר לְדָוִד, יְיָ רֹעִי לֹא אֶחְסָר.
meez·mor l'Da·veed Adonai ro·ee lo ech·sar

2 בִּנְאוֹת דֶּשֶׁא יַרְבִּיצֵנִי, עַל מֵי מְנֻחוֹת יְנַהֲלֵנִי.
been·oht deh·sheh yar·bee·tzay·ni al may m'nu·chot y'na·ha·lay·ni

3 נַפְשִׁי יְשׁוֹבֵב, יַנְחֵנִי בְמַעְגְּלֵי צֶדֶק, לְמַעַן שְׁמוֹ.
naf·shi y'sho·vayv yahn·chay·ni v'ma·g'lay tzeh·dek l'ma·ahn Sh'mo

4 גַּם כִּי אֵלֵךְ בְּגֵיא צַלְמָוֶת, לֹא אִירָא רָע, כִּי אַתָּה עִמָּדִי,
gam ki ay·laych b'gay tzal·ma·vet lo ee·ra ra ki A·ta ee·ma·dee

5 שִׁבְטְךָ וּמִשְׁעַנְתֶּךָ, הֵמָּה יְנַחֲמֻנִי.
sheev·t'cha u'meesh·ahn·teh·cha hay·ma y'na·cha·mu·ni

6 תַּעֲרֹךְ לְפָנַי שֻׁלְחָן, נֶגֶד צֹרְרָי, דִּשַּׁנְתָּ בַשֶּׁמֶן רֹאשִׁי, כּוֹסִי רְוָיָה.
ta·ah·roch l'fa·nai shul·chan ne·ged tzo·r'rai dee·shan·ta va·sheh·men ro·shi ko·si r'va·ya

7 אַךְ טוֹב וָחֶסֶד יִרְדְּפוּנִי כָּל יְמֵי חַיָּי,
ach tov va·che·sed yeer·d'fu·ni kol y'may cha·yai

8 וְשַׁבְתִּי בְּבֵית יְיָ, לְאֹרֶךְ יָמִים.
v'shav·ti b'vayt Adonai l'o·rech ya·meem

ATKINU: A KABBALISTIC INTRODUCTION

9 דָּא הִיא סְעוּדָתָא דַחֲקַל תַּפּוּחִין קַדִּישִׁין.
da hee s'u·da·ta da·cha·kal ta·pu·cheen ka·dee·sheen

10 אַתְקִינוּ סְעוּדָתָא דִמְהֵימְנוּתָא שְׁלֵמָתָא, חֶדְוָתָא דְמַלְכָּא קַדִּישָׁא.
aht·ki·nu s'u·da·ta deem·hay·m'nu·ta sh'lay·ma·ta ched·va·ta d'mal·ka ka·dee·sha

11 אַתְקִינוּ סְעוּדָתָא דְמַלְכָּא, דָּא הִיא סְעוּדָתָא דַחֲקַל תַּפּוּחִין קַדִּישִׁין,
aht·ki·nu s'u·da·ta d'mal·ka da hee s'u·da·ta da·cha·kal ta·pu·cheen ka·dee·sheen

12 וּזְעֵיר אַנְפִּין, וְעַתִּיקָא קַדִּישָׁא, אַתְיָן לְסַעֲדָא בַּהֲדָהּ.
ooz·ayr ahn·peen v'a·ti·ka ka·dee·sha aht·yan l'sa·a·da ba·ha·dah

הּ׳ רֹעִי	לֹא אֶחְסָר	לֹא אִירָא רָע	כִּי אַתָּה עִמָּדִי
Hashem is my Shepherd	I will lack nothing	I will not fear evil	for You are with me

FRIDAY NIGHT KIDDUSH

Hashem created the world in six days
and created rest on the seventh.
Celebrating Shabbat is our holy sign of faith in Hashem.

"Remember the Shabbat to make it holy" - this is the *Kiddush* over wine (which "gladdens the hearts of man and Hashem," when used for a holy purpose). Hashem chose us and made us holy by giving us His *Mitzvot* to follow. We celebrate Shabbat in commemoration of creation and our exodus from Egypt.

Fill a cup of wine (or grape juice) to the top.
Hold it in the palm of your right hand and recite the *Kiddush*.

ha·shi·shi yohm
1 יוֹם הַשִּׁשִּׁי.

tz'va·ahm v'chol v'ha·ah·retz ha·sha·ma·yeem vai·chu·lu
2 וַיְכֻלּוּ הַשָּׁמַיִם וְהָאָרֶץ וְכָל צְבָאָם.

ah·sa ah·sher m'lach·toh ha·sh'vi·ee ba·yohm Eloheem vai·chal
3 וַיְכַל אֱלֹהִים בַּיּוֹם הַשְּׁבִיעִי, מְלַאכְתּוֹ אֲשֶׁר עָשָׂה,

ah·sa ah·sher m'lach·toh mi·kol ha·sh'vi·ee ba·yohm va·yeesh·boht
4 וַיִּשְׁבֹּת בַּיּוֹם הַשְּׁבִיעִי, מִכָּל מְלַאכְתּוֹ אֲשֶׁר עָשָׂה.

o·toh vai·ka·daysh ha·sh'vi·ee yohm et Eloheem vai·va·rech
5 וַיְבָרֶךְ אֱלֹהִים אֶת יוֹם הַשְּׁבִיעִי, וַיְקַדֵּשׁ אֹתוֹ,

la·ah·soht Eloheem ba·ra ah·sher m'lach·toh mi·kol sha·vaht vo ki
6 כִּי בוֹ שָׁבַת מִכָּל מְלַאכְתּוֹ, אֲשֶׁר בָּרָא אֱלֹהִים לַעֲשׂוֹת.

*ma·ra·nan sahv·ri
7 סַבְרִי מָרָנָן:

* If you do not have wine or grape juice and are making *Kiddush* on *Challah*, recite the *Hamotzi* blessing (page 150) here instead of *Hagafen*.

ha·ga·fen p'ri bo·ray ha·o·lahm Meh·lech Elohaynu Adonai A·ta Ba·ruch
8 בָּרוּךְ אַתָּה יְיָ, אֱלֹהֵינוּ, מֶלֶךְ הָעוֹלָם, בּוֹרֵא פְּרִי הַגָּפֶן.

"Amein"

וַיְקַדֵּשׁ אֹתוֹ	בַּיּוֹם הַשְּׁבִיעִי	וַיִּשְׁבֹּת
and He made it holy	on the seventh day	and He rested

Ba·ruch A·ta Adonai Elohaynu Meh·lech ha·o·lahm
1 בָּרוּךְ אַתָּה יְיָ, אֱלֹהֵינוּ, מֶלֶךְ הָעוֹלָם,

ah·sher ki·d'sha·nu b'meetz·vo·tav v'ra·tza ba·nu
2 אֲשֶׁר קִדְּשָׁנוּ בְּמִצְוֹתָיו, וְרָצָה בָנוּ,

v'Shabbat kod·sho b'a·ha·va oov·ra·tzon heen·chi·la·nu
3 וְשַׁבַּת קָדְשׁוֹ, בְּאַהֲבָה וּבְרָצוֹן הִנְחִילָנוּ,

zi·ka·rohn l'ma·ah·say v'ray·sheet
4 זִכָּרוֹן לְמַעֲשֵׂה בְרֵאשִׁית.

t'chi·la l'meek·ra·ay ko·desh zay·cher li·tzi·aht meetz·ra·yeem
5 תְּחִלָּה לְמִקְרָאֵי קֹדֶשׁ, זֵכֶר לִיצִיאַת מִצְרָיִם.

ki va·nu va·char·ta v'o·ta·nu ki·dahsh·ta mi·kol ha·ah·meem
6 כִּי בָנוּ בָחַרְתָּ, וְאוֹתָנוּ קִדַּשְׁתָּ, מִכָּל הָעַמִּים.

v'Shabbat kod·sh'cha b'a·ha·va oov·ra·tzon heen·chal·ta·nu
7 וְשַׁבַּת קָדְשְׁךָ, בְּאַהֲבָה וּבְרָצוֹן הִנְחַלְתָּנוּ.

Ba·ruch A·ta Adonai m'ka·daysh ha·Shabbat
8 בָּרוּךְ אַתָּה יְיָ, מְקַדֵּשׁ הַשַּׁבָּת. *"Amein"*

On *Sukkot*, when in a *Sukkah*, we add the *bracha* of "*Leisheiv BaSukkah*" (page 132).

Now, drink the wine while sitting, and then distribute some of the wine to the others.

After *Kiddush*, wash for bread (page 150) and enjoy the festive Shabbat meal, beginning with 2 *Challot* (bake or buy at your local Kosher bakery).
The Shabbat meals customarily have both fish and meat courses.
Following the meal, thank Hashem with *Birkat Hamazon – "Bentching"* (page 153).

בָּנוּ בָחַרְתָּ	וְאוֹתָנוּ קִדַּשְׁתָּ
You chose us	and You made us holy

> Moshe (Moses) established that we read from the
> actual Torah scroll in public, and Ezra the Scribe instituted
> that we read from the Torah at least 3 times every week:
> on Monday, Thursday ("market days") and Shabbat (and holidays.)

TORAH READING

On Mondays, Thursdays and Shabbat, we read from the weekly Torah portion.

On Mondays and Thursdays, three people are called up for an *aliya* to the Torah.

For Shabbat *Shacharit*, seven people are called up for the *parasha* reading and an eighth is called up for *maftir* and *haftarah*.

For Shabbat *Mincha*, we read the first *aliya* of the next week's *parasha*. Three people are called up during the *Mincha* reading.

The Torah is also read on *Rosh Chodesh*, Jewish holidays and fast days, with varying numbers of *aliyot*.

ATA HOR'EITA: A selection of verses to help prepare us for the Torah reading.

1. אַתָּה הָרְאֵתָ לָדַעַת,
   A·ta   hor·ay·ta   la·da·aht

2. כִּי יְיָ הוּא הָאֱלֹהִים, אֵין עוֹד מִלְּבַדּוֹ.
   ki Adonai Hu ha·Eloheem ayn ohd mi·l'va·doh

3. מַלְכוּתְךָ מַלְכוּת כָּל עֹלָמִים,
   mal·chu·t'cha mal·choot kol o·la·meem

4. וּמֶמְשַׁלְתְּךָ בְּכָל דֹּר וָדֹר.
   u·mem·shal·t'cha b'chol dor va·dor

5. יְיָ מֶלֶךְ, יְיָ מָלָךְ, יְיָ יִמְלֹךְ לְעֹלָם וָעֶד.
   Adonai meh·lech Adonai ma·lach Adonai yeem·loch l'o·lahm va·ed

6. יְיָ עֹז לְעַמּוֹ יִתֵּן, יְיָ יְבָרֵךְ אֶת עַמּוֹ בַשָּׁלוֹם.
   Adonai ohz l'a·mo yi·tayn Adonai y'va·raych et a·mo va·sha·lohm

---

אֵין עוֹד מִלְּבַדּוֹ
there is nothing else besides for Hashem

OPENING THE ARK, VAYEHI BIN'SOA: In the desert, the heavenly cloud would signal when the Jews were to travel. When the Ark carrying the Luchot began its journey, Moshe would pray the following:

When the ark is opened and the Torah is taken out, we direct our hearts and attention, as if we are now standing at Mount Sinai ready to receive the Torah from Hashem.

Moshe   va·yo·mer   ha·ah·rohn   been·so·ah   vai·hee
1   וַיְהִי בִּנְסֹעַ הָאָרֹן וַיֹּאמֶר מֹשֶׁה,

mi·pa·ne·cha   m'san·eh·cha   v'ya·nu·su   o·y'veh·cha   v'ya·fu·tzu   Adonai   ku·ma
2   קוּמָה יְיָ, וְיָפֻצוּ אֹיְבֶיךָ, וְיָנֻסוּ מְשַׂנְאֶיךָ מִפָּנֶיךָ.

mi·ru·sha·la·yeem   Adonai   ood·var   Torah   tay·tzay   mi·tzi·yohn   ki
3   כִּי מִצִּיּוֹן תֵּצֵא תוֹרָה, וּדְבַר יְיָ מִירוּשָׁלָיִם.

beek·du·sha·toh   Yisrael   l'a·mo   Torah   sheh·na·tahn   Ba·ruch
4   בָּרוּךְ שֶׁנָּתַן תּוֹרָה לְעַמּוֹ יִשְׂרָאֵל בִּקְדֻשָּׁתוֹ.

13 MIDOT HARACHAMIM: On some holidays, as the ark is opened, we call on Hashem to be merciful to us, beyond what we deserve.

v'cha·noon   ra·chum   Ayl   Adonai   Adonai
5   יְיָ, יְיָ, אֵל, רַחוּם, וְחַנּוּן,

veh·eh·met   che·sed   v'rav   a·pa·yeem   eh·rech
6   אֶרֶךְ אַפַּיִם, וְרַב חֶסֶד, וֶאֱמֶת.

la·ah·la·feem   che·sed   no·tzayr
6   נֹצֵר חֶסֶד לָאֲלָפִים,

v'na·kay   v'cha·ta·ah   va·feh·sha   a·vohn   no·say
7   נֹשֵׂא עָוֹן, וָפֶשַׁע, וְחַטָּאָה, וְנַקֵּה.

בָּרוּךְ שֶׁנָּתַן תּוֹרָה   — Blessed is He Who gave the Torah   בִּנְסֹעַ הָאָרֹן — when the Ark would travel

B'RICH SHMAY: We pray for our people and for ourselves, asking Hashem to open our hearts to the Torah and fulfill our wishes – for good.

These are the first and final words of this prayer which are sung in many *shuls*.

1 b'reech Sh'mayh d'Ma·ray a·l'ma
בְּרִיךְ שְׁמֵהּ דְּמָרֵא עָלְמָא...

2 bayh a·na ra·cheetz
בֵּהּ אֲנָא רָחִיץ,

3 v'leesh·mayh Ka·di·sha Ya·ki·ra
וְלִשְׁמֵהּ קַדִּישָׁא יַקִּירָא,

4 a·na ay·mar toosh·b'chan
אֲנָא אֵמַר תֻּשְׁבְּחָן.

5 y'hay ra·ah·va ko·da·mach
יְהֵא רַעֲוָא קֳדָמָךְ,

6 d'teef·tach li·ba·ee b'o·rai·ta
דְּתִפְתַּח לִבָּאִי בְּאוֹרַיְתָא,

7 v'tash·leem meesh·ah·leen d'li·ba·ee
וְתַשְׁלִים מִשְׁאֲלִין דְּלִבָּאִי,

8 v'li·ba d'chol a·mach Yisrael
וְלִבָּא דְכָל עַמָּךְ יִשְׂרָאֵל,

9 l'tav ool·cha·yeen v'leesh·lahm
לְטַב וּלְחַיִּין וְלִשְׁלָם.

בְּרִיךְ שְׁמֵהּ	דְּמָרֵא עָלְמָא	בֵּהּ אֲנָא רָחִיץ
Blessed is the Name	of the Master of the universe	in Him I place my trust

SH'MA, ECHAD, L'CHA:

The Torah is held in our presence while we declare our faith in the One G-d.

On Shabbat and *Yom Tov*, as the *Chazzan* holds the Torah, facing the congregation, he chants - and the congregation responds - these two verses.

sh'ma Yisrael Adonai Elohaynu Adonai Eh·chad

1 שְׁמַע יִשְׂרָאֵל, יְיָ אֱלֹהֵינוּ, יְיָ אֶחָד.

On High Holy Days:

Eh·chad Elohaynu Ga·dol A·do·nay·nu Ka·dosh v'No·ra Sh'mo

2 אֶחָד אֱלֹהֵינוּ, גָּדוֹל אֲדוֹנֵינוּ, קָדוֹשׁ וְנוֹרָא שְׁמוֹ.

The *Chazzan* then invites the congregation to praise Hashem with him:

ga·d'lu lAdonai ee·ti oon·ro·m'ma Sh'mo yach·dav

3 גַּדְּלוּ לַייָ אִתִּי, וּנְרוֹמְמָה שְׁמוֹ יַחְדָּו.

The congregation responds:

l'cha Adonai ha·g'du·la v'ha·g'vu·ra v'ha·teef·eh·ret v'ha·nay·tzach v'ha·hod

4 לְךָ יְיָ הַגְּדֻלָּה וְהַגְּבוּרָה וְהַתִּפְאֶרֶת וְהַנֵּצַח וְהַהוֹד,

ki chol ba·sha·ma·yeem u·va·ah·retz

5 כִּי כֹל בַּשָּׁמַיִם וּבָאָרֶץ.

l'cha Adonai ha·mom·la·cha v'ha·meet·na·say l'chol l'rosh

6 לְךָ יְיָ הַמַּמְלָכָה, וְהַמִּתְנַשֵּׂא לְכֹל לְרֹאשׁ.

ro·m'mu Adonai Elohaynu v'heesh·ta·cha·vu la·ha·dohm rahg·lav Ka·dosh Hu

7 רוֹמְמוּ יְיָ אֱלֹהֵינוּ, וְהִשְׁתַּחֲווּ לַהֲדֹם רַגְלָיו, קָדוֹשׁ הוּא.

ro·m'mu Adonai Elohaynu v'heesh·ta·cha·vu l'har kod·sho ki ka·dosh Adonai Elohaynu

8 רוֹמְמוּ יְיָ אֱלֹהֵינוּ, וְהִשְׁתַּחֲווּ לְהַר קָדְשׁוֹ, כִּי קָדוֹשׁ יְיָ אֱלֹהֵינוּ.

אֶחָד אֱ-לֹקֵינוּ	גָּדוֹל אֲדוֹנֵנוּ	קָדוֹשׁ	וּנְרוֹמְמָה שְׁמוֹ יַחְדָּו
our G-d is One	our Master is Great	Holy	let us glorify His Name together

The Aliya Brachot

There are two *brachot* for the *Aliya*: one responsive *bracha* before the reading and one after it. The *Oleh* begins and the congregation responds. The *Oleh* repeats their response and continues:

Oleh:

ba·r'chu et Adonai ha·m'vo·rach

1 בָּרְכוּ אֶת יְיָ הַמְּבֹרָךְ. ♫ 58

Congregation responds and *Oleh* repeats:

Ba·ruch Adonai ha·m'vo·rach l'o·lahm va·ed

2 בָּרוּךְ יְיָ הַמְּבֹרָךְ לְעוֹלָם וָעֶד.

Oleh:

Ba·ruch A·ta Adonai Elohaynu Meh·lech ha·o·lahm

3 בָּרוּךְ אַתָּה יְיָ, אֱלֹהֵינוּ, מֶלֶךְ הָעוֹלָם, ♫ 59

ah·sher ba·char ba·nu mi·kol ha·ah·meem v'na·tahn la·nu et Torah·toh

4 אֲשֶׁר בָּחַר בָּנוּ מִכָּל הָעַמִּים, וְנָתַן לָנוּ אֶת תּוֹרָתוֹ.

Ba·ruch A·ta Adonai No·tayn ha·Torah

5 בָּרוּךְ אַתָּה יְיָ, נוֹתֵן הַתּוֹרָה. *"Amein"*

After the Torah reading, *Oleh:*

Ba·ruch A·ta Adonai Elohaynu Meh·lech ha·o·lahm

6 בָּרוּךְ אַתָּה יְיָ, אֱלֹהֵינוּ, מֶלֶךְ הָעוֹלָם, ♫ 60

ah·sher na·tahn la·nu toh·raht e·met v'cha·yay o·lahm na·ta b'toh·chay·nu

7 אֲשֶׁר נָתַן לָנוּ תּוֹרַת אֱמֶת, וְחַיֵּי עוֹלָם נָטַע בְּתוֹכֵנוּ.

Ba·ruch A·ta Adonai No·tayn ha·Torah

8 בָּרוּךְ אַתָּה יְיָ, נוֹתֵן הַתּוֹרָה. *"Amein"*

Before the *Maftir aliya*, a mourner (or the Torah reader) recites Half *Kaddish* (page 141).

בָּחַר בָּנוּ	וְנָתַן לָנוּ אֶת תּוֹרָתוֹ	נוֹתֵן הַתּוֹרָה
He chose us	He gave us His Torah	He gives us His Torah

HAGOMEL: One who was saved from a life-threatening situation
thanks Hashem for the miracle by reciting this blessing at the Torah.

ha·o·lahm   Meh·lech   Elohaynu   Adonai   A·ta   Ba·ruch

1   בָּרוּךְ אַתָּה יְיָ, אֱלֹהֵינוּ, מֶלֶךְ הָעוֹלָם,

tov   sheh·g'ma·la·ni   toh·voht   l'cha·ya·veem   ha·go·mayl

2   הַגּוֹמֵל לְחַיָּבִים טוֹבוֹת, שֶׁגְּמָלַנִי טוֹב.

Congregation responds:

seh·la   tov   kol   yeeg·mol·cha   Hu   tov   sheh·g'ma·l'cha   Mi   a·mayn

3   אָמֵן. מִי שֶׁגְּמָלְךָ טוֹב, הוּא יִגְמָלְךָ כָּל טוֹב סֶלָה.

הַגּוֹמֵל לְחַיָּבִים טוֹבוֹת
Hashem does good, even for those who do not deserve it

HAGBAHAH: The Torah is lifted for all to see the portion that was just read.

We look at the Torah and say:

Yisrael   b'nay   leef·nay   Moshe   sahm   ah·sher   ha·Torah   v'zot

4   וְזֹאת הַתּוֹרָה אֲשֶׁר שָׂם מֹשֶׁה לִפְנֵי בְּנֵי יִשְׂרָאֵל.

m'u·shar   v'toh·m'che·ha   bah   la·ma·cha·zi·keem   hee   cha·yeem   aytz

5   עֵץ חַיִּים הִיא לַמַּחֲזִיקִים בָּהּ, וְתֹמְכֶיהָ מְאֻשָּׁר.

shalom   n'ti·vo·teh·ha   v'chol   no·ahm   dar·chay   d'ra·che·ha

6   דְּרָכֶיהָ דַרְכֵי נֹעַם, וְכָל נְתִיבוֹתֶיהָ שָׁלוֹם.

v'cha·vod   o·sher   bees·mo·lah   bee·mi·nah   ya·meem   o·rech

7   אֹרֶךְ יָמִים בִּימִינָהּ, בִּשְׂמֹאלָהּ עֹשֶׁר וְכָבוֹד.

v'ya·deer   Torah   yag·deel   tzeed·ko   l'ma·ahn   cha·faytz   Adonai

8   יְיָ חָפֵץ לְמַעַן צִדְקוֹ, יַגְדִּיל תּוֹרָה וְיַאְדִּיר.

דְּרָכֶיהָ דַרְכֵי נֹעַם	לַמַּחֲזִיקִים בָּהּ	עֵץ חַיִּים הִיא
its ways are pleasant ways	for those who hold onto it	it is a tree of life

HAFTARAH: The *Maftir* (the *Oleh* for the final *aliya*) reads the *haftarah,*
a portion selected from the Prophets which relates to the day's Torah reading.

This *bracha* is recited before the *haftarah* reading.

1 בָּרוּךְ אַתָּה יְיָ אֱלֹהֵינוּ מֶלֶךְ הָעוֹלָם,
Ba·ruch   A·ta   Adonai   Elohaynu   Meh·lech   ha·o·lahm

2 אֲשֶׁר בָּחַר בִּנְבִיאִים טוֹבִים,
ah·sher   ba·char   been·vi·eem   toh·veem

3 וְרָצָה בְדִבְרֵיהֶם הַנֶּאֱמָרִים בֶּאֱמֶת,
v'ra·tza   v'deev·ray·hem   ha·neh·eh·ma·reem   beh·eh·met

4 בָּרוּךְ אַתָּה יְיָ,
Ba·ruch   A·ta   Adonai

5 הַבּוֹחֵר בַּתּוֹרָה וּבְמֹשֶׁה עַבְדּוֹ,
ha·bo·chayr   ba·Torah   oov·Moshe   av·doh

6 וּבְיִשְׂרָאֵל עַמּוֹ,
oov·Yisrael   a·mo

7 וּבִנְבִיאֵי הָאֱמֶת וָצֶדֶק:
u·veen·vi·ay   ha·eh·met   va·tzeh·dek
"*Amein*"

בָּחַר בִּנְבִיאִים טוֹבִים
He chose good prophets

These *brachot* are recited after the *haftarah* reading.*

♫ 66

Ba·ruch A·ta Adonai Elohaynu Meh·lech ha·o·lahm
1 בָּרוּךְ אַתָּה יְיָ, אֱלֹהֵינוּ, מֶלֶךְ הָעוֹלָם,

Tzur kol ha·o·la·meem
2 צוּר כָּל הָעוֹלָמִים,

tza·deek b'chol ha·doh·roht
3 צַדִּיק בְּכָל הַדּוֹרוֹת,

ha·Ayl ha·ne·eh·mahn ha·o·mayr v'o·seh
4 הָאֵל הַנֶּאֱמָן הָאוֹמֵר וְעֹשֶׂה,

ha·m'da·bayr oom·ka·yaym sheh·kol d'va·rav eh·met va·tzeh·dek
5 הַמְדַבֵּר* וּמְקַיֵּם, שֶׁכָּל דְּבָרָיו אֱמֶת וָצֶדֶק.

♫ 67

ne·eh·mahn A·ta hu Adonai Elohaynu
6 נֶאֱמָן אַתָּה הוּא יְיָ אֱלֹהֵינוּ,

v'ne·eh·ma·neem d'va·reh·cha
7 וְנֶאֱמָנִים דְּבָרֶיךָ,

v'da·var eh·chad mi·d'va·reh·cha a·chor lo ya·shuv ray·kam
8 וְדָבָר אֶחָד מִדְּבָרֶיךָ* אָחוֹר לֹא יָשׁוּב רֵיקָם,

ki Ayl Meh·lech ne·eh·mahn v'ra·cha·mahn A·ta
9 כִּי אֵל מֶלֶךְ נֶאֱמָן וְרַחֲמָן אָתָּה.

Ba·ruch A·ta Adonai ha·Ayl ha·ne·eh·mahn b'chol d'va·rav
10 בָּרוּךְ אַתָּה יְיָ, הָאֵל הַנֶּאֱמָן בְּכָל דְּבָרָיו. *"Amein"*

שֶׁכָּל דְּבָרָיו אֱמֶת וָצֶדֶק
all His words are true and just

הָאֵ-ל הַנֶּאֱמָן בְּכָל דְּבָרָיו
G-d is faithful in all His words

*To help you learn the tunes easily, download the color coded version from ToolsforTorah.com/MySiddur

♫ 68

ra·chaym al tzi·yohn ki hee bayt cha·yay·nu

1 רַחֵם עַל צִיּוֹן כִּי הִיא בֵּית חַיֵּינוּ,

v'la·a·lu·vaht neh·fesh toh·shi·ah oot·sa·mach beem·hay·ra v'ya·may·nu

2 וְלַעֲלוּבַת נֶפֶשׁ תּוֹשִׁיעַ וּתְשַׂמַּח בִּמְהֵרָה בְיָמֵינוּ.

Ba·ruch A·ta Adonai m'sa·may·ach tzi·yohn b'va·neh·ha

3 בָּרוּךְ אַתָּה יְיָ, מְשַׂמֵּחַ צִיּוֹן בְּבָנֶיהָ. *"Amein"*

♫ 69

sa·m'chay·nu Adonai Elohaynu b'Ay·li·ya·hu ha·na·vi av·deh·cha

4 שַׂמְּחֵנוּ, יְיָ אֱלֹהֵינוּ, בְּאֵלִיָּהוּ הַנָּבִיא עַבְדֶּךָ,

oov·mal·choot bayt Da·veed m'shi·che·cha

5 וּבְמַלְכוּת בֵּית דָּוִד מְשִׁיחֶךָ,

beem·hay·ra ya·vo v'ya·gayl li·bay·nu

6 בִּמְהֵרָה יָבֹא וְיָגֵל לִבֵּנוּ,

al kees·o lo yay·shayv zar

7 עַל כִּסְאוֹ לֹא יֵשֵׁב זָר,

v'lo yeen·cha·lu ohd a·chay·reem et k'vo·doh

8 וְלֹא יִנְחֲלוּ עוֹד אֲחֵרִים אֶת כְּבוֹדוֹ,

ki v'shaym kod·sh'cha neesh·ba·ta lo

9 כִּי בְשֵׁם קָדְשְׁךָ נִשְׁבַּעְתָּ לּוֹ,

sheh·lo yeech·beh nay·ro l'o·lahm va·ed

10 שֶׁלֹּא יִכְבֶּה נֵרוֹ לְעוֹלָם וָעֶד.

Ba·ruch A·ta Adonai ma·gayn Da·veed

11 בָּרוּךְ אַתָּה יְיָ, מָגֵן דָּוִד. *"Amein"*

מְשַׂמֵּחַ צִיּוֹן בְּבָנֶיהָ Causes Zion (Jerusalem) to rejoice in her children (us)	מָגֵן דָּוִד Shield of David

On *Yom Tov,* skip to *Al haTorah* on page 101.

♪ 70

ha·n'vi·eem v'al ha·a·vo·da v'al ha·Torah al
עַל הַתּוֹרָה, וְעַל הָעֲבוֹדָה, וְעַל הַנְּבִיאִים, 1

ha·zeh ha·Shabbat yohm v'al
וְעַל יוֹם הַשַּׁבָּת הַזֶּה, 2

Elohaynu Adonai la·nu sheh·na·ta·ta
שֶׁנָּתַתָּ לָּנוּ, יְיָ אֱלֹהֵינוּ, 3

ool·teef·ah·ret l'cha·vod v'leem·nu·cha leek·du·sha
לִקְדֻשָּׁה וְלִמְנוּחָה, לְכָבוֹד וּלְתִפְאָרֶת. 4

♪ 71

Elohaynu Adonai ha·kol al
עַל הַכֹּל, יְיָ אֱלֹהֵינוּ, 5

o·tach oom·va·r'cheem lach mo·deem a·nach·nu
אֲנַחְנוּ מוֹדִים לָךְ, וּמְבָרְכִים אוֹתָךְ, 6

chai kol b'fee Sheem·cha yeet·ba·raych
יִתְבָּרֵךְ שִׁמְךָ בְּפִי כָל חַי, 7

va·ed l'o·lahm ta·meed
תָּמִיד לְעוֹלָם וָעֶד. 8

On Shabbat *Chol Hamoed Sukkot* add:

v'ha·z'ma·neem v'Yisrael ha·Shabbat m'ka·daysh Adonai A·ta Ba·ruch
בָּרוּךְ אַתָּה יְיָ, מְקַדֵּשׁ הַשַּׁבָּת. וְיִשְׂרָאֵל וְהַזְּמַנִּים. 9

"Amein"

לְכָבוֹד וּלְתִפְאָרֶת	מְקַדֵּשׁ הַשַּׁבָּת
for glory and for beauty	He makes Shabbat holy

On *Yom Tov* say this paragraph; include the insert for the day.

al ha·Torah v'al ha·a·vo·da v'al ha·n'vi·eem

1 עַל הַתּוֹרָה, וְעַל הָעֲבוֹדָה, וְעַל הַנְּבִיאִים,

v'al yohm ha·Shabbat ha·zeh

2 וְעַל יוֹם הַשַּׁבָּת הַזֶּה, On Shabbat add:

v'al yohm

3 וְעַל יוֹם

chag ha·ma·tzot ha·zeh

4 On *Pesach* חַג הַמַּצּוֹת הַזֶּה,

chag ha·sha·vu·oht ha·zeh

5 On *Shavuot* חַג הַשָּׁבוּעוֹת הַזֶּה,

chag ha·su·kot ha·zeh

6 On *Sukkot* חַג הַסֻּכּוֹת הַזֶּה,

sh'mi·ni a·tzeh·ret ha·chag ha·zeh

7 On *Shemini Atzeret* and *Simchat Torah* שְׁמִינִי עֲצֶרֶת הַחַג הַזֶּה,

v'al yohm tov meek·ra ko·desh ha·zeh

8 וְעַל יוֹם טוֹב מִקְרָא קֹדֶשׁ הַזֶּה,

sheh·na·ta·ta la·nu Adonai Elohaynu

9 שֶׁנָּתַתָּ לָּנוּ, יְיָ אֱלֹהֵינוּ,

On Shabbat: leek·du·sha v'leem·nu·cha

l'sa·sohn ool·seem·cha l'cha·vod ool·teef·a·ret

10 לִקְדֻשָּׁה וְלִמְנוּחָה, לְשָׂשׂוֹן וּלְשִׂמְחָה, לְכָבוֹד וּלְתִפְאָרֶת.

al ha·kol Adonai Elohaynu

11 עַל הַכֹּל, יְיָ אֱלֹהֵינוּ,

a·nach·nu mo·deem lach oom·va·r'cheem o·tach

12 אֲנַחְנוּ מוֹדִים לָךְ, וּמְבָרְכִים אוֹתָךְ,

yeet·ba·raych Sheem·cha b'fee kol chai ta·meed l'o·lahm va·ed

13 יִתְבָּרֵךְ שִׁמְךָ בְּפִי כָּל חַי תָּמִיד לְעוֹלָם, וָעֶד.

Ba·ruch A·ta Adonai m'ka·daysh On Shabbat: ha·Shabbat v'Yisrael v'ha·z'ma·neem

14 בָּרוּךְ אַתָּה יְיָ, מְקַדֵּשׁ הַשַּׁבָּת וְיִשְׂרָאֵל וְהַזְּמַנִּים.

Shabbat Day Kiddush

Hashem created the world in 6 days and created rest on the 7th. Celebrating Shabbat is our holy sign of faith in Hashem.

Fill a cup of wine (or grape juice) to the top.

There are 4 introductory paragraphs to the Shabbat day *Kiddush*.

♫ 56

meez·mor l'Da·veed Adonai ro·ee lo ech·sar
1 מִזְמוֹר לְדָוִד, יְיָ רֹעִי לֹא אֶחְסָר.

been·oht deh·sheh yar·bee·tzay·ni al may m'nu·chot y'na·ha·lay·ni
2 בִּנְאוֹת דֶּשֶׁא יַרְבִּיצֵנִי, עַל מֵי מְנֻחוֹת יְנַהֲלֵנִי.

naf·shi y'sho·vayv yahn·chay·ni v'ma·g'lay tzeh·dek l'ma·ahn Sh'mo
3 נַפְשִׁי יְשׁוֹבֵב, יַנְחֵנִי בְמַעְגְּלֵי צֶדֶק, לְמַעַן שְׁמוֹ.

gam ki ay·laych b'gay tzal·ma·vet
4 גַּם כִּי אֵלֵךְ בְּגֵיא צַלְמָוֶת,

lo ee·ra ra ki A·ta ee·ma·dee
5 לֹא אִירָא רָע, כִּי אַתָּה עִמָּדִי,

sheev·t'cha u'meesh·ahn·teh·cha hay·ma y'na·cha·mu·ni
6 שִׁבְטְךָ וּמִשְׁעַנְתֶּךָ, הֵמָּה יְנַחֲמֻנִי.

ta·ah·roch l'fa·nai shul·chan ne·ged tzo·r'rai
7 תַּעֲרֹךְ לְפָנַי שֻׁלְחָן, נֶגֶד צֹרְרָי,

dee·shan·ta va·sheh·men ro·shi ko·si r'va·ya
8 דִּשַּׁנְתָּ בַשֶּׁמֶן רֹאשִׁי, כּוֹסִי רְוָיָה.

ach tov va·che·sed yeer·d'fu·ni kol y'may cha·yai
9 אַךְ טוֹב וָחֶסֶד יִרְדְּפוּנִי כָּל יְמֵי חַיָּי,

v'shav·ti b'vayt Adonai l'o·rech ya·meem
10 וְשַׁבְתִּי בְּבֵית יְיָ, לְאֹרֶךְ יָמִים.

ה׳ רֹעִי	לֹא אֶחְסָר	לֹא אִירָא רָע	כִּי אַתָּה עִמָּדִי
Hashem is my Shepherd	I will lack nothing	I will not fear evil	for You are with me

aht·ki·nu s'u·da·ta deem·hay·m'nu·ta sh'lay·ma·ta ched·va·ta d'mal·ka ka·dee·sha
1 **אַתְקִינוּ** סְעוּדָתָא דִמְהֵימְנוּתָא שְׁלֵמָתָא, חֶדְוָתָא דְמַלְכָּא קַדִּישָׁא.

aht·ki·nu s'u·da·ta d'mal·ka da hee s'u·da·ta d'a·ti·ka ka·dee·sha
2 אַתְקִינוּ סְעוּדָתָא דְמַלְכָּא, דָּא הִיא סְעוּדָתָא דְעַתִּיקָא קַדִּישָׁא,

va·cha·kal ta·pu·cheen ka·dee·sheen ooz·ayr ahn·peen aht·yan l'sa·a·da ba·ha·dayh
3 וַחֲקַל תַּפּוּחִין קַדִּישִׁין, וּזְעֵיר אַנְפִּין אַתְיָן לְסַעֲדָא בַּהֲדֵהּ.

♫ 57

v'sha·m'ru v'nay Yisrael et ha·Shabbat
4 **וְשָׁמְרוּ** בְנֵי יִשְׂרָאֵל אֶת הַשַּׁבָּת,

la·ah·soht et ha·Shabbat l'doh·ro·tahm b'reet o·lahm
5 לַעֲשׂוֹת אֶת הַשַּׁבָּת לְדֹרֹתָם, **בְּרִית עוֹלָם.**

bay·ni u·vayn b'nay Yisrael oht hee l'o·lahm
6 **בֵּינִי וּבֵין בְּנֵי יִשְׂרָאֵל, אוֹת הִיא לְעוֹלָם,**

ki shay·shet ya·meem ah·sa Adonai et ha·sha·ma·yeem v'et ha·ah·retz
7 כִּי שֵׁשֶׁת יָמִים עָשָׂה יְיָ אֶת הַשָּׁמַיִם וְאֶת הָאָרֶץ,

u·va·yohm ha·sh'vi·ee sha·vaht va·yi·na·fash
8 וּבַיּוֹם הַשְּׁבִיעִי שָׁבַת וַיִּנָּפַשׁ.

♫ 58

eem ta·sheev mi·Shabbat rahg·le·cha a·sot cha·fa·tze·cha b'yohm kod·shi
9 **אִם תָּשִׁיב** מִשַּׁבָּת רַגְלֶךָ, עֲשׂוֹת חֲפָצֶךָ בְּיוֹם קָדְשִׁי,

v'ka·ra·ta la·Shabbat o·neg leek·dosh Adonai m'chu·bahd
10 וְקָרָאתָ לַשַּׁבָּת עֹנֶג לִקְדוֹשׁ יְיָ מְכֻבָּד,

v'chi·ba·d'toh may·a·sot d'ra·che·cha mi·m'tzo chef·tz'cha v'da·bayr da·var
11 וְכִבַּדְתּוֹ מֵעֲשׂוֹת דְּרָכֶיךָ, מִמְּצוֹא חֶפְצְךָ וְדַבֵּר דָּבָר.

az teet·a·nahg al Adonai v'heer·kav·ti·cha al ba·mo·tay a·retz
12 אָז תִּתְעַנַּג עַל יְיָ, וְהִרְכַּבְתִּיךָ עַל בָּמֳתֵי אָרֶץ,

v'ha·a·chal·ti·cha na·cha·laht Yaakov a·vi·cha ki pi Adonai dee·bayr
13 וְהַאֲכַלְתִּיךָ נַחֲלַת יַעֲקֹב אָבִיךָ, כִּי פִּי יְיָ דִּבֵּר.

da hee s'u·da·ta d'a·ti·ka ka·dee·sha
14 **דָּא** הִיא סְעוּדָתָא דְעַתִּיקָא קַדִּישָׁא.

וְשָׁמְרוּ... הַשַּׁבָּת	בְּרִית עוֹלָם	בֵּינִי וּבֵין בְּנֵי יִשְׂרָאֵל	אוֹת הִיא לְעוֹלָם
observe the Shabbat	an everlasting pact	between Me and you	an eternal sign

Hold a cup of wine or grape juice in the palm of your right hand while reciting the *Kiddush*.

♫ 59

za·chor et yohm ha·Shabbat l'ka·d'sho
1 זָכוֹר אֶת יוֹם הַשַּׁבָּת, לְקַדְּשׁוֹ.

shay·shet ya·meem ta·ah·vod v'a·si·ta kol m'lach·teh·cha
2 שֵׁשֶׁת יָמִים תַּעֲבֹד, וְעָשִׂיתָ כָּל מְלַאכְתֶּךָ.

v'yohm ha·sh'vi·ee Shabbat lAdonai Elohecha
3 וְיוֹם הַשְּׁבִיעִי, שַׁבָּת לַייָ אֱלֹהֶיךָ,

lo ta·ah·seh chol m'la·cha a·ta u·veen·cha u·vi·teh·cha
4 לֹא תַעֲשֶׂה כָל מְלָאכָה, אַתָּה, וּבִנְךָ, וּבִתֶּךָ,

av·d'cha va·ah·ma·t'cha oov·hem·teh·cha v'gay·r'cha ah·sher beesh·a·reh·cha
5 עַבְדְּךָ, וַאֲמָתְךָ, וּבְהֶמְתֶּךָ, וְגֵרְךָ אֲשֶׁר בִּשְׁעָרֶיךָ.

ki shay·shet ya·meem ah·sa Adonai et ha·sha·ma·yeem v'et ha·ah·retz
6 כִּי שֵׁשֶׁת יָמִים עָשָׂה יְיָ, אֶת הַשָּׁמַיִם וְאֶת הָאָרֶץ,

et ha·yahm v'et kol ah·sher bahm va·ya·nach ba·yohm ha·sh'vi·ee
7 אֶת הַיָּם, וְאֶת כָּל אֲשֶׁר בָּם, וַיָּנַח בַּיּוֹם הַשְּׁבִיעִי.

♫ 60

al kayn bay·rach Adonai et yohm ha·Shabbat vai·ka·d'shay·hu
8 עַל כֵּן בֵּרַךְ יְיָ אֶת יוֹם הַשַּׁבָּת וַיְקַדְּשֵׁהוּ.

sahv·ri ma·ra·nan
9 סַבְרִי מָרָנָן:

Ba·ruch A·ta Adonai Elohaynu Meh·lech ha·o·lahm bo·ray p'ri ha·ga·fen
10 בָּרוּךְ אַתָּה יְיָ, אֱלֹהֵינוּ, מֶלֶךְ הָעוֹלָם, בּוֹרֵא פְּרִי הַגָּפֶן.

"Amein"

On *Sukkot*, when in a *Sukkah*, we add the *bracha* of *"Leisheiv BaSukkah"* (page 132).

Drink the wine while sitting and then distribute some of the wine to the others. After *Kiddush*, wash for bread (page 150) and enjoy the festive Shabbat meal, beginning with two *Challot*. Following the meal, thank Hashem with *Birkat Hamazon – "Bentching."*

זָכוֹר אֶת יוֹם הַשַּׁבָּת	לְקַדְּשׁוֹ	שֵׁשֶׁת יָמִים תַּעֲבֹד	וְיוֹם הַשְּׁבִיעִי	שַׁבָּת לַה׳
remember the Shabbat day	to make it holy	work for six days	and the seventh day	Shabbat for Hashem

Havdalah

We bid farewell to Shabbat with wine, spices and fire, noting that there are necessary separations in our world; between light and dark, holy and unholy etc. - and we are Hashem's holy nation. Let there be light, joy, gladness and honor, always!

After the stars come out, we prepare for the *Havdalah* service with wine, good-smelling spices and fire.
The fire must have at least two wicks, therefore a multi-braided candle is most commonly used. Two candles or matches held together are fine.
Fill a cup of wine (or grape juice) to the top and hold it in the palm of your right hand. With the good-smelling spices and fire at your side, begin:

ef·chad v'lo ev·tach y'shu·ah·ti Ayl hee·nay
1 הִנֵּה, אֵל יְשׁוּעָתִי, אֶבְטַח וְלֹא אֶפְחָד, ♫ 63

li·shu·ah li vai·hee Adonai Yah v'zeem·raht o·zi ki
2 כִּי עָזִּי וְזִמְרָת יָהּ יְיָ, וַיְהִי לִי לִישׁוּעָה.

hai·shu·ah mi·ma·ai·nay b'sa·sohn ma·yeem oosh·av·tem
3 וּשְׁאַבְתֶּם מַיִם בְּשָׂשׂוֹן, מִמַּעַיְנֵי הַיְשׁוּעָה.

seh·la veer·cha·teh·cha a·m'cha al hai·shu·ah lAdonai
4 לַייָ הַיְשׁוּעָה, עַל עַמְּךָ* בִרְכָתֶךָ סֶּלָה.

seh·la Ya·ah·kov Elohay la·nu mees·gav ee·ma·nu Tz'va·oht Adonai
5 יְיָ צְבָאוֹת עִמָּנוּ, מִשְׂגָּב לָנוּ אֱלֹהֵי יַעֲקֹב סֶלָה.

bach bo·tay·ach a·dahm ahsh·ray Tz'va·oht Adonai
6 יְיָ צְבָאוֹת, אַשְׁרֵי אָדָם בֹּטֵחַ בָּךְ.

kor·ay·nu v'yohm ya·ah·nay·nu ha·Meh·lech ho·shi·ah Adonai
7 יְיָ הוֹשִׁיעָה, הַמֶּלֶךְ יַעֲנֵנוּ בְּיוֹם קָרְאֵנוּ.

ה׳ הוֹשִׁיעָה	וְלֹא אֶפְחָד	אֶבְטַח
Hashem will save us	I will not fear	I will trust

All present recite this bolded verse, after which
the leader repeats it and continues:

♫ 64

la·y'hu·deem ha·y'ta o·ra v'seem·cha v'sa·sohn vi·kar

1 **לַיְּהוּדִים הָיְתָה אוֹרָה וְשִׂמְחָה וְשָׂשׂוֹן וִיקָר.**

kayn teeh·yeh la·nu

2 **כֵּן תִּהְיֶה לָּנוּ.**

kos y'shu·oht eh·sa oov·shaym Adonai ek·ra

3 כּוֹס יְשׁוּעוֹת אֶשָּׂא, וּבְשֵׁם יְיָ אֶקְרָא.

♫ 65

sahv·ri ma·ra·nan

4 סַבְרִי מָרָנָן:

Ba·ruch A·ta Adonai Elohaynu Meh·lech ha·o·lahm bo·ray p'ri ha·ga·fen

5 בָּרוּךְ אַתָּה יְיָ, אֱלֹהֵינוּ, מֶלֶךְ הָעוֹלָם, בּוֹרֵא פְּרִי הַגָּפֶן.

"Amein"

Put down the wine, hold the spices in your right hand,
say the *bracha*, sniff the spices then pass them around to the others present.

♫ 66

Ba·ruch A·ta Adonai Elohaynu Meh·lech ha·o·lahm bo·ray mi·nay v'sa·meem

6 בָּרוּךְ אַתָּה יְיָ, אֱלֹהֵינוּ, מֶלֶךְ הָעוֹלָם, בּוֹרֵא מִינֵי בְשָׂמִים.

"Amein"

Look at the fire while reciting the *bracha,* then benefit from the light of the fire.
Some common practices are looking at the light's reflection in our nails and
noticing the difference between our skin and nail at the base of our fingernails.

♫ 67

Ba·ruch A·ta Adonai Elohaynu Meh·lech ha·o·lahm bo·ray m'o·ray ha·aysh

7 בָּרוּךְ אַתָּה יְיָ, אֱלֹהֵינוּ, מֶלֶךְ הָעוֹלָם, בּוֹרֵא מְאוֹרֵי הָאֵשׁ.

"Amein"

לַיְּהוּדִים הָיְתָה אוֹרָה וְשִׂמְחָה	וְשָׂשׂוֹן וִיקָר	כֵּן תִּהְיֶה לָּנוּ
there was light and joy for the Jews	gladness and honor	so shall it be for us

Lift the cup of wine back into the palm of your right hand and continue:

Ba·ruch A·ta Adonai Elohaynu Meh·lech ha·o·lahm

1 בָּרוּךְ אַתָּה יְיָ, אֱלֹהֵינוּ, מֶלֶךְ הָעוֹלָם, ♫ 68

ha·mav·deel bain ko·desh l'chol

2 הַמַּבְדִּיל בֵּין קֹדֶשׁ לְחוֹל,

bain or l'cho·shech bain Yisrael la·ah·meem

3 בֵּין אוֹר לְחֹשֶׁךְ, בֵּין יִשְׂרָאֵל לָעַמִּים,

bain yohm ha·sh'vi·ee l'shay·shet y'may ha·ma·ah·seh

4 בֵּין יוֹם הַשְּׁבִיעִי לְשֵׁשֶׁת יְמֵי הַמַּעֲשֶׂה.

Ba·ruch A·ta Adonai ha·mav·deel bain ko·desh l'chol

5 בָּרוּךְ אַתָּה יְיָ, הַמַּבְדִּיל בֵּין קֹדֶשׁ לְחוֹל. *"Amein"*

Drink most of the wine in the cup, leaving a few drops in the cup.
Dip the fire into the platter under the cup,
and pour the remaining wine onto it, extinguishing the fire.

It is customary to dip a finger into the wine and swipe it across our eyelids.
The after blessing for the wine can be found on page 174.

Some have the custom to sing a song about Eliyahu Hanavi (Elijah the Prophet):

Ay·li·ya·hu ha·na·vi Ay·li·ya·hu ha·teesh·bee Ay·li·ya·hu ha·geel·ah·dee

6 אֵלִיָּהוּ הַנָּבִיא, אֵלִיָּהוּ הַתִּשְׁבִּי, אֵלִיָּהוּ הַגִּלְעָדִי. ♫ 69

beem·hay·ra ya·vo ay·lay·nu eem Ma·shi·ach ben Daveed

7 בִּמְהֵרָה יָבוֹא אֵלֵינוּ עִם מָשִׁיחַ בֶּן דָּוִד.

Shavua Tov!

הַמַּבְדִּיל בֵּין קֹדֶשׁ לְחוֹל	אוֹר לְחֹשֶׁךְ	יוֹם הַשְּׁבִיעִי	לְשֵׁשֶׁת יְמֵי הַמַּעֲשֶׂה
divides between holy and ordinary	light and darkness	the seventh day	the six days of work

A Selection of Yom Tov

HOLIDAY PRAYERS

YA'ALE V'YAVO

On special and holy days we ask Hashem to remember us and rebuild His Holy Temple in Jerusalem, with Moshiach.

02

1 v'yay·ra·eh v'ya·gi·ah v'ya·vo ya·ah·leh a·vo·tay·nu vAylohay Elohaynu
אֱלֹהֵינוּ וֵאלֹהֵי אֲבוֹתֵינוּ, יַעֲלֶה, וְיָבֹא, וְיַגִּיעַ, וְיֵרָאֶה,

2 u·fee·k'doh·nay·nu zeech·ro·nay·nu v'yi·za·chayr v'yi·pa·kayd v'yi·sha·ma v'yay·ra·tzeh
וְיֵרָצֶה, וְיִשָּׁמַע, וְיִפָּקֵד, וְיִזָּכֵר, זִכְרוֹנֵנוּ וּפִקְדוֹנֵנוּ,

3 av·deh·cha Da·veed ben ma·shi·ach v'zeech·rohn a·vo·tay·nu v'zeech·rohn
וְזִכְרוֹן אֲבוֹתֵינוּ, וְזִכְרוֹן **מָשִׁיחַ בֶּן דָּוִד** עַבְדֶּךָ,

4 kod·sheh·cha eer Y'ru·sha·la·yeem v'zeech·rohn
וְזִכְרוֹן **יְרוּשָׁלַיִם עִיר קָדְשֶׁךָ**,

5 l'toh·va leef·lay·ta l'fa·ne·cha Yisrael bayt a·m'cha kol v'zeech·rohn
וְזִכְרוֹן כָּל עַמְּךָ בֵּית יִשְׂרָאֵל, לְפָנֶיךָ, לִפְלֵיטָה לְטוֹבָה,

6 b'yohm ool·shalom toh·veem ool·cha·yeem ool·ra·cha·meem ool·che·sed l'chayn
לְחֵן, וּלְחֶסֶד, וּלְרַחֲמִים, וּלְחַיִּים טוֹבִים, וּלְשָׁלוֹם, בְּיוֹם:

7	*On Rosh Chodesh:*	רֹאשׁ הַחֹדֶשׁ הַזֶּה	rosh ha·cho·desh ha·zeh	*On Sukkot:*	חַג הַסֻּכּוֹת הַזֶּה	chag ha·su·kot ha·zeh
8	*On Pesach:*	חַג הַמַּצּוֹת הַזֶּה	chag ha·ma·tzot ha·zeh	*On Shemini Atzeret:**	שְׁמִינִי עֲצֶרֶת הַחַג הַזֶּה	sh'mi·ni a·tzeh·ret ha·chag ha·zeh
9	*On Shavuot:*	חַג הַשָּׁבֻעוֹת הַזֶּה	chag ha·sha·vu·oht ha·zeh	*On Rosh Hashana:*	הַזִּכָּרוֹן הַזֶּה	ha·zi·ka·rohn ha·zeh

On *Yom Tov* add: "b'yom tov meek·ra ko·desh ha·zeh – בְּיוֹם טוֹב מִקְרָא קֹדֶשׁ הַזֶּה"

* *and Simchat Torah*

10 leev·ra·cha vo u·fok·day·nu l'toh·va bo Elohaynu Adonai zoch·ray·nu
זָכְרֵנוּ יְיָ אֱלֹהֵינוּ בּוֹ לְטוֹבָה, וּפָקְדֵנוּ בוֹ לִבְרָכָה,

11 toh·veem l'cha·yeem vo v'ho·shi·ay·nu
וְהוֹשִׁיעֵנוּ בוֹ לְחַיִּים טוֹבִים.

12 v'ho·shi·ay·nu a·lay·nu v'ra·chaym v'cho·nay·nu choos v'ra·cha·meem y'shu·ah u·veed·var
וּבִדְבַר יְשׁוּעָה וְרַחֲמִים, חוּס וְחָנֵּנוּ, וְרַחֵם עָלֵינוּ, וְהוֹשִׁיעֵנוּ,

13 A·ta v'ra·choom cha·noon Meh·lech Ayl ki ay·nay·nu ay·le·cha ki
כִּי אֵלֶיךָ עֵינֵינוּ, כִּי אֵל מֶלֶךְ חַנּוּן וְרַחוּם אָתָּה.

מָשִׁיחַ בֶּן דָּוִד – *Moshiach* (redeemer), the son of David

יְרוּשָׁלַיִם עִיר קָדְשֶׁךָ – Jerusalem, Your holy city

Hallel

Special Songs of Praise to Hashem for: Rosh Chodesh, Pesach, Shavuot, Sukkot, Shemini Atzeret, Simchat Torah and Chanukah.

Blessing for Hallel

♫ 03

ha·o·lahm Meh·lech Elohaynu Adonai A·ta Ba·ruch
1 בָּרוּךְ אַתָּה יְיָ, אֱלֹהֵינוּ, מֶלֶךְ הָעוֹלָם,

ha·ha·layl et leek·ro v'tzee·va·nu b'meetz·vo·tav ki·d'sha·nu ah·sher
2 אֲשֶׁר קִדְּשָׁנוּ בְּמִצְוֹתָיו, וְצִוָּנוּ לִקְרוֹא אֶת הַהַלֵּל.

Halelukah: Praise Hashem who helps those in need.

♫ 04

Adonai shaym et ha·l'lu Adonai av·day ha·l'lu Ha·l'lu·yah
3 הַלְלוּיָהּ, הַלְלוּ עַבְדֵי יְיָ, הַלְלוּ אֶת שֵׁם יְיָ.

o·lahm v'ahd may·ah·ta m'vo·rach Adonai shaym y'hee
4 יְהִי שֵׁם יְיָ מְבֹרָךְ, מֵעַתָּה וְעַד עוֹלָם.

Adonai shaym m'hu·lal m'vo·o ahd sheh·mesh mi·meez·rach
5 מִמִּזְרַח שֶׁמֶשׁ עַד מְבוֹאוֹ, מְהֻלָּל שֵׁם יְיָ.

k'vo·doh ha·sha·ma·yeem al Adonai go·yeem kol al rahm
6 רָם עַל כָּל גּוֹיִם יְיָ, עַל הַשָּׁמַיִם כְּבוֹדוֹ.

la·sha·vet ha·mag·bee·hee Elohaynu kAdonai mi
7 מִי כַּייָ אֱלֹהֵינוּ, הַמַּגְבִּיהִי לָשָׁבֶת.

u·va·ah·retz ba·sha·ma·yeem leer·oht ha·mahsh·pi·li
8 הַמַּשְׁפִּילִי לִרְאוֹת, בַּשָּׁמַיִם וּבָאָרֶץ.

ev·yon ya·reem may·ahsh·poht dal may·ah·far m'ki·mi
9 מְקִימִי מֵעָפָר דָּל, מֵאַשְׁפֹּת יָרִים אֶבְיוֹן.

a·mo n'dee·vay eem n'dee·veem eem l'ho·shi·vi
10 לְהוֹשִׁיבִי עִם נְדִיבִים, עִם נְדִיבֵי עַמּוֹ.

Ha·l'lu·yah s'may·cha ha·ba·neem aym ha·ba·yeet a·ke·ret mo·shi·vi
11 מוֹשִׁיבִי עֲקֶרֶת הַבַּיִת, אֵם הַבָּנִים שְׂמֵחָה, הַלְלוּיָהּ.

מְקִימִי מֵעָפָר דָּל	רָם עַל כָּל גּוֹיִם ה׳	הַמַּגְבִּיהִי לָשָׁבֶת
raises the poor up from the dust	Hashem is exalted above all the nations	Who dwells on High

B'TZEIT: Hashem caused many miracles, changing nature's nature for us.

1   b'tzayt   Yisrael   mi·meetz·ra·yeem   bayt   Ya·ah·kov   may·ahm   lo·ayz
בְּצֵאת יִשְׂרָאֵל מִמִּצְרָיִם, בֵּית יַעֲקֹב מֵעַם לֹעֵז.

2   ha·y'ta   Y'hu·da   l'kod·sho   Yisrael   mam·sh'lo·tav
הָיְתָה יְהוּדָה לְקָדְשׁוֹ, יִשְׂרָאֵל מַמְשְׁלוֹתָיו.

3   ha·yahm   ra·ah   va·ya·nos   ha·yar·dayn   yi·sov   l'a·chor
הַיָּם רָאָה וַיָּנֹס, הַיַּרְדֵּן יִסֹּב לְאָחוֹר.

4   heh·ha·reem   ra·k'du   ch'ay·leem   g'va·oht   keev·nay   tzon
הֶהָרִים רָקְדוּ כְאֵילִים, גְּבָעוֹת כִּבְנֵי צֹאן.

5   ma   l'cha   ha·yahm   ki   ta·noos   ha·yar·dayn   ti·sov   l'a·chor
מַה לְּךָ הַיָּם, כִּי תָנוּס, הַיַּרְדֵּן תִּסֹּב לְאָחוֹר.

6   heh·ha·reem   teer·k'du   ch'ay·leem   g'va·oht   keev·nay   tzon
הֶהָרִים תִּרְקְדוּ כְאֵילִים, גְּבָעוֹת כִּבְנֵי צֹאן.

7   mi·leef·nay   A·don   chu·li   a·retz   mi·leef·nay   Elo·ah   Ya·ah·kov
מִלִּפְנֵי אָדוֹן, חוּלִי אָרֶץ, מִלִּפְנֵי אֱלוֹהַּ יַעֲקֹב.

8   ha·ho·f'chi   ha·tzur   a·gam   ma·yeem   cha·la·meesh   l'ma·y'no   ma·yeem
הַהֹפְכִי הַצּוּר אֲגַם מָיִם, חַלָּמִישׁ לְמַעְיְנוֹ מָיִם.

יִשְׂרָאֵל מַמְשְׁלוֹתָיו   הַיָּם רָאָה וַיָּנֹס
Israel became His nation   the sea saw and fled (split)

YEVARECH: Please Hashem – bless us, and we will bless You!

♫ 06

Yisrael bayt et y'va·raych y'va·raych z'cha·ra·nu Adonai
1 יְיָ זְכָרָנוּ יְבָרֵךְ, יְבָרֵךְ אֶת בֵּית יִשְׂרָאֵל,

Adonai yeer·ay y'va·raych A·ha·rohn bayt et y'va·raych
2 יְבָרֵךְ אֶת בֵּית אַהֲרֹן. יְבָרֵךְ יִרְאֵי יְיָ,

ha·g'doh·leem eem ha·k'ta·neem
3 הַקְּ*טַנִּים עִם הַגְּדֹלִים.

b'nay·chem v'al a·lay·chem a·lay·chem Adonai yo·sayf
4 יֹסֵף יְיָ עֲלֵיכֶם, עֲלֵיכֶם וְעַל בְּנֵיכֶם.

va·ah·retz sha·ma·yeem o·say lAdonai ah·tem b'ru·cheem
5 בְּרוּכִים אַתֶּם לַייָ, עֹשֵׂה שָׁמַיִם וָאָרֶץ.

a·dahm leev·nay na·tahn v'ha·ah·retz lAdonai sha·ma·yeem ha·sha·ma·yeem
6 הַשָּׁמַיִם שָׁמַיִם לַייָ, וְהָאָרֶץ נָתַן לִבְנֵי אָדָם.

du·ma yo·r'day kol v'lo Yah y'ha·l'lu ha·may·teem lo
7 לֹא הַמֵּתִים יְהַלְ*לוּ יָהּ, וְלֹא כָּל יֹרְ*דֵי דוּמָה.

Ha·l'lu·yah o·lahm v'ahd may·ah·ta Yah n'va·raych va·ah·nach·nu
8 וַאֲנַחְנוּ נְבָרֵךְ יָהּ, מֵעַתָּה וְעַד עוֹלָם, הַלְ*לוּיָהּ.

בֵּית יִשְׂרָאֵל	יְבָרֵךְ
House of Israel	He will bless

HALELU: All the nations praise Hashem.

♫ 07

go·yeem kol Adonai et ha·l'lu

1 הַלְלוּ אֶת יְיָ, כָּל גּוֹיִם,

ha·u·meem kol sha·b'chu·hu

2 שַׁבְּחוּהוּ, כָּל הָאֻמִּים.

chas·doh a·lay·nu ga·var ki

3 כִּי גָבַר עָלֵינוּ חַסְדּוֹ,

Ha·l'lu·yah l'o·lahm Adonai veh·eh·met

4 וֶאֱמֶת יְיָ לְעוֹלָם, הַלְלוּיָהּ.

♫ 08

chas·doh l'o·lahm ki tov ki lAdonai ho·du

5 הוֹדוּ לַייָ כִּי טוֹב, כִּי לְעוֹלָם חַסְדּוֹ.

chas·doh l'o·lahm ki Yisrael na yo·mar

6 יֹאמַר נָא יִשְׂרָאֵל, כִּי לְעוֹלָם חַסְדּוֹ.

chas·doh l'o·lahm ki A·ha·rohn bayt na yo·m'ru

7 יֹאמְרוּ נָא בֵית אַהֲרֹן, כִּי לְעוֹלָם חַסְדּוֹ.

chas·doh l'o·lahm ki Adonai yi·r'ay na yo·m'ru

8 יֹאמְרוּ נָא יִרְאֵי יְיָ, כִּי לְעוֹלָם חַסְדּוֹ.

הַלְלוּ אֶת ה׳ כָּל גּוֹיִם — all the nations praise Hashem

הוֹדוּ לַה׳ — give thanks to Hashem

MIN HAMEITZAR/PIT'CHU LEE: Thank You Hashem for this special day!

Yah va·mer·chav a·na·ni Yah ka·ra·ti ha·may·tzar meen

1 מִן הַמֵּצַר קָרָאתִי יָּהּ, עָנָנִי בַמֶּרְחַב יָהּ... ♫ 09

Yah o·deh vam a·vo tzeh·dek sha·ah·ray li peet·chu

2 פִּתְחוּ לִי שַׁעֲרֵי צֶדֶק, אָבֹא בָם אוֹדֶה יָהּ. ♫ 10

vo ya·vo·u tza·dee·keem lAdonai ha·sha·ar zeh

3 זֶה הַשַּׁעַר לַייָ, צַדִּיקִים יָבֹאוּ בוֹ.

li·shu·ah li va·t'hee a·ni·ta·ni ki o·d'cha

4 אוֹדְךָ כִּי עֲנִיתָנִי, וַתְּהִי לִי לִישׁוּעָה.

li·shu·ah li va·t'hee a·ni·ta·ni ki o·d'cha

5 אוֹדְךָ כִּי עֲנִיתָנִי, וַתְּהִי לִי לִישׁוּעָה.

pi·na l'rosh ha·y'ta ha·bo·neem ma·ah·su eh·ven

6 אֶבֶן מָאֲסוּ הַבּוֹנִים, הָיְתָה לְרֹאשׁ פִּנָּה.

pi·na l'rosh ha·y'ta ha·bo·neem ma·ah·su eh·ven

7 אֶבֶן מָאֲסוּ הַבּוֹנִים, הָיְתָה לְרֹאשׁ פִּנָּה.

b'ay·nay·nu neef·laht hee zot ha·y'ta Adonai may·ait

8 מֵאֵת יְיָ הָיְתָה זֹּאת, הִיא נִפְלָאת בְּעֵינֵינוּ.

b'ay·nay·nu neef·laht hee zot ha·y'ta Adonai may·ait

9 מֵאֵת יְיָ הָיְתָה זֹּאת, הִיא נִפְלָאת בְּעֵינֵינוּ.

vo v'nees·m'cha na·gi·la Adonai ah·sa ha·yohm zeh

10 זֶה הַיּוֹם עָשָׂה יְיָ, נָגִילָה וְנִשְׂמְחָה בוֹ.

vo v'nees·m'cha na·gi·la Adonai ah·sa ha·yohm zeh

11 זֶה הַיּוֹם עָשָׂה יְיָ, נָגִילָה וְנִשְׂמְחָה בוֹ.

וְנִשְׂמְחָה	אוֹדְךָ
we will rejoice	I will thank You

ANA HASHEM: Please save us from this Galut (exile).

1 a·na Adonai ho·shi·ah na ♫ 11
אָנָּא יְיָ הוֹשִׁיעָה נָּא.

2 a·na Adonai ho·shi·ah na
אָנָּא יְיָ הוֹשִׁיעָה נָּא.

3 a·na Adonai hatz·li·cha na
אָנָּא יְיָ הַצְלִיחָה נָּא.

4 a·na Adonai hatz·li·cha na
אָנָּא יְיָ הַצְלִיחָה נָּא.

KEILI ATA: You are my G-d; I will thank and praise You.

5 Ay·li A·ta v'o·deh·ka Elohai a·ro·m'meh·ka ♫ 12
אֵלִי אַתָּה וְאוֹדֶךָּ, אֱלֹהַי אֲרוֹמְמֶךָּ.

6 Ay·li A·ta v'o·deh·ka Elohai a·ro·m'meh·ka
אֵלִי אַתָּה וְאוֹדֶךָּ, אֱלֹהַי אֲרוֹמְמֶךָּ.

7 ho·du lAdonai ki tov ki l'o·lahm chas·doh ♫ 13
הוֹדוּ לַייָ כִּי טוֹב, כִּי לְעוֹלָם חַסְדּוֹ.

8 ho·du lAdonai ki tov ki l'o·lahm chas·doh
הוֹדוּ לַייָ כִּי טוֹב, כִּי לְעוֹלָם חַסְדּוֹ.

הוֹשִׁיעָה נָּא	הַצְלִיחָה נָּא	אֵ-לִי אַתָּה	וְאוֹדֶךָּ
please save us	please make us successful	You are my G-d	I will thank You

YEHALELUCHA: Ending blessing of Hallel

ma·ah·seh·cha   kol   Elohaynu   Adonai   y'ha·l'lu·cha

1   יְהַלְלוּךָ יְיָ אֱלֹהֵינוּ כָּל מַעֲשֶׂיךָ,

r'tzo·ne·cha   o·say   tza·dee·keem   va·cha·si·deh·cha

2   וַחֲסִידֶיךָ, צַדִּיקִים עוֹשֵׂי רְצוֹנֶךָ,

Yisrael   bayt   a·m'cha   v'chol

3   וְכָל עַמְּךָ בֵּית יִשְׂרָאֵל,

vi·sha·b'chu   vi·va·r'chu   yo·du   b'ri·na

4   בְּרִנָּה יוֹדוּ, וִיבָרְכוּ, וִישַׁבְּחוּ,

v'yak·dee·shu   v'ya·ah·ri·tzu   vi·ro·m'mu   vi·fa·ah·ru

5   וִיפָאֲרוּ, וִירוֹמְמוּ, וְיַעֲרִיצוּ, וְיַקְדִּישׁוּ,

Mal·kay·nu   Sheem·cha   et   v'yahm·li·chu

6   וְיַמְלִיכוּ אֶת שִׁמְךָ מַלְכֵּנוּ.

l'za·mayr   na·eh   ool·Sheem·cha   l'ho·doht   tov   l'cha   ki

7   כִּי לְךָ טוֹב לְהוֹדוֹת, וּלְשִׁמְךָ נָאֶה לְזַמֵּר,

Ayl   A·ta   o·lahm   v'ahd   may·o·lahm   ki

8   כִּי מֵעוֹלָם וְעַד עוֹלָם אַתָּה אֵל.

ba·teesh·ba·chot   m'hu·lal   Meh·lech   Adonai   A·ta   Ba·ruch

9   בָּרוּךְ אַתָּה יְיָ, מֶלֶךְ מְהֻלָּל בַּתִּשְׁבָּחוֹת.

After *Hallel,* flip back to *Shir Shel Yom* (page 66).
On Chanukah weekdays, the Torah is read (page 91).

וּלְשִׁמְךָ נָאֶה לְזַמֵּר	לְךָ טוֹב לְהוֹדוֹת
it is proper to sing to Your Name	it is good to praise You

L'David Hashem Ori

We recite this Psalm from Rosh Chodesh Elul* through Hoshaana Rabba, as it refers to the High Holy Days and Sukkot.

* The first day of *Rosh Chodesh*

♫ 15

l'Da·veed Adonai O·ri v'yeesh·ee mi·mi ee·ra
1 לְדָוִד, יְיָ אוֹרִי וְיִשְׁעִי מִמִּי אִירָא,

Adonai ma·ohz cha·yai mi·mi ef·chad
2 יְיָ מָעוֹז חַיַּי מִמִּי אֶפְחָד...

a·chaht sha·al·ti may·ait Adonai o·tah a·va·kaysh
3 אַחַת שָׁאַלְתִּי מֵאֵת יְיָ, אוֹתָהּ אֲבַקֵּשׁ,

sheev·ti b'vayt Adonai kol y'may cha·yai
4 שִׁבְתִּי בְּבֵית יְיָ כָּל יְמֵי חַיַּי,

la·cha·zot b'no·ahm Adonai ool·va·kayr b'hay·cha·lo
5 לַחֲזוֹת בְּנֹעַם יְיָ וּלְבַקֵּר בְּהֵיכָלוֹ.

ki yeetz·p'nay·ni b'su·ko b'yohm ra·ah
6 כִּי יִצְפְּנֵנִי בְּסֻכֹּו בְּיוֹם רָעָה,

yas·ti·ray·ni b'say·ter a·hoh·lo b'tzur y'ro·m'may·ni
7 יַסְתִּרֵנִי בְּסֵתֶר אָהֳלוֹ, בְּצוּר יְרוֹמְמֵנִי...

sh'ma Adonai ko·li ek·ra v'cho·nay·ni va·ah·nay·ni
8 שְׁמַע יְיָ קוֹלִי אֶקְרָא, וְחָנֵּנִי וַעֲנֵנִי...

lu·lay heh·eh·mahn·ti leer·oht b'tuv Adonai b'eh·retz cha·yeem
9 לוּלֵא הֶאֱמַנְתִּי לִרְאוֹת בְּטוּב יְיָ בְּאֶרֶץ חַיִּים.

ka·vay el Adonai cha·zak v'ya·ah·maytz li·beh·cha v'ka·vay el Adonai
10 קַוֵּה אֶל יְיָ, חֲזַק וְיַאֲמֵץ לִבֶּךָ, וְקַוֵּה אֶל יְיָ.

When praying with a *minyan*, mourners recite *Kaddish Yatom* (page 76).
Then continue with concluding prayers (pages 68-75).

ה׳ אוֹרִי	קַוֵּה אֶל ה׳	חֲזַק	וְיַאֲמֵץ	לִבֶּךָ
Hashem is my Light	trust in Hashem	strengthen	courage	your heart

Yom Tov Candle Lighting

Women and girls (from age three) light up the world with the Jewish Holiday candles on the eve of the special day. Men light when women are not present.

Give some money to *Tzedaka*, then light the *Yom Tov* candles.
Spread your hands over the candles three times, cover your eyes, then recite the *brachot*.

1 בָּרוּךְ אַתָּה יְיָ, אֱלֹהֵינוּ, מֶלֶךְ הָעוֹלָם,
Ba·ruch A·ta Adonai Elohaynu Meh·lech ha·o·lahm

2 אֲשֶׁר קִדְּשָׁנוּ בְּמִצְוֹתָיו, וְצִוָּנוּ לְהַדְלִיק נֵר שֶׁל שַׁבָּת
ah·sher ki·d'sha·nu b'meetz·vo·tav v'tzi·va·nu l'hahd·leek nayr shel Shabbat

On Shabbat: שֶׁל שַׁבָּת (shel Shabbat)

3 *For Sukkot, Pesach and Shavuot* וְשֶׁל יוֹם טוֹב.
v'shel yohm tov

4 *For Rosh Hashana* וְשֶׁל יוֹם הַזִּכָּרוֹן.
v'shel yohm ha·zi·ka·rohn

5 *For Yom Kippur* וְשֶׁל יוֹם הַכִּפּוּרִים.
v'shel yohm ha·ki·pu·reem

In this blessing we thank Hashem for allowing us to reach and celebrate this special day.
(We don't say this blessing the last two days of Pesach.)

6 בָּרוּךְ אַתָּה יְיָ, אֱלֹהֵינוּ, מֶלֶךְ הָעוֹלָם,
Ba·ruch A·ta Adonai Elohaynu Meh·lech ha·o·lahm

7 שֶׁהֶחֱיָנוּ וְקִיְּמָנוּ וְהִגִּיעָנוּ לִזְמַן הַזֶּה.
sheh·heh·che·ya·nu v'ki·y'ma·nu v'hee·gi·ah·nu leez·mahn ha·zeh

Now is a special time to pray for your heart's desires, for children who will be upright and G-d-fearing, and for the coming of Moshiach. Take the time also to pray for others who need blessings and good health.

לְהַדְלִיק נֵר שֶׁל יוֹם טוֹב
to light the *Yom Tov* candle

| YOM TOV KIDDUSH | Evening Kiddush for the Shalosh Regalim |

On Friday night, we say *Shalom Aleichem* through *Atkinu* (pages 85-88) quietly before beginning with "*Yom HaShishi*" (page 89). We then continue with "*Savri,*" below, line 3.

ee·la·a   d'mal·ka   s'u·da·ta   aht·ki·nu
אַתְקִינוּ סְעוּדָתָא דְּמַלְכָּא עִלָּאָה,   1

oosh·cheen·tayh   Hu   b'reech   d'kood·sha   s'u·da·ta   hee   da
דָּא הִיא סְעוּדָתָא דְּקוּדְשָׁא בְּרִיךְ הוּא וּשְׁכִינְתֵּיהּ.   2

Hold a cup of wine or grape juice in the palm of your right hand while reciting the *Kiddush*.

* If you do not have wine or grape juice and are making *Kiddush* on *Challah*, recite the *Hamotzi* blessing (page 150) here instead of *Hagafen*.

* ma·ra·nan   sahv·ri
סַבְרִי מָרָנָן: 3

♫ 18

ha·ga·fen   p'ri   bo·ray   ha·o·lahm   Meh·lech   Elohaynu   Adonai   A·ta   Ba·ruch
בָּרוּךְ אַתָּה יְיָ, אֱלֹהֵינוּ, מֶלֶךְ הָעוֹלָם, בּוֹרֵא פְּרִי הַגָּפֶן.   4

"*Amein*"

ha·o·lahm   Meh·lech   Elohaynu   Adonai   A·ta   Ba·ruch
בָּרוּךְ אַתָּה יְיָ, אֱלֹהֵינוּ, מֶלֶךְ הָעוֹלָם,   5

la·shon   mi·kol   v'ro·m'ma·nu   ahm   mi·kol   ba·nu   ba·char   ah·sher
אֲשֶׁר בָּחַר בָּנוּ מִכָּל עָם, וְרוֹמְמָנוּ מִכָּל לָשׁוֹן,   6

b'a·ha·va   Elohaynu   Adonai   la·nu   va·ti·ten   b'meetz·vo·tav   v'ki·d'sha·nu
וְקִדְּשָׁנוּ בְּמִצְוֹתָיו, וַתִּתֶּן לָנוּ, יְיָ אֱלֹהֵינוּ, בְּאַהֲבָה,   7

On Shabbat, add:

l'sa·sohn   ooz·ma·neem   cha·geem   l'seem·cha   mo·a·deem   u-   leem·nu·cha   sha·ba·toht
שַׁבָּתוֹת לִמְנוּחָה וּ- מוֹעֲדִים לְשִׂמְחָה, חַגִּים וּזְמַנִּים לְשָׂשׂוֹן,   8

On Shabbat add:

yohm   v'et   ha·ze   ha·Shabbat   yohm   et
אֶת יוֹם: הַשַּׁבָּת הַזֶּה וְאֶת יוֹם: 9

מוֹעֲדִים לְשִׂמְחָה
joyous holidays

1	On *Pesach*	chag חַג	ha·ma·tzot הַמַּצּוֹת	ha·zeh הַזֶּה	
2	On *Shavuot*	chag חַג	ha·sha·vu·ot הַשָּׁבֻעוֹת	ha·zeh הַזֶּה	
3	On *Sukkot*	chag חַג	ha·su·kot הַסֻּכּוֹת	ha·zeh הַזֶּה	
4	On *Shemini Atzeret* and *Simchat Torah*	sh'mi·ni שְׁמִינִי	a·tzeh·ret עֲצֶרֶת	ha·chag הֶחָג	ha·zeh הַזֶּה

5 וְאֵת יוֹם טוֹב מִקְרָא קֹדֶשׁ הַזֶּה,
v'et yohm tov meek·ra ko·desh ha·ze

6	On *Pesach*	z'mahn זְמַן	chay·ru·tay·nu חֵרוּתֵנוּ	
7	On *Shavuot*	z'mahn זְמַן	ma·tahn מַתַּן	toh·ra·tay·nu תּוֹרָתֵנוּ
8	On *Sukkot, Shemini Atzeret,* and *Simchat Torah*	z'mahn זְמַן	seem·cha·tay·nu שִׂמְחָתֵנוּ	

9 (On Shabbat: בְּאַהֲבָה) מִקְרָא קֹדֶשׁ, זֵכֶר לִיצִיאַת מִצְרָיִם.
(On Shabbat: b'a·ha·va) meek·ra ko·desh zay·cher li·tzi·aht meetz·ra·yeem

10 כִּי בָנוּ בָחַרְתָּ, וְאוֹתָנוּ קִדַּשְׁתָּ, מִכָּל הָעַמִּים.
ki va·nu va·char·ta v'o·ta·nu ki·dahsh·ta mi·kol ha·ah·meem

11 (On Shabbat: וְשַׁבָּת) וּמוֹעֲדֵי קָדְשֶׁךָ,
(On Shabbat: v'Shabbat) u·mo·a·day kod·sheh·cha

12 (On Shabbat: בְּאַהֲבָה וּבְרָצוֹן,) בְּשִׂמְחָה וּבְשָׂשׂוֹן, הִנְחַלְתָּנוּ.
(On Shabbat: b'a·ha·va oov·ra·tzon) b'seem·cha oov·sa·sohn heen·chal·ta·nu

13 בָּרוּךְ אַתָּה יְיָ, מְקַדֵּשׁ (On Shabbat: הַשַּׁבָּת וְ-) יִשְׂרָאֵל וְהַזְּמַנִּים.
Ba·ruch A·ta Adonai m'ka·daysh (On Shabbat: ha·Shabbat v') Yisrael v'ha·z'ma·neem

"Amein"

זְמַן the time of	חֵרוּתֵנוּ our redemption	מַתַּן תּוֹרָתֵנוּ the giving of our Torah	שִׂמְחָתֵנוּ our rejoicing

On Saturday night, we add a mini *Havdalah* here:

Look at the candles while saying this line.

♫ 19

Ba·ruch A·ta Adonai Elohaynu Meh·lech ha·o·lahm bo·ray m'o·ray ha·aysh

1 בָּרוּךְ אַתָּה יְיָ, אֱלֹהֵינוּ, מֶלֶךְ הָעוֹלָם, בּוֹרֵא מְאוֹרֵי הָאֵשׁ.

"Amein"

Ba·ruch A·ta Adonai Elohaynu Meh·lech ha·o·lahm

2 בָּרוּךְ אַתָּה יְיָ, אֱלֹהֵינוּ, מֶלֶךְ הָעוֹלָם,

ha·mav·deel bain ko·desh l'chol

3 הַמַּבְדִּיל בֵּין קֹדֶשׁ לְחוֹל,

bain or l'cho·shech bain Yisrael la·ah·meem

4 בֵּין אוֹר לְחֹשֶׁךְ, בֵּין יִשְׂרָאֵל לָעַמִּים,

bain yohm ha·sh'vi·ee l'shay·shet y'may ha·ma·ah·seh

5 בֵּין יוֹם הַשְּׁבִיעִי לְשֵׁשֶׁת יְמֵי הַמַּעֲשֶׂה.

bain k'du·shat Shabbat leek·du·shat yohm tov heev·dal·ta

6 בֵּין קְדֻשַּׁת שַׁבָּת לִקְדֻשַּׁת יוֹם טוֹב הִבְדַּלְתָּ,

v'et yohm ha·sh'vi·ee mi·shay·shet y'may ha·ma·ah·seh ki·dahsh·ta

7 וְאֶת יוֹם הַשְּׁבִיעִי מִשֵּׁשֶׁת יְמֵי הַמַּעֲשֶׂה קִדַּשְׁתָּ,

heev·dal·ta v'ki·dahsh·ta et a·m'cha Yisrael beek·du·sha·te·cha

8 הִבְדַּלְתָּ וְקִדַּשְׁתָּ אֶת עַמְּךָ יִשְׂרָאֵל בִּקְדֻשָּׁתֶךָ.

Ba·ruch A·ta Adonai ha·mav·deel bain ko·desh l'ko·desh

9 בָּרוּךְ אַתָּה יְיָ, הַמַּבְדִּיל בֵּין קֹדֶשׁ לְקֹדֶשׁ. *"Amein"*

On the first night of *Sukkot*, we add the *bracha* of *"Leisheiv Basukka"* (page 132) here.

We skip the following blessing on the last two days of Pesach.

♫ 17

Ba·ruch A·ta Adonai Elohaynu Meh·lech ha·o·lahm

10 בָּרוּךְ אַתָּה יְיָ, אֱלֹהֵינוּ, מֶלֶךְ הָעוֹלָם,

sheh·heh·che·ya·nu v'ki·y'ma·nu v'hee·gi·ah·nu leez·mahn ha·zeh

11 שֶׁהֶחֱיָנוּ וְקִיְּמָנוּ וְהִגִּיעָנוּ לִזְמַן הַזֶּה. *"Amein"*

On the second night of *Sukkot*, we add the *bracha* of *"Leisheiv Basukka"* (page 132) here.

Now, drink the wine while sitting and then distribute some of the wine to the others. After *Kiddush*, we wash for bread and enjoy the festive holiday meal, beginning with 2 *Challot*. Following the meal, we thank Hashem with *Birkat Hamazon – "Bentching."*

ROSH HASHANA KIDDUSH   Evening Kiddush for Rosh Hashana

On Friday night, we say *Shalom Aleichem* through *Atkinu* (pages 85-88) quietly before beginning with "*Yom HaShishi*" (page 89). We then continue with "*Savri*," below.

Hold a cup of wine or grape juice in the palm of your right hand while reciting the *Kiddush*.

* If you do not have wine or grape juice and are making *Kiddush* on *Challah*, recite the *Hamotzi* blessing (page 150) here instead of *Hagafen*.

1   * ma·ra·nan   sahv·ri

סַבְרִי   מָרָנָן :

2   ha·ga·fen   p'ri   bo·ray   ha·o·lahm   Meh·lech   Elohaynu   Adonai   A·ta   Ba·ruch

בָּרוּךְ אַתָּה יְיָ, אֱלֹהֵינוּ, מֶלֶךְ הָעוֹלָם, בּוֹרֵא פְּרִי הַגָּפֶן.

"Amein"

3   ha·o·lahm   Meh·lech   Elohaynu   Adonai   A·ta   Ba·ruch

בָּרוּךְ אַתָּה יְיָ, אֱלֹהֵינוּ, מֶלֶךְ הָעוֹלָם,

4   la·shon   mi·kol   v'ro·m'ma·nu   ahm   mi·kol   ba·nu   ba·char   ah·sher

אֲשֶׁר בָּחַר בָּנוּ מִכָּל עָם, וְרוֹמְמָנוּ מִכָּל לָשׁוֹן,

5   b'a·ha·va   Elohaynu   Adonai   la·nu   va·ti·ten   b'meetz·vo·tav   v'ki·d'sha·nu

וְקִדְּשָׁנוּ בְּמִצְוֺתָיו, וַתִּתֶּן לָנוּ, יְיָ אֱלֹהֵינוּ, בְּאַהֲבָה,

On Shabbat add:

6   ha·zeh   ha·zi·ka·rohn   yohm   v'et   ha·ze   ha·Shabbat   yohm   et

אֶת יוֹם הַשַּׁבָּת הַזֶּה וְאֶת יוֹם הַזִּכָּרוֹן הַזֶּה,

On Shabbat:

7   t'ru·ah   zeech·rohn   yohm   ha·ze   ko·desh   meek·ra   tov   yohm   et

אֶת יוֹם טוֹב מִקְרָא קֹדֶשׁ הַזֶּה, יוֹם זִכְרוֹן תְּרוּעָה,

On Shabbat:

8   meetz·ra·yeem   li·tzi·aht   zay·cher   ko·desh   meek·ra   b'a·ha·va

בְּאַהֲבָה מִקְרָא קֹדֶשׁ, זֵכֶר לִיצִיאַת מִצְרָיִם.

יוֹם הַזִּכָּרוֹן
Day of Remembrance

ki va·nu va·char·ta v'o·ta·nu ki·dahsh·ta mi·kol ha·ah·meem
1 כִּי בָנוּ בָחַרְתָּ, וְאוֹתָנוּ קִדַּשְׁתָּ, מִכָּל הָעַמִּים.

ood·va·r'cha mal·kay·nu e·met v'ka·yahm la·ahd
2 וּדְבָרְךָ, מַלְכֵּנוּ, אֱמֶת וְקַיָּם לָעַד,

Ba·ruch A·ta Adonai Meh·lech al kol ha·a·retz
3 בָּרוּךְ אַתָּה יְיָ, מֶלֶךְ עַל כָּל הָאָרֶץ,

On Shabbat add: ha·Shabbat v'

m'ka·daysh ha·Shabbat v' Yisrael v'yohm ha·zi·ka·rohn
4 מְקַדֵּשׁ הַשַּׁבָּת וְ- יִשְׂרָאֵל וְיוֹם הַזִּכָּרוֹן. *"Amein"*

On Saturday night, we add a mini *Havdalah* (page 122) here.

Ba·ruch A·ta Adonai Elohaynu Meh·lech ha·o·lahm
5 בָּרוּךְ אַתָּה יְיָ, אֱלֹהֵינוּ, מֶלֶךְ הָעוֹלָם, ♫ 17

sheh·heh·che·ya·nu v'ki·y'ma·nu v'hee·gi·ah·nu leez·mahn ha·zeh
6 שֶׁהֶחֱיָנוּ וְקִיְּמָנוּ וְהִגִּיעָנוּ לִזְמַן הַזֶּה. *"Amein"*

Now, drink the wine while sitting and then distribute some of the wine to the others. On the second night of *Rosh Hashana*, we taste a new fruit which we haven't yet eaten this season. We say the bracha of *Ha'eitz* (page 151, line 3), then eat the fruit. We then wash for bread (page 150) and enjoy the festive holiday meal, beginning with two *Challot*. On the first night of *Rosh Hashana*, it is customary to begin the meal with an apple dipped in honey. We say *Ha'eitz* and *Yehi Ratzon* (below). Following the meal, we thank Hashem with *Birkat Hamazon* – *"Bentching"* (page 153).

---

y'hee ra·tzon mi·l'fa·ne·cha sheh·t'cha·daysh a·lay·nu sha·na toh·va oom·tu·ka
7 יְהִי רָצוֹן מִלְּפָנֶיךָ, שֶׁתְּחַדֵּשׁ עָלֵינוּ, שָׁנָה טוֹבָה וּמְתוּקָה. ♫ 21

וּדְבָרְךָ מַלְכֵּנוּ אֱמֶת וְקַיָּם לָעַד	שָׁנָה טוֹבָה וּמְתוּקָה
our King, Your Word is true and everlasting	a good and sweet year

KIDDUSHA RABBA

Daytime Kiddush for Shalosh Regalim and Rosh Hashana

On Shabbos, we say *Mizmor* through *Zachor* (pages 102-104) quietly, then begin with *Ayleh/Teeku,* below.

On *Shalosh Regalim* begin here:

aht·ki·nu s'u·da·ta d'mal·ka sh'lay·ma·ta ched·va·ta d'mal·ka ka·dee·sha
1 אַתְקִינוּ סְעוּדָתָא דְמַלְכָּא שְׁלֵמָתָא חֶדְוָתָא דְמַלְכָּא קַדִּישָׁא.

da hee s'u·da·ta d'kood·sha b'reech Hu oosh·cheen·tayh
2 דָּא הִיא סְעוּדָתָא דְקוּדְשָׁא בְּרִיךְ הוּא וּשְׁכִינְתֵּיהּ.

Hold a cup of wine or grape juice in the palm of your right hand while reciting the *Kiddush.*

ay·le mo·a·day Adonai meek·ra·ay ko·desh
3 אֵלֶּה מוֹעֲדֵי יְיָ, מִקְרָאֵי קֹדֶשׁ,

ah·sher teek·r'u o·tahm b'mo·a·dahm
4 אֲשֶׁר תִּקְרְאוּ* אוֹתָם בְּמוֹעֲדָם. Continue with *"Savri,"* line 7.

On *Rosh Hashana* begin here:

teek·oo va·cho·desh sho·far ba·ke·se l'yohm cha·gay·nu
5 תִּקְעוּ בַחֹדֶשׁ שׁוֹפָר, בַּכֵּסֶה לְיוֹם חַגֵּנוּ.

ki chok l'Yisrael hu meesh·paht lAylohay Ya·a·kov
6 כִּי חֹק לְיִשְׂרָאֵל הוּא, מִשְׁפָּט לֵאלֹהֵי יַעֲקֹב.

sahv·ri * ma·ra·nan
7 סַבְרִי מָרָנָן:

* If you do not have wine or grape juice and are making *Kiddush* on *Challah*, recite the *Hamotzi* blessing (page 196) here instead of *Hagafen.*

Ba·ruch A·ta Adonai Elohaynu Meh·lech ha·o·lahm bo·ray p'ri ha·ga·fen
8 בָּרוּךְ אַתָּה יְיָ, אֱלֹהֵינוּ, מֶלֶךְ הָעוֹלָם, בּוֹרֵא פְּרִי הַגָּפֶן.

"Amein"

On *Sukkot*, when in a *Sukkah*, we add the *bracha* of *"Leisheiv BaSukkah"* (page 178).

Drink the wine while sitting and distribute some to others present. After *Kiddush*, wash and bless for bread (page 196) enjoy the festive holiday meal, beginning with two *Challot.* Following the meal, thank Hashem with *Birkat Hamazon* –*"Bentching."*

אֵלֶּה מוֹעֲדֵי ה׳
these are G-d's holidays

Avinu Malkenu

During the Aseret Y'mei Teshuva and on fast days, we turn our hearts to G-d, calling out to Him to answer our prayers.

Here are some of the 44 verses in this prayer, each of which begin with:
"Our Father, our King - אָבִינוּ מַלְכֵּנוּ."

♫ 23

A·ta eh·la Meh·lech la·nu ayn Mal·kay·nu A·vi·nu
1 אָבִינוּ מַלְכֵּנוּ, אֵין לָנוּ מֶלֶךְ אֶלָּא אָתָּה.

toh·va sha·na a·lay·nu ba·raych / cha·daysh Mal·kay·nu A·vi·nu
2 אָבִינוּ מַלְכֵּנוּ, חַדֵּשׁ / בָּרֵךְ עָלֵינוּ שָׁנָה טוֹבָה.

l'fa·ne·cha tov b'zi·ka·rohn zoch·ray·nu Mal·kay·nu A·vi·nu
3 אָבִינוּ מַלְכֵּנוּ, זָכְרֵנוּ בְּזִכָּרוֹן טוֹב לְפָנֶיךָ.

to·veem cha·yeem b'say·fehr choht·may·nu / kot·vay·nu Mal·kay·nu A·vi·nu
4 אָבִינוּ מַלְכֵּנוּ, כָּתְבֵנוּ / חָתְמֵנוּ בְּסֵפֶר חַיִּים טוֹבִים.

vi·shu·ah g'u·la b'say·fehr choht·may·nu / kot·vay·nu Mal·kay·nu A·vi·nu
5 אָבִינוּ מַלְכֵּנוּ, כָּתְבֵנוּ / חָתְמֵנוּ בְּסֵפֶר גְּאֻלָּה וִישׁוּעָה.

v'chal·ka·la par·na·sa b'say·fehr choht·may·nu / kot·vay·nu Mal·kay·nu A·vi·nu
6 אָבִינוּ מַלְכֵּנוּ, כָּתְבֵנוּ / חָתְמֵנוּ בְּסֵפֶר פַּרְנָסָה וְכַלְכָּלָה.

z'chu·yoht b'say·fehr choht·may·nu / kot·vay·nu Mal·kay·nu A·vi·nu
7 אָבִינוּ מַלְכֵּנוּ, כָּתְבֵנוּ / חָתְמֵנוּ בְּסֵפֶר זְכֻיּוֹת.

oom·chi·la s'li·cha b'say·fehr choht·may·nu / kot·vay·nu Mal·kay·nu A·vi·nu
8 אָבִינוּ מַלְכֵּנוּ, כָּתְבֵנוּ / חָתְמֵנוּ בְּסֵפֶר סְלִיחָה וּמְחִילָה.

a·lay·nu v'ra·chaym choos ko·lay·nu sh'ma Mal·kay·nu A·vi·nu
9 אָבִינוּ מַלְכֵּנוּ, שְׁמַע קוֹלֵנוּ, חוּס וְרַחֵם עָלֵינוּ.

t'fee·la·tay·nu et v'ra·tzon b'ra·cha·meem ka·bayl Mal·kay·nu A·vi·nu
10 אָבִינוּ מַלְכֵּנוּ, קַבֵּל בְּרַחֲמִים וּבְרָצוֹן אֶת תְּפִלָּתֵנוּ.

ma·ah·seem ba·nu ayn ki va·ah·nay·nu cho·nay·nu Mal·kay·nu A·vi·nu
11 אָבִינוּ מַלְכֵּנוּ, חָנֵּנוּ וַעֲנֵנוּ, כִּי אֵין בָּנוּ מַעֲשִׂים,

v'ho·shi·ay·nu va·che·sed tz'da·ka ee·ma·nu ah·say
12 עֲשֵׂה עִמָּנוּ צְדָקָה וָחֶסֶד, וְהוֹשִׁיעֵנוּ.

עֲשֵׂה עִמָּנוּ צְדָקָה וָחֶסֶד	וַעֲנֵנוּ	אָבִינוּ מַלְכֵּנוּ
be just and kind with us	answer us	our Father, our King

UNETANEH TOKEF — A moving description of how all our actions are recorded, and that Teshuva, Tefila and Tzedaka can save us.

♪ 24

1. oon·ta·neh toh·kef k'du·shat ha·yohm, ki hu no·ra v'a·yohm,
וּנְתַנֶּה תֹּקֶף קְדֻשַּׁת הַיּוֹם, כִּי הוּא נוֹרָא וְאָיֹם,

2. u·vo ti·na·say mal·chu·teh·cha, v'yi·kon b'che·sed kees·eh·cha,
וּבוֹ תִנָּשֵׂא מַלְכוּתֶךָ, וְיִכּוֹן בְּחֶסֶד כִּסְאֶךָ,

3. v'tay·shayv ah·lav beh·eh·met...
וְתֵשֵׁב עָלָיו בֶּאֱמֶת...

4. b'rosh ha·sha·na yi·ka·tay·vun, oov·yohm tzom ki·pur yay·cha·tay·mun,
בְּרֹאשׁ הַשָּׁנָה יִכָּתֵבוּן, וּבְיוֹם צוֹם כִּפּוּר יֵחָתֵמוּן,

5. ka·ma ya·av·roon, v'cha·ma yi·ba·ray·oon,
כַּמָּה יַעַבְרוּן, וְכַמָּה יִבָּרֵאוּן,

6. mi yeech·yeh u·mi ya·mut, mi v'ki·tzo u·mi lo v'ki·tzo,
מִי יִחְיֶה וּמִי יָמוּת, מִי בְקִצּוֹ וּמִי לֹא בְקִצּוֹ,

7. mi va·ma·yeem, u·mi va·aysh, mi va·che·rev, u·mi va·cha·ya,
מִי בַמַּיִם, וּמִי בָאֵשׁ, מִי בַחֶרֶב, וּמִי בַחַיָּה,

8. mi va·ra·av, u·mi va·tza·ma, mi va·ra·ahsh, u·mi va·ma·gay·fa,
מִי בָרָעָב, וּמִי בַצָּמָא, מִי בָרַעַשׁ, וּמִי בַמַּגֵּפָה,

9. mi va·cha·ni·ka, u·mi va·s'ki·la.
מִי בַחֲנִיקָה, וּמִי בַסְּקִילָה.

10. mi ya·nu·ach u·mi ya·nu·ah, mi yi·sha·kayt u·mi yi·ta·rayf,
מִי יָנוּחַ וּמִי יָנוּעַ, מִי יִשָּׁקֵט וּמִי יִטָּרֵף,

11. mi yi·sha·layv u·mi yeet·ya·sar, mi yay·ah·ni u·mi yay·ah·shayr,
מִי יִשָּׁלֵו וּמִי יִתְיַסָּר, מִי יֵעָנִי וּמִי יֵעָשֵׁר,

12. mi yi·sha·fayl u mi ya·room.
מִי יִשָּׁפֵל וּמִי יָרוּם.

13. oot·shu·va oot·fee·la ootz·da·ka ma·ah·vi·reen et ro·ah ha·g'zay·ra.
וּתְשׁוּבָה וּתְפִלָּה וּצְדָקָה מַעֲבִירִין אֶת רוֹעַ הַגְּזֵרָה.

מִי יִחְיֶה וּמִי יָמוּת — who will live and who will die

וּתְשׁוּבָה וּתְפִלָּה וּצְדָקָה — repentance, prayer and charity

מַעֲבִירִין אֶת רוֹעַ הַגְּזֵרָה — remove the harsh decree

TASHLICH

On Rosh Hashanah we "throw" our sins into the water by reciting these prayers at a body of water with live fish.

יי יי אל

mi · Ayl · ka·mo·cha

1 **מִי אֵל כָּמוֹךָ,**

רחום · וחנון

no·say · a·vohn · v'o·vayr · al · peh·sha

2 **נוֹשֵׂא עָוֹן, וְעוֹבֵר עַל פֶּשַׁע,**

ארך

leesh·ay·reet · na·cha·la·toh

3 **לִשְׁאֵרִית נַחֲלָתוֹ,**

אפים · ורב חסד

lo · heh·che·zeek · la·ahd · a·po · ki · cha·faytz · che·sed · Hu

4 **לֹא הֶחֱזִיק לָעַד אַפּוֹ, כִּי חָפֵץ חֶסֶד הוּא.**

ואמת · נצר חסד

ya·shuv · y'ra·cha·may·nu · yeech·bohsh · a·vo·no·tay·nu

5 **יָשׁוּב יְרַחֲמֵנוּ, יִכְבּוֹשׁ עֲוֹנוֹתֵינוּ,**

לאלפים

v'tash·leech · beem·tzu·loht · yahm · kol · cha·to·tahm

6 **וְתַשְׁלִיךְ בִּמְצוּלוֹת יָם כָּל חַטֹּאתָם.**

נשא עון · ופשע

ti·tayn · e·met · l'Yaakov · che·sed · l'Avraham

7 **תִּתֵּן אֱמֶת לְיַעֲקֹב, חֶסֶד לְאַבְרָהָם,**

וחטאה · ונקה

ah·sher · neesh·ba·ta · la·ah·vo·tay·nu · mi·may · ke·dem

8 **אֲשֶׁר נִשְׁבַּעְתָּ לַאֲבוֹתֵינוּ, מִימֵי קֶדֶם.**

וְתַשְׁלִיךְ בִּמְצוּלוֹת יָם	כָּל חַטֹּאתָם
throw into the depths of the sea	all sins

יי ארך

אפים

1
meen | ha·may·tzar | ka·ra·ti | Yah | a·na·ni | ba·mer·chav·ya

מִן הַמֵּצַר קָרָאתִי יָהּ, עָנָנִי בַּמֶּרְחַבְיָה.

ורב חסד

נשא עון ופשע

2
Adonai | li | lo | ee·ra | ma | ya·ah·seh | li | a·dahm

יְיָ לִי, לֹא אִירָא, מַה יַּעֲשֶׂה לִי אָדָם.

ונקה

לא ינקה

3
Adonai | li | b'o·z'rai | va·ah·ni | ehr·eh | v'so·n'ai

יְיָ לִי בְּעוֹזְרָי, וַאֲנִי אֶרְאֶה בְשֹׂנְאָי.

פקד עון אבות על בנים

4
tov | la·cha·sot | bAdonai | mi·b'toh·ach | ba·ah·dahm

טוֹב לַחֲסוֹת בַּיְיָ, מִבְּטֹחַ בָּאָדָם.

על שלשים ועל רבעים

5
tov | la·cha·sot | bAdonai | mi·b'toh·ach | been·dee·veem

טוֹב לַחֲסוֹת בַּיְיָ, מִבְּטֹחַ בִּנְדִיבִים.

6
lo | ya·ray·u | v'lo | yash·chi·tu | b'chol | har | kod·shi

לֹא יָרֵעוּ וְלֹא יַשְׁחִיתוּ בְּכָל הַר קָדְשִׁי,

7
ki | ma·l'ah | ha·ah·retz | day·ah | et | Adonai | ka·ma·yeem | la·yahm | m'cha·seem

כִּי מָלְאָה הָאָרֶץ, דֵּעָה אֶת יְיָ, כַּמַּיִם לַיָּם מְכַסִּים.

---

13 MIDOT HARACHAMIM: Hashem, be merciful to us, beyond what we deserve.

8
Adonai | Adonai | Ayl | ra·chum | v'cha·noon | eh·rech | a·pa·yeem | v'rav | che·sed | veh·eh·met

יְיָ יְיָ, אֵל, רַחוּם, וְחַנּוּן, אֶרֶךְ אַפַּיִם, וְרַב חֶסֶד, וֶאֱמֶת.

9
no·tzayr | che·sed | la·ah·la·feem | no·say | a·vohn | va·feh·sha | v'cha·ta·ah | v'na·kay

נֹצֵר חֶסֶד לָאֲלָפִים, נֹשֵׂא עָוֹן, וָפֶשַׁע, וְחַטָּאָה, וְנַקֵּה.

🎵 26

מִן הַמֵּצַר קָרָאתִי יָ-הּ | מָלְאָה הָאָרֶץ דֵּעָה אֶת ה' | כַּמַּיִם לַיָּם מְכַסִּים
from distress I called to 'ה | the world filled with knowledge of 'ה | as the water covers the sea

Kol Nidrei

At the start of Yom Kippur
we annul the personal vows we made during the year.
Symbolically, we ask Hashem to annul His "vow" to exile us.

kol need·ray veh·eh·sa·ray oosh·vu·ay va·cha·ra·may v'ko·na·may
כָּל נִדְרֵי, וֶאֱסָרֵי, וּשְׁבוּעֵי, וַחֲרָמֵי, וְקוֹנָמֵי,

v'ki·nu·say v'chi·nu·yay
וְקִנּוּסֵי, וְכִנּוּיֵי,

d'een·dar·na ood·eesh·ta·ba·na ood·a·cha·reem·na ood·a·sar·na al naf·sha·ta·na
דְּאִנְדַּרְנָא, וּדְאִשְׁתַּבַּעְנָא, וּדְאַחֲרִימְנָא, וּדְאָסַרְנָא עַל נַפְשָׁתָנָא.

mi·Yom kee·pu·reem zeh ahd Yom kee·pu·reem ha·ba a·lay·nu l'toh·va
מִיּוֹם כִּפּוּרִים זֶה, עַד יוֹם כִּפּוּרִים הַבָּא עָלֵינוּ לְטוֹבָה.

b'chu·l'hon ee·cha·raht·na v'hon ku·l'hon y'hon sha·rahn
בְּכֻלְּהוֹן, **אִיחֲרַטְנָא** בְהוֹן, כֻּלְּהוֹן יְהוֹן שָׁרָן,

sh'vi·keen sh'vi·teen b'tay·leen oom·vu·ta·leen
שְׁבִיקִין, שְׁבִיתִין, **בְּטֵלִין** וּמְבֻטָּלִין,

la sh'ri·reen v'la ka·ya·meen
לָא שְׁרִירִין וְלָא קַיָּמִין.

need·ra·na la need·ray veh·eh·sa·ra·na la eh·sa·ray
נִדְרָנָא לָא נִדְרֵי, וֶאֱסָרָנָא לָא אֱסָרֵי,

oosh·vu·a·ta·na la sh'vu·oht
וּשְׁבוּעָתָנָא לָא שְׁבוּעוֹת.

---

v'nees·lach l'chol a·daht b'nay Yisrael v'la·gayr ha·gar b'toh·cham
וְנִסְלַח לְכָל עֲדַת בְּנֵי יִשְׂרָאֵל, וְלַגֵּר הַגָּר בְּתוֹכָם,

ki l'chol ha·ahm beesh·ga·ga
כִּי לְכָל הָעָם בִּשְׁגָגָה.

כָּל נִדְרֵי	דְּאִנְדַּרְנָא	אִיחֲרַטְנָא	בְּטֵלִין	וְנִסְלַח
all promises	that I promised	regret	cancelled	forgiven!

VIDUI/CONFESSION

Part of Teshuvah is to confess our sins to Hashem. On Yom Kippur we do so with Ashamnu and Al Cheit, in א-ב order.

1 ah·shahm·nu ba·gad·nu ga·zal·nu dee·bar·nu doh·fee
אָשַׁמְנוּ, בָּגַדְנוּ, גָּזַלְנוּ, דִּבַּרְנוּ דֹּפִי.

2 heh·eh·vi·nu v'heer·sha·nu zad·nu cha·mas·nu ta·fal·nu sheh·ker
הֶעֱוִינוּ, וְהִרְשַׁעְנוּ, זַדְנוּ, חָמַסְנוּ, טָפַלְנוּ שֶׁקֶר.

3 ya·atz·nu ra ki·zav·nu latz·nu ma·rahd·nu ni·atz·nu
יָעַצְנוּ רָע, כִּזַּבְנוּ, לַצְנוּ, מָרַדְנוּ, נִאַצְנוּ,

4 sa·rar·nu a·vi·nu pa·sha·nu tza·rar·nu ki·shi·nu o·ref
סָרַרְנוּ, עָוִינוּ, פָּשַׁעְנוּ, צָרַרְנוּ, קִשִּׁינוּ עֹרֶף.

5 ra·sha·nu shi·chaht·nu ti·av·nu ta·ee·nu ti·ta·nu
רָשַׁעְנוּ, שִׁחַתְנוּ, תִּעַבְנוּ, תָּעִינוּ, תִּעְתָּעְנוּ.

When saying *Ashamnu* during *Shacharit*, continue with Psalm 20, on page 65.

---

6 al chayt sheh·cha·ta·nu l'fa·ne·cha b'o·nes oov·ra·tzon
עַל חֵטְא שֶׁחָטָאנוּ לְפָנֶיךָ בְּאֹנֶס וּבְרָצוֹן...

7 al chayt sheh·cha·ta·nu l'fa·ne·cha b'zeel·zool ho·reem u·mo·reem
עַל חֵטְא שֶׁחָטָאנוּ לְפָנֶיךָ בְּזִלְזוּל הוֹרִים וּמוֹרִים...

8 al chayt sheh·cha·ta·nu l'fa·ne·cha b'yay·tzer ha·ra
עַל חֵטְא שֶׁחָטָאנוּ לְפָנֶיךָ בְּיֵצֶר הָרָע...

9 v'al chayt sheh·cha·ta·nu l'fa·ne·cha b'la·shon ha·ra
וְעַל חֵטְא שֶׁחָטָאנוּ לְפָנֶיךָ בְּלָשׁוֹן הָרָע...

10 v'al chayt sheh·cha·ta·nu l'fa·ne·cha b'seen·aht chi·nam
וְעַל חֵטְא שֶׁחָטָאנוּ לְפָנֶיךָ בְּשִׂנְאַת חִנָּם...

11 v'al ku·lahm Elo·ah s'li·chot s'lach la·nu m'chol la·nu ka·payr la·nu
וְעַל כֻּלָּם, אֱלוֹהַּ סְלִיחוֹת, סְלַח לָנוּ, מְחַל לָנוּ, כַּפֶּר לָנוּ.

עַל חֵטְא	וְעַל כֻּלָּם
for the sin of	for all of these

Sukkot

Throughout the holiday of Sukkot, we live in a Sukkah to remember how we lived in G-d's Cloud in the desert.

We add this special bracha when in a *Sukkah* and partaking of food or drink over which we recite either the *Hamotzi*, *Mezonot* or *Hagafen* blessings.

Ba·ruch A·ta Adonai Elohaynu Meh·lech ha·o·lahm

1 בָּרוּךְ אַתָּה יְיָ, אֱלֹהֵינוּ, מֶלֶךְ הָעוֹלָם,

ah·sher ki·d'sha·nu b'meetz·vo·tav v'tzi·va·nu lay·shayv ba·su·ka

2 אֲשֶׁר קִדְּשָׁנוּ בְּמִצְוֹתָיו, וְצִוָּנוּ לֵישֵׁב בַּסֻּכָּה.

THE FOUR KINDS: On Sukkot, we bind together a Lulav, Etrog, Hadasim and Aravot.

We hold the *lulav* in our right hand and recite the blessing over it:

Ba·ruch A·ta Adonai Elohaynu Meh·lech ha·o·lahm

3 בָּרוּךְ אַתָּה יְיָ, אֱלֹהֵינוּ, מֶלֶךְ הָעוֹלָם,

ah·sher ki·d'sha·nu b'meetz·vo·tav v'tzi·va·nu al n'ti·laht lu·lav

4 אֲשֶׁר קִדְּשָׁנוּ בְּמִצְוֹתָיו, וְצִוָּנוּ עַל נְטִילַת לוּלָב.

We lift the *etrog* into our left hand. On the first day (or our first time) we add:

Ba·ruch A·ta Adonai Elohaynu Meh·lech ha·o·lahm

5 בָּרוּךְ אַתָּה יְיָ, אֱלֹהֵינוּ, מֶלֶךְ הָעוֹלָם,

sheh·heh·che·ya·nu v'ki·y'ma·nu v'hee·gi·ah·nu leez·mahn ha·zeh

6 שֶׁהֶחֱיָנוּ וְקִיְּמָנוּ וְהִגִּיעָנוּ לִזְמַן הַזֶּה.

We bring the Four Kinds together and shake them in all directions.
Hashem is everywhere!

לֵישֵׁב בַּסֻּכָּה	נְטִילַת לוּלָב
to sit in the *sukkah*	taking the *lulav*

CHANUKAH

On Chanukah, we commemorate two miracles:
1. The military victory of a small band of Jews against the mighty Syrian-Greek army. 2. One day's measure of oil remained lit in the Menorah for eight days, beginning on the 25th of Kislev.

We place our *Menorah* (candelabra made of eight candles or oil-filled cups with wicks of equal height) either at a doorway or near a window which faces the street. After sunset, on each of the eight nights of *Chanukah*, we recite the blessings while holding the *shamash* (helper candle) and then light our *Menorah*. Participants respond *"Amein"* to each blessing.

Ba·ruch	A·ta	Adonai	Elohaynu	Meh·lech	ha·o·lahm	
בָּרוּךְ	אַתָּה	יְיָ,	אֱלֹהֵינוּ,	מֶלֶךְ	הָעוֹלָם,	1

ah·sher	ki·d'sha·nu	b'meetz·vo·tav	v'tzi·va·nu	l'hahd·leek	nayr	Chanukah
אֲשֶׁר	קִדְּשָׁנוּ	בְּמִצְוֹתָיו,	וְצִוָּנוּ	לְהַדְלִיק	נֵר	חֲנֻכָּה.

(line 2)

Ba·ruch	A·ta	Adonai	Elohaynu	Meh·lech	ha·o·lahm	
בָּרוּךְ	אַתָּה	יְיָ,	אֱלֹהֵינוּ,	מֶלֶךְ	הָעוֹלָם,	3

sheh·ah·sa	ni·seem	la·ah·vo·tay·nu	ba·ya·meem	ha·haym	beez·mahn	ha·zeh
שֶׁעָשָׂה	נִסִּים	לַאֲבוֹתֵינוּ,	בַּיָּמִים	הָהֵם,	בִּזְמַן	הַזֶּה.

(line 4)

On the first night (or our first time) we add:

Ba·ruch	A·ta	Adonai	Elohaynu	Meh·lech	ha·o·lahm	
בָּרוּךְ	אַתָּה	יְיָ,	אֱלֹהֵינוּ,	מֶלֶךְ	הָעוֹלָם,	5

sheh·heh·che·ya·nu	v'ki·y'ma·nu	v'hee·gi·ah·nu	leez·mahn	ha·zeh	
שֶׁהֶחֱיָנוּ	וְקִיְּמָנוּ	וְהִגִּיעָנוּ	לִזְמַן	הַזֶּה.	6

We now kindle the amount of lights corresponding to that day of *Chanukah*; on the 1ˢᵗ night we light 1 candle, on the 2ⁿᵈ night, we light 2 and so on. We begin on the right side of the menorah and light from left to right, the newest (leftmost) candle, first. The *shamash* candle is then placed in its holder in the *Menorah*, apart from the rest of the candles.

בַּיָּמִים הָהֵם בִּזְמַן הַזֶּה	שֶׁעָשָׂה נִסִּים לַאֲבוֹתֵינוּ	לְהַדְלִיק נֵר חֲנֻכָּה
in those days, at this time	who did miracles for our fathers	to light the *Chanuka* candle

HANEIROT HALALU

After lighting the Menorah, while watching the dancing flames relate the miracles Hashem does for us, we sing this:

♫ 37

ha·nay·roht ha·la·lu a·nu mahd·li·keen
1 הַנֵּרוֹת הַלָּלוּ אָנוּ מַדְלִיקִין,

♫ 38

al ha·t'shu·oht v'al ha·ni·seem v'al ha·neef·la·oht
2 עַל הַתְּשׁוּעוֹת, וְעַל הַנִּסִּים, וְעַל הַנִּפְלָאוֹת,

sheh·ah·si·ta la·ah·vo·tay·nu ba·ya·meem ha·haym beez·mahn ha·zeh
3 שֶׁעָשִׂיתָ לַאֲבוֹתֵינוּ, בַּיָּמִים הָהֵם בִּזְּמַן הַזֶּה,

al y'day ko·ha·ne·cha ha·k'doh·sheem
4 עַל יְדֵי כֹּהֲנֶיךָ הַקְּדוֹשִׁים.

v'chol sh'mo·naht y'may Chanukah ha·nay·roht ha·la·lu ko·desh haym
5 וְכָל שְׁמוֹנַת יְמֵי חֲנֻכָּה, הַנֵּרוֹת הַלָּלוּ קֹדֶשׁ הֵם,

v'ayn la·nu r'shoot l'heesh·ta·maysh ba·hayn e·la leer·o·tahn beel·vad
6 וְאֵין לָנוּ רְשׁוּת לְהִשְׁתַּמֵּשׁ בָּהֵן, אֶלָּא לִרְאוֹתָן בִּלְבָד.

k'day l'ho·doht ool·ha·layl l'Sheem·cha ha·ga·dol
7 כְּדֵי לְהוֹדוֹת וּלְהַלֵּל, לְשִׁמְךָ הַגָּדוֹל,

al ni·seh·cha v'al neef·l'o·teh·cha v'al y'shu·o·teh·cha
8 עַל נִסֶּיךָ, וְעַל נִפְלְאוֹתֶיךָ, וְעַל יְשׁוּעוֹתֶיךָ.

Ma'oz Tzur is not in the *Chabad Siddur*.

♫ 39

ma·ohz tzur y'shu·ah·ti l'cha na·eh l'sha·bay·ach
1 מָעוֹז צוּר יְשׁוּעָתִי, לְךָ נָאֶה לְשַׁבֵּחַ.

ti·kohn bayt t'fee·la·ti v'shahm toh·da n'za·bay·ach
2 תִּכּוֹן בֵּית תְּפִלָּתִי, וְשָׁם תּוֹדָה נְזַבֵּחַ.

l'ait ta·cheen maht·bay·ach mi·tzar ha·m'na·bay·ach
3 לְעֵת תָּכִין מַטְבֵּחַ, מִצָּר הַמְנַבֵּחַ.

az eg·mor b'sheer meez·mor cha·nu·kat ha·meez·bay·ach
4 אָז אֶגְמוֹר בְּשִׁיר מִזְמוֹר, חֲנֻכַּת הַמִּזְבֵּחַ.

הַנֵּרוֹת הַלָּלוּ	אָנוּ מַדְלִיקִין	וְעַל הַנִּסִּים	קֹדֶשׁ הֵם
these candles	we light	for the miracles	they are holy

V'AL HANISIM

Praise and thanks to Hashem for the miracles He performed for us on Chanukah and Purim.

This *tefila* is recited in the *Amida* and *Birkat Hamazon* on *Chanukah* and *Purim*.

ha·g'vu·roht — v'al — ha·pur·kan — v'al — ha·ni·seem — v'al
1 וְעַל הַנִּסִּים, וְעַל הַפֻּרְקָן, וְעַל הַגְּבוּרוֹת,

ha·neef·la·oht — v'al — ha·t'shu·oht — v'al
2 וְעַל הַתְּשׁוּעוֹת, וְעַל הַנִּפְלָאוֹת,

ha·zeh — beez·mahn — ha·haym — ba·ya·meem — la·ah·vo·tay·nu — sheh·ah·si·ta
3 שֶׁעָשִׂיתָ לַאֲבוֹתֵינוּ בַּיָּמִים הָהֵם, בִּזְמַן הַזֶּה.

If you forgot to say *"V'Al Hanisim"* in *Bentching*, begin here instead, after *"Mimarom"* (page 149).

la·a·vo·tay·nu — sheh·a·sa — k'mo — ni·seem — la·nu — ya·a·se — Hu — ha·Ra·cha·mahn
4 הָרַחֲמָן, הוּא יַעֲשֶׂה לָנוּ נִסִּים כְּמוֹ שֶׁעָשָׂה לַאֲבוֹתֵינוּ

Continue with *"Bimei,"* below.

ha·zeh — beez·mahn — ha·haym — ba·ya·meem
5 בַּיָּמִים הָהֵם בִּזְמַן הַזֶּה.

ON CHANUKAH:

u·va·nav — chash·mo·na·ee — ga·dol — ko·hayn — Yo·cha·nan — ben — Ma·teet·ya·hu — bee·may
6 בִּימֵי מַתִּתְיָהוּ בֶּן יוֹחָנָן כֹּהֵן גָּדוֹל, חַשְׁמוֹנָאִי וּבָנָיו,

Yisrael — a·m'cha — al — ha·r'sha·ah — ya·vahn — mal·choot — k'sheh·ah·m'da
7 כְּשֶׁעָמְדָה מַלְכוּת יָוָן הָרְשָׁעָה עַל עַמְּךָ יִשְׂרָאֵל

r'tzo·ne·cha — may·chu·kay — ool·ha·ah·vi·rahm — Torah·teh·cha — l'hahsh·ki·cham
8 לְהַשְׁכִּיחָם תּוֹרָתֶךָ, וּלְהַעֲבִירָם מֵחֻקֵּי רְצוֹנֶךָ,

tza·ra·tahm — b'ait — la·hem — a·ma·d'ta — ha·ra·beem — b'ra·cha·meh·cha — v'A·ta
9 וְאַתָּה בְּרַחֲמֶיךָ הָרַבִּים, עָמַדְתָּ לָהֶם בְּעֵת צָרָתָם,

הַנִּסִּים	הַנִּפְלָאוֹת	בַּיָּמִים הָהֵם בִּזְמַן הַזֶּה
the miracles	the wonders	in those days, at this time

neek·ma·tahm et na·kam·ta dee·nam et dahn·ta ri·vahm et rav·ta
1 רַבְתָּ אֶת רִיבָם, דַּנְתָּ אֶת דִּינָם, נָקַמְתָּ אֶת נִקְמָתָם,

m'a·teem b'yad v'ra·beem cha·la·sheem b'yad gi·bo·reem ma·sar·ta
2 מָסַרְתָּ גִבּוֹרִים בְּיַד חַלָּשִׁים, וְרַבִּים בְּיַד מְעַטִּים,

tza·dee·keem b'yad oor·sha·eem t'ho·reem b'yad oot·may·eem
3 וּטְמֵאִים בְּיַד טְהוֹרִים, וּרְשָׁעִים בְּיַד צַדִּיקִים,

Torah·teh·cha o·s'kay b'yad v'zay·deem
4 וְזֵדִים בְּיַד עוֹסְקֵי תוֹרָתֶךָ.

ba·o·la·meh·cha v'ka·dosh ga·dol shaym ah·si·ta ool·cha
5 וּלְךָ עָשִׂיתָ שֵׁם גָּדוֹל וְקָדוֹשׁ בְּעוֹלָמֶךָ,

ha·zeh k'ha·yohm u·fur·kan g'doh·la t'shu·ah ah·si·ta Yisrael ool·a·m'cha
6 וּלְעַמְּךָ יִשְׂרָאֵל עָשִׂיתָ תְּשׁוּעָה גְדוֹלָה וּפֻרְקָן כְּהַיּוֹם הַזֶּה.

bay·teh·cha leed·veer va·ne·cha ba·u kach v'a·char
7 וְאַחַר כַּךְ בָּאוּ בָנֶיךָ לִדְבִיר בֵּיתֶךָ,

meek·da·sheh·cha et v'ti·ha·ru hay·cha·le·cha et u·fee·nu
8 וּפִנּוּ אֶת הֵיכָלֶךָ, וְטִהֲרוּ אֶת מִקְדָּשֶׁךָ,

kod·sheh·cha b'chatz·roht nay·roht v'heed·li·ku
9 וְהִדְלִיקוּ נֵרוֹת בְּחַצְרוֹת קָדְשֶׁךָ,

ay·lu Chanukah y'may sh'mo·naht v'ka·v'u
10 וְקָבְעוּ שְׁמוֹנַת יְמֵי חֲנֻכָּה אֵלּוּ,

ha·ga·dol l'Sheem·cha ool·ha·layl l'ho·doht
11 לְהוֹדוֹת וּלְהַלֵּל לְשִׁמְךָ הַגָּדוֹל.

לְשִׁמְךָ הַגָּדוֹל	לְהוֹדוֹת וּלְהַלֵּל	וְהִדְלִיקוּ נֵרוֹת	וּרְשָׁעִים בְּיַד צַדִּיקִים
Your Great Name	to thank and praise	they lit candles	wicked in the hands of righteous

On Purim:

♫ 42

bee·may Mordechai v'Esther b'Shu·shan ha·bee·ra
בִּימֵי מָרְדְּכַי וְאֶסְתֵּר בְּשׁוּשַׁן הַבִּירָה,

k'sheh·ah·mahd a·lay·hem ha·mahn ha·ra·sha
כְּשֶׁעָמַד עֲלֵיהֶם הָמָן הָרָשָׁע,

bee·kaysh l'hahsh·meed la·ha·rog ool·a·bayd et kol ha·y'hu·deem
בִּקֵּשׁ לְהַשְׁמִיד לַהֲרוֹג וּלְאַבֵּד אֶת כָּל הַיְּהוּדִים,

mi·na·ar v'ahd za·kayn taf v'na·sheem b'yohm eh·chad
מִנַּעַר וְעַד זָקֵן, טַף וְנָשִׁים, בְּיוֹם אֶחָד,

beesh·lo·sha ah·sar l'cho·desh sh'naym ah·sar
בִּשְׁלשָׁה עָשָׂר לְחֹדֶשׁ שְׁנֵים עָשָׂר,

hu cho·desh ah·dar oosh·la·lahm la·voz
הוּא **חֹדֶשׁ** אֲדָר, וּשְׁלָלָם לָבוֹז.

v'A·ta b'ra·cha·meh·cha ha·ra·beem hay·far·ta et ah·tza·toh
וְאַתָּה בְּרַחֲמֶיךָ הָרַבִּים **הֵפַרְתָּ אֶת עֲצָתוֹ**,

v'keel·kal·ta et ma·cha·shav·toh va·ha·shay·vo·ta lo g'mu·lo b'ro·sho
וְקִלְקַלְתָּ אֶת מַחֲשַׁבְתּוֹ, וַהֲשֵׁבוֹתָ לּוֹ גְּמוּלוֹ בְּרֹאשׁוֹ,

v'ta·lu o·toh v'et ba·nav al ha·aytz
וְתָלוּ אוֹתוֹ וְאֶת בָּנָיו עַל הָעֵץ.

חֹדֶשׁ אֲדָר	הֵפַרְתָּ אֶת עֲצָתוֹ
the month of *Adar*	You cancelled his plan

Pesach

For the eight days of Pesach (Passover) we do not eat or own any Chametz (leavened food). Instead, we eat Matzah.

Before *Pesach* we remove all *chametz* from our home. The night before *Pesach*, we thoroughly search our homes by candlelight for any *chametz* we may have missed.

Recite this blessing before the search.

♫ 43

Ba·ruch A·ta Adonai Elohaynu Meh·lech ha·o·lahm

1 בָּרוּךְ אַתָּה יְיָ, אֱלֹהֵינוּ, מֶלֶךְ הָעוֹלָם,

ah·sher ki·d'sha·nu b'meetz·vo·tav v'tzi·va·nu al bee·ur cha·maytz

2 אֲשֶׁר קִדְּשָׁנוּ בְּמִצְוֹתָיו, וְצִוָּנוּ עַל בִּעוּר חָמֵץ.

Recite this paragraph after the search, proclaiming that any unfound *chametz* no longer belongs to you.

♫ 44

All leaven and anything leavened that is in my possession

kol cha·mi·ra va·cha·mi·ah d'ee·ka veer·shu·ti

3 כָּל חֲמִירָא וַחֲמִיעָא דְאִכָּא בִרְשׁוּתִי,

which I have neither seen nor removed, and about which I am unaware

d'la cha·mi·tayh ood·la vi·ar·tayh ood·la y'da·na layh

4 דְלָא חֲמִיתֵיהּ וּדְלָא בִעַרְתֵּיהּ, וּדְלָא יְדַעְנָא לֵיהּ,

shall be considered naught and ownerless as the dust of the earth.

li·ba·tayl v'le·heh·vay hef·kayr k'af·ra d'ar·ah

5 לִבָּטֵל וְלֶהֱוֵי הֶפְקֵר כְּעַפְרָא דְאַרְעָא.

The next morning *(erev Pesach)* we burn any *chametz* found, after which we again proclaim that any *chametz* that may be in our possession is now ownerless, by reciting:

♫ 45

All leaven and anything leavened that is in my possession

kol cha·mi·ra va·cha·mi·ah d'ee·ka veer·shu·ti

6 כָּל חֲמִירָא וַחֲמִיעָא דְאִכָּא בִרְשׁוּתִי,

whether I have seen it or not, whether I have observed it or not

da·cha·zi·tayh ood·la cha·zi·tayh da·cha·mi·tayh ood·la cha·mi·tayh

7 דַּחֲזִיתֵיהּ וּדְלָא חֲזִיתֵיהּ, דַּחֲמִיתֵיהּ וּדְלָא חֲמִיתֵיהּ,

whether I have removed it or not

d'vi·ar·tayh ood·la vi·ar·tayh

8 דְּבִעַרְתֵּיהּ וּדְלָא בִעַרְתֵּיהּ,

shall be considered naught and ownerless as the dust of the earth.

li·ba·tayl v'le·heh·vay hef·kayr k'af·ra d'ar·ah

9 לִבָּטֵל וְלֶהֱוֵי הֶפְקֵר כְּעַפְרָא דְאַרְעָא.

Ma Nishtana?	During the Pesach Seder, we ask these famous four questions from the Haggadah.

ha·lay·loht   mi·kol   ha·zeh   ha·lai·la   neesh·ta·na   ma

מַה נִּשְׁתַּנָה הַלַּיְלָה הַזֶּה מִכָּל הַלֵּילוֹת? 1

Why is this night different from all other nights?

e·chaht pa·ahm a·fee·lu maht·bee·leen a·nu ayn ha·lay·loht sheh·b'chol

שֶׁבְּכָל הַלֵּילוֹת אֵין אָנוּ מַטְבִּילִין, אֲפִילוּ פַּעַם אֶחָת, 2

f'a·meem   sh'tay   ha·zeh   ha·lai·la

הַלַּיְלָה הַזֶּה שְׁתֵּי פְעָמִים. 3

1. On all other nights we do not dip our vegetables even once; on this night, twice.

ma·tza o cha·maytz o·ch'leen a·nu ha·lay·loht sheh·b'chol

שֶׁבְּכָל הַלֵּילוֹת אָנוּ אוֹכְלִין חָמֵץ אוֹ מַצָּה, 4

ma·tza   ku·lo   ha·zeh   ha·lai·la

הַלַּיְלָה הַזֶּה כֻּלּוֹ מַצָּה. 5

2. On all other nights we eat Chametz or Matzah; on this night, only Matzah.

y'ra·kot sh'ar o·ch'leen a·nu ha·lay·loht sheh·b'chol

שֶׁבְּכָל הַלֵּילוֹת אָנוּ אוֹכְלִין שְׁאָר יְרָקוֹת, 6

ma·ror   ha·zeh   ha·lai·la

הַלַּיְלָה הַזֶּה מָרוֹר. 7

3. On all other nights we eat all kinds of vegetables; on this night, bitter ones.

m'su·been u·vayn yo·sh'veen bain o·ch'leen a·nu ha·lay·loht sheh·b'chol

שֶׁבְּכָל הַלֵּילוֹת אָנוּ אוֹכְלִין בֵּין יוֹשְׁבִין וּבֵין מְסֻבִּין, 8

m'su·been   ku·la·nu   ha·zeh   ha·lai·la

הַלַּיְלָה הַזֶּה כֻּלָּנוּ מְסֻבִּין. 9

4. On all other nights we eat sitting upright or reclining; on this night, we all recline.

מְסֻבִּין	מָרוֹר	מַצָּה	מַטְבִּילִין	נִשְׁתַּנָה
reclining	bitter herbs	Matzah	dip	different

In some *Haggadot* the order of the questions is: *Matzah*, bitter herbs, dipping and reclining.

SEFIRAT HA'OMER From Pesach to Shavuot (Matan Torah) are 49 days of preparation. We count the Omer and improve our character.

Some laws of *Sefirat Ha'Omer*

1. We count *Sefirat Ha'Omer* from the 2nd night of *Pesach* until *Shavuot* for a total of 49 days.

2. Each night, after the stars come out, we count the number of the *next* calendar day, since the Jewish day begins at nightfall. So, for example:

When Sunday, the 16th of *Nissan* is the 1st day of the *Omer*, then on Saturday night – *before* Sunday – we count the 1st day of the *Omer*. On Sunday night – before Monday – we count the 2nd day of the *Omer*, etc.

3. If we forget to count at night we do so the next day, but without the *bracha*.

4. If we forgot to count both at night and the next day, then we continue counting on the remaining nights, but without the *bracha*.

We recite the *bracha* standing, having in mind the day's count of *sefirah* and the *mida* of that day (e.g. *chesed*). We then ask Hashem, in "*Harachaman,*" to rebuild the *Beit Hamikdash*.

♪ 47

ha·oh·lahm Meh·lech Elohaynu Adonai A·ta Ba·ruch
1 בָּרוּךְ אַתָּה יְיָ, אֱלֹהֵינוּ, מֶלֶךְ הָעוֹלָם,

ha·o·mehr s'fee·raht al v'tzi·va·nu b'meetz·vo·tav ki·d'sha·nu ah·sher
2 אֲשֶׁר קִדְּשָׁנוּ בְּמִצְוֹתָיו, וְצִוָּנוּ עַל סְפִירַת הָעוֹמֶר.

Week #1

| 16th of Nissan | Day |
| טז ניסן | #1 |

3

la·o·mehr eh·chad yohm ha·yohm
4 הַיּוֹם יוֹם אֶחָד לָעוֹמֶר.

♪ 48

leem·ko·mah ha·meek·dahsh bayt a·vo·daht la·nu ya·cha·zeer hu ha·ra·cha·mahn
5 הָרַחֲמָן הוּא יַחֲזִיר לָנוּ עֲבוֹדַת בֵּית הַמִּקְדָּשׁ לִמְקוֹמָה,

♪ 49

*הָרַחֲמָן...
che·sed sheh·b'che·sed
חֶסֶד שֶׁבְּחֶסֶד

seh·la a·mayn v'ya·may·nu beem·hay·ra
6 בִּמְהֵרָה בְּיָמֵינוּ, אָמֵן סֶלָה.

| חֶסֶד | בִּמְהֵרָה בְּיָמֵינוּ | יַחֲזִיר... עֲבוֹדַת בֵּית הַמִּקְדָּשׁ |
| kindness | speedily in our days | return the service of the Beit Hamikdash |

Week #1

17th of Nissan — יז נִיסָן — Day #2

ha·yohm sh'nay ya·meem la·o·mehr
הַיּוֹם שְׁנֵי יָמִים לָעוֹמֶר.

*הָרַחֲמָן...
g'vu·ra sheh·b'che·sed
גְּבוּרָה שֶׁבְּחֶסֶד

18th of Nissan — יח נִיסָן — Day #3

ha·yohm sh'lo·sha ya·meem la·o·mehr
הַיּוֹם שְׁלשָׁה יָמִים לָעוֹמֶר.

*הָרַחֲמָן...
teef·eh·ret sheh·b'che·sed
תִּפְאֶרֶת שֶׁבְּחֶסֶד

19th of Nissan — יט נִיסָן — Day #4

ha·yohm ar·ba·ah ya·meem la·o·mehr
הַיּוֹם אַרְבָּעָה יָמִים לָעוֹמֶר.

*הָרַחֲמָן...
ne·tzach sheh·b'che·sed
נֶצַח שֶׁבְּחֶסֶד

20th of Nissan — כ נִיסָן — Day #5

ha·yohm cha·mi·sha ya·meem la·o·mehr
הַיּוֹם חֲמִשָּׁה יָמִים לָעוֹמֶר.

*הָרַחֲמָן...
hod sheh·b'che·sed
הוֹד שֶׁבְּחֶסֶד

21st of Nissan — כא נִיסָן — Day #6

ha·yohm shi·sha ya·meem la·o·mehr
הַיּוֹם שִׁשָּׁה יָמִים לָעוֹמֶר.

*הָרַחֲמָן...
y'sohd sheh·b'che·sed
יְסוֹד שֶׁבְּחֶסֶד

22nd of Nissan — כב נִיסָן — Day #7

ha·yohm sheev·ah ya·meem
הַיּוֹם שִׁבְעָה יָמִים,

sheh·haym sha·vu·ah eh·chad la·o·mehr
שֶׁהֵם שָׁבוּעַ אֶחָד לָעוֹמֶר.

*הָרַחֲמָן...
mal·choot sheh·b'che·sed
מַלְכוּת שֶׁבְּחֶסֶד

חֶסֶד	גְּבוּרָה	תִּפְאֶרֶת	נֶצַח	הוֹד	יְסוֹד	מַלְכוּת
kindness	strength	beauty	victory	glory	foundation	kingship

*Return to page 140, line 5 for "...הָרַחֲמָן."

	Week #2	

*הָרַחֲמָן... che·sed sheh·beeg·vu·ra חֶסֶד שֶׁבִּגְבוּרָה	ya·meem sh'mo·na ha·yohm הַיּוֹם **שְׁמוֹנָה** יָמִים,	23rd of Nissan · Day #8 כג נִיסָן	1
	la·o·mehr eh·chad v'yohm eh·chad sha·vu·ah sheh·haym שֶׁהֵם שָׁבוּעַ אֶחָד וְיוֹם אֶחָד לָעוֹמֶר.		2
*הָרַחֲמָן... g'vu·ra sheh·beeg·vu·ra גְּבוּרָה שֶׁבִּגְבוּרָה	ya·meem teesh·ah ha·yohm הַיּוֹם **תִּשְׁעָה** יָמִים,	24th of Nissan · Day #9 כד נִיסָן	3
	la·o·mehr ya·meem oosh·nay eh·chad sha·vu·ah sheh·haym שֶׁהֵם שָׁבוּעַ אֶחָד וּשְׁנֵי יָמִים לָעוֹמֶר.		4
*הָרַחֲמָן... teef·eh·ret sheh·beeg·vu·ra תִּפְאֶרֶת שֶׁבִּגְבוּרָה	ya·meem ah·sa·ra ha·yohm הַיּוֹם **עֲשָׂרָה** יָמִים,	25th of Nissan · Day #10 כה נִיסָן	5
	la·o·mehr ya·meem oosh·lo·sha eh·chad sha·vu·ah sheh·haym שֶׁהֵם שָׁבוּעַ אֶחָד וּשְׁלֹשָׁה יָמִים לָעוֹמֶר.		6
*הָרַחֲמָן... ne·tzach sheh·beeg·vu·ra נֶצַח שֶׁבִּגְבוּרָה	yohm ah·sar ah·chad ha·yohm הַיּוֹם **אַחַד עָשָׂר** יוֹם,	26th of Nissan · Day #11 כו נִיסָן	7
	la·o·mehr ya·meem v'ar·ba·ah eh·chad sha·vu·ah sheh·haym שֶׁהֵם שָׁבוּעַ אֶחָד וְאַרְבָּעָה יָמִים לָעוֹמֶר.		8
*הָרַחֲמָן... hod sheh·beeg·vu·ra הוֹד שֶׁבִּגְבוּרָה	yohm ah·sar sh'naym ha·yohm הַיּוֹם **שְׁנֵים עָשָׂר** יוֹם,	27th of Nissan · Day #12 כז נִיסָן	9
	la·o·mehr ya·meem va·cha·mi·sha eh·chad sha·vu·ah sheh·haym שֶׁהֵם שָׁבוּעַ אֶחָד וַחֲמִשָּׁה יָמִים לָעוֹמֶר.		10
*הָרַחֲמָן... y'sohd sheh·beeg·vu·ra יְסוֹד שֶׁבִּגְבוּרָה	yohm ah·sar sh'lo·sha ha·yohm הַיּוֹם **שְׁלֹשָׁה עָשָׂר** יוֹם,	28th of Nissan · Day #13 כח נִיסָן	11
	la·o·mehr ya·meem v'shi·sha eh·chad sha·vu·ah sheh·haym שֶׁהֵם שָׁבוּעַ אֶחָד וְשִׁשָּׁה יָמִים לָעוֹמֶר.		12
*הָרַחֲמָן... mal·choot sheh·beeg·vu·ra מַלְכוּת שֶׁבִּגְבוּרָה	yohm ah·sar ar·ba·ah ha·yohm הַיּוֹם **אַרְבָּעָה עָשָׂר** יוֹם,	29th of Nissan · Day #14 כט נִיסָן	13
	la·o·mehr sha·vu·oht sh'nay sheh·haym שֶׁהֵם שְׁנֵי שָׁבוּעוֹת לָעוֹמֶר.		14

מַלְכוּת kingship	יְסוֹד foundation	הוֹד glory	נֶצַח victory	תִּפְאֶרֶת beauty	גְּבוּרָה strength	חֶסֶד kindness

*Return to page 140, line 5 for "...הָרַחֲמָן."

Week #3

1 | Day #15 — 30th of Nissan — ל נִיסָן
ha·yohm cha·mi·sha ah·sar yohm
הַיּוֹם חֲמִשָּׁה עָשָׂר יוֹם,
*הָרַחֲמָן...
che·sed sheh·b'teef·eh·ret
חֶסֶד שֶׁבְּתִפְאֶרֶת

2
sheh·haym sh'nay sha·vu·oht v'yohm eh·chad la·o·mehr
שֶׁהֵם שְׁנֵי שָׁבוּעוֹת וְיוֹם אֶחָד לָעוֹמֶר.

3 | Day #16 — 1st of Iyar — א אִיָּיר
ha·yohm shi·sha ah·sar yohm
הַיּוֹם שִׁשָּׁה עָשָׂר יוֹם,
*הָרַחֲמָן...
g'vu·ra sheh·b'teef·eh·ret
גְבוּרָה שֶׁבְּתִפְאֶרֶת

4
sheh·haym sh'nay sha·vu·oht oosh·nay ya·meem la·o·mehr
שֶׁהֵם שְׁנֵי שָׁבוּעוֹת וּשְׁנֵי יָמִים לָעוֹמֶר.

5 | Day #17 — 2nd of Iyar — ב אִיָּיר
ha·yohm sheev·ah ah·sar yohm
הַיּוֹם שִׁבְעָה עָשָׂר יוֹם,
*הָרַחֲמָן...
teef·eh·ret sheh·b'teef·eh·ret
תִּפְאֶרֶת שֶׁבְּתִפְאֶרֶת

6
sheh·haym sh'nay sha·vu·oht oosh·lo·sha ya·meem la·o·mehr
שֶׁהֵם שְׁנֵי שָׁבוּעוֹת וּשְׁלֹשָׁה יָמִים לָעוֹמֶר.

7 | Day #18 — 3rd of Iyar — ג אִיָּיר
ha·yohm sh'mo·na ah·sar yohm
הַיּוֹם שְׁמוֹנָה עָשָׂר יוֹם,
*הָרַחֲמָן...
ne·tzach sheh·b'teef·eh·ret
נֶצַח שֶׁבְּתִפְאֶרֶת

8
sheh·haym sh'nay sha·vu·oht v'ar·ba·ah ya·meem la·o·mehr
שֶׁהֵם שְׁנֵי שָׁבוּעוֹת וְאַרְבָּעָה יָמִים לָעוֹמֶר.

9 | Day #19 — 4th of Iyar — ד אִיָּיר
ha·yohm teesh·ah ah·sar yohm
הַיּוֹם תִּשְׁעָה עָשָׂר יוֹם,
*הָרַחֲמָן...
hod sheh·b'teef·eh·ret
הוֹד שֶׁבְּתִפְאֶרֶת

10
sheh·haym sh'nay sha·vu·oht va·cha·mi·sha ya·meem la·o·mehr
שֶׁהֵם שְׁנֵי שָׁבוּעוֹת וַחֲמִשָּׁה יָמִים לָעוֹמֶר.

11 | Day #20 — 5th of Iyar — ה אִיָּיר
ha·yohm es·reem yohm
הַיּוֹם עֶשְׂרִים יוֹם,
*הָרַחֲמָן...
y'sohd sheh·b'teef·eh·ret
יְסוֹד שֶׁבְּתִפְאֶרֶת

12
sheh·haym sh'nay sha·vu·oht v'shi·sha ya·meem la·o·mehr
שֶׁהֵם שְׁנֵי שָׁבוּעוֹת וְשִׁשָּׁה יָמִים לָעוֹמֶר.

13 | Day #21 — 6th of Iyar — ו אִיָּיר
ha·yohm eh·chad v'es·reem yohm
הַיּוֹם אֶחָד וְעֶשְׂרִים יוֹם,
*הָרַחֲמָן...
mal·choot sheh·b'teef·eh·ret
מַלְכוּת שֶׁבְּתִפְאֶרֶת

14
sheh·haym sh'lo·sha sha·vu·oht la·o·mehr
שֶׁהֵם שְׁלֹשָׁה שָׁבוּעוֹת לָעוֹמֶר.

חֶסֶד kindness	גְבוּרָה strength	תִּפְאֶרֶת beauty	נֶצַח victory	הוֹד glory	יְסוֹד foundation	מַלְכוּת kingship

*Return to page 140, line 5 for "...הָרַחֲמָן."

Week #4

*הָרַחֲמָן... che·sed sheh·b'ne·tzach חֶסֶד שֶׁבְּנֶצַח	yohm v'es·reem sh'na·yeem ha·yohm **הַיוֹם שְׁנַיִם וְעֶשְׂרִים יוֹם,** la·o·mehr eh·chad v'yohm sha·vu·oht sh'lo·sha sheh·haym **שֶׁהֵם שְׁלֹשָׁה שָׁבוּעוֹת וְיוֹם אֶחָד לָעוֹמֶר.**	7th of Iyar Day ז אִיָּיר #22	1 2
*הָרַחֲמָן... g'vu·ra sheh·b'ne·tzach גְבוּרָה שֶׁבְּנֶצַח	yohm v'es·reem sh'lo·sha ha·yohm **הַיוֹם שְׁלֹשָׁה וְעֶשְׂרִים יוֹם,** la·o·mehr ya·meem oosh·nay sha·vu·oht sh'lo·sha sheh·haym **שֶׁהֵם שְׁלֹשָׁה שָׁבוּעוֹת וּשְׁנֵי יָמִים לָעוֹמֶר.**	8th of Iyar Day ח אִיָּיר #23	3 4
*הָרַחֲמָן... teef·eh·ret sheh·b'ne·tzach תִּפְאֶרֶת שֶׁבְּנֶצַח	yohm v'es·reem ar·ba·ah ha·yohm **הַיוֹם אַרְבָּעָה וְעֶשְׂרִים יוֹם,** la·o·mehr ya·meem oosh·lo·sha sha·vu·oht sh'lo·sha sheh·haym **שֶׁהֵם שְׁלֹשָׁה שָׁבוּעוֹת וּשְׁלֹשָׁה יָמִים לָעוֹמֶר.**	9th of Iyar Day ט אִיָּיר #24	5 6
*הָרַחֲמָן... ne·tzach sheh·b'ne·tzach נֶצַח שֶׁבְּנֶצַח	yohm v'es·reem cha·mi·sha ha·yohm **הַיוֹם חֲמִשָּׁה וְעֶשְׂרִים יוֹם,** la·o·mehr ya·meem v'ar·ba·ah sha·vu·oht sh'lo·sha sheh·haym **שֶׁהֵם שְׁלֹשָׁה שָׁבוּעוֹת וְאַרְבָּעָה יָמִים לָעוֹמֶר.**	10th of Iyar Day י אִיָּיר #25	7 8
*הָרַחֲמָן... hod sheh·b'ne·tzach הוֹד שֶׁבְּנֶצַח	yohm v'es·reem shi·sha ha·yohm **הַיוֹם שִׁשָּׁה וְעֶשְׂרִים יוֹם,** la·o·mehr ya·meem va·cha·mi·sha sha·vu·oht sh'lo·sha sheh·haym **שֶׁהֵם שְׁלֹשָׁה שָׁבוּעוֹת וַחֲמִשָּׁה יָמִים לָעוֹמֶר.**	11th of Iyar Day יא אִיָּיר #26	9 10
*הָרַחֲמָן... y'sohd sheh·b'ne·tzach יְסוֹד שֶׁבְּנֶצַח	yohm v'es·reem sheev·ah ha·yohm **הַיוֹם שִׁבְעָה וְעֶשְׂרִים יוֹם,** la·o·mehr ya·meem v'shi·sha sha·vu·oht sh'lo·sha sheh·haym **שֶׁהֵם שְׁלֹשָׁה שָׁבוּעוֹת וְשִׁשָּׁה יָמִים לָעוֹמֶר.**	12th of Iyar Day יב אִיָּיר #27	11 12
*הָרַחֲמָן... mal·choot sheh·b'ne·tzach מַלְכוּת שֶׁבְּנֶצַח	yohm v'es·reem sh'mo·na ha·yohm **הַיוֹם שְׁמוֹנָה וְעֶשְׂרִים יוֹם,** la·o·mehr sha·vu·oht ar·ba·ah sheh·haym **שֶׁהֵם אַרְבָּעָה שָׁבוּעוֹת לָעוֹמֶר.**	13th of Iyar Day יג אִיָּיר #28	13 14

מַלְכוּת kingship	יְסוֹד foundation	הוֹד glory	נֶצַח victory	תִּפְאֶרֶת beauty	גְבוּרָה strength	חֶסֶד kindness

*Return to page 140, line 5 for "...הָרַחֲמָן."

Week #5

Day #29 | 14th of Iyar | יד אִיָּר | Pesach Shayni פֶּסַח שֵׁנִי

ha·yohm teesh·ah v'es·reem yohm
הַיּוֹם תִּשְׁעָה וְעֶשְׂרִים יוֹם,

sheh·haym ar·ba·ah sha·vu·oht v'yohm eh·chad la·o·mehr
שֶׁהֵם אַרְבָּעָה שָׁבוּעוֹת וְיוֹם אֶחָד לָעוֹמֶר.

*הָרַחֲמָן...
che·sed sheh·b'hod
חֶסֶד שֶׁבְּהוֹד

Day #30 | 15th of Iyar | טו אִיָּר

ha·yohm sh'lo·sheem yohm
הַיּוֹם שְׁלֹשִׁים יוֹם,

sheh·haym ar·ba·ah sha·vu·oht oosh·nay ya·meem la·o·mehr
שֶׁהֵם אַרְבָּעָה שָׁבוּעוֹת וּשְׁנֵי יָמִים לָעוֹמֶר.

*הָרַחֲמָן...
g'vu·ra sheh·b'hod
גְּבוּרָה שֶׁבְּהוֹד

Day #31 | 16th of Iyar | טז אִיָּר

ha·yohm eh·chad oosh·lo·sheem yohm
הַיּוֹם אֶחָד וּשְׁלֹשִׁים יוֹם,

sheh·haym ar·ba·ah sha·vu·oht oosh·lo·sha ya·meem la·o·mehr
שֶׁהֵם אַרְבָּעָה שָׁבוּעוֹת וּשְׁלֹשָׁה יָמִים לָעוֹמֶר.

*הָרַחֲמָן...
teef·eh·ret sheh·b'hod
תִּפְאֶרֶת שֶׁבְּהוֹד

Day #32 | 17th of Iyar | יז אִיָּר

ha·yohm sh'na·yeem oosh·lo·sheem yohm
הַיּוֹם שְׁנַיִם וּשְׁלֹשִׁים יוֹם,

sheh·haym ar·ba·ah sha·vu·oht v'ar·ba·ah ya·meem la·o·mehr
שֶׁהֵם אַרְבָּעָה שָׁבוּעוֹת וְאַרְבָּעָה יָמִים לָעוֹמֶר.

*הָרַחֲמָן...
ne·tzach sheh·b'hod
נֶצַח שֶׁבְּהוֹד

Day #33 | 18th of Iyar | יח אִיָּר | Lag Ba'Omer ל״ג בָּעוֹמֶר

ha·yohm sh'lo·sha oosh·lo·sheem yohm
הַיּוֹם שְׁלֹשָׁה וּשְׁלֹשִׁים יוֹם,

sheh·haym ar·ba·ah sha·vu·oht va·cha·mi·sha ya·meem la·o·mehr
שֶׁהֵם אַרְבָּעָה שָׁבוּעוֹת וַחֲמִשָּׁה יָמִים לָעוֹמֶר.

*הָרַחֲמָן...
hod sheh·b'hod
הוֹד שֶׁבְּהוֹד

Day #34 | 19th of Iyar | יט אִיָּר

ha·yohm ar·ba·ah oosh·lo·sheem yohm
הַיּוֹם אַרְבָּעָה וּשְׁלֹשִׁים יוֹם,

sheh·haym ar·ba·ah sha·vu·oht v'shi·sha ya·meem la·o·mehr
שֶׁהֵם אַרְבָּעָה שָׁבוּעוֹת וְשִׁשָּׁה יָמִים לָעוֹמֶר.

*הָרַחֲמָן...
y'sohd sheh·b'hod
יְסוֹד שֶׁבְּהוֹד

Day #35 | 20th of Iyar | כ אִיָּר

ha·yohm cha·mi·sha oosh·lo·sheem yohm
הַיּוֹם חֲמִשָּׁה וּשְׁלֹשִׁים יוֹם,

sheh·haym cha·mi·shah sha·vu·oht la·o·mehr
שֶׁהֵם חֲמִשָּׁה שָׁבוּעוֹת לָעוֹמֶר.

*הָרַחֲמָן...
mal·choot sheh·b'hod
מַלְכוּת שֶׁבְּהוֹד

חֶסֶד	גְּבוּרָה	תִּפְאֶרֶת	נֶצַח	הוֹד	יְסוֹד	מַלְכוּת
kindness	strength	beauty	victory	glory	foundation	kingship

*Return to page 140, line 5 for "הָרַחֲמָן...."

Week #6

Day #36 — 21st of Iyar — כא אִיָּיר

yohm oosh·lo·sheem shi·sha ha·yohm
הַיּוֹם שִׁשָּׁה וּשְׁלֹשִׁים יוֹם,

la·o·mehr eh·chad v'yohm sha·vu·oht cha·mi·sha sheh·haym
שֶׁהֵם חֲמִשָּׁה שָׁבוּעוֹת וְיוֹם אֶחָד לָעוֹמֶר.

*הָרַחֲמָן...
che·sed sheh·bee·sohd
חֶסֶד שֶׁבִּיסוֹד

Day #37 — 22nd of Iyar — כב אִיָּיר

yohm u·sh'lo·sheem sheev·ah ha·yohm
הַיּוֹם שִׁבְעָה וּשְׁלֹשִׁים יוֹם,

la·o·mehr ya·meem oosh·nay sha·vu·oht cha·mi·sha sheh·haym
שֶׁהֵם חֲמִשָּׁה שָׁבוּעוֹת וּשְׁנֵי יָמִים לָעוֹמֶר.

*הָרַחֲמָן...
g'vu·ra sheh·bee·sohd
גְּבוּרָה שֶׁבִּיסוֹד

Day #38 — 23rd of Iyar — כג אִיָּיר

yohm oosh·lo·sheem sh'mo·na ha·yohm
הַיּוֹם שְׁמוֹנָה וּשְׁלֹשִׁים יוֹם,

la·o·mehr ya·meem oosh·lo·sha sha·vu·oht cha·mi·sha sheh·haym
שֶׁהֵם חֲמִשָּׁה שָׁבוּעוֹת וּשְׁלֹשָׁה יָמִים לָעוֹמֶר.

*הָרַחֲמָן...
teef·eh·ret sheh·bee·sohd
תִּפְאֶרֶת שֶׁבִּיסוֹד

Day #39 — 24th of Iyar — כד אִיָּיר

yohm oosh·lo·sheem teesh·ah ha·yohm
הַיּוֹם תִּשְׁעָה וּשְׁלֹשִׁים יוֹם,

la·o·mehr ya·meem v'ar·ba·ah sha·vu·oht cha·mi·sha sheh·haym
שֶׁהֵם חֲמִשָּׁה שָׁבוּעוֹת וְאַרְבָּעָה יָמִים לָעוֹמֶר.

*הָרַחֲמָן...
ne·tzach sheh·bee·sohd
נֶצַח שֶׁבִּיסוֹד

Day #40 — 25th of Iyar — כה אִיָּיר

yohm ar·ba·eem ha·yohm
הַיּוֹם אַרְבָּעִים יוֹם,

la·o·mehr ya·meem va·cha·mi·sha sha·vu·oht cha·mi·sha sheh·haym
שֶׁהֵם חֲמִשָּׁה שָׁבוּעוֹת וַחֲמִשָּׁה יָמִים לָעוֹמֶר.

*הָרַחֲמָן...
hod sheh·bee·sohd
הוֹד שֶׁבִּיסוֹד

Day #41 — 26th of Iyar — כו אִיָּיר

yohm v'ar·ba·eem eh·chad ha·yohm
הַיּוֹם אֶחָד וְאַרְבָּעִים יוֹם,

la·o·mehr ya·meem v'shi·sha sha·vu·oht cha·mi·sha sheh·haym
שֶׁהֵם חֲמִשָּׁה שָׁבוּעוֹת וְשִׁשָּׁה יָמִים לָעוֹמֶר.

*הָרַחֲמָן...
y'sohd sheh·bee·sohd
יְסוֹד שֶׁבִּיסוֹד

Day #42 — 27th of Iyar — כז אִיָּיר

yohm v'ar·ba·eem sh'na·yeem ha·yohm
הַיּוֹם שְׁנַיִם וְאַרְבָּעִים יוֹם,

la·o·mehr sha·vu·oht shi·sha sheh·haym
שֶׁהֵם שִׁשָּׁה שָׁבוּעוֹת לָעוֹמֶר.

*הָרַחֲמָן...
mal·choot sheh·bee·sohd
מַלְכוּת שֶׁבִּיסוֹד

| מַלְכוּת kingship | יְסוֹד foundation | הוֹד glory | נֶצַח victory | תִּפְאֶרֶת beauty | גְּבוּרָה strength | חֶסֶד kindness |

*Return to page 140, line 5 for "הָרַחֲמָן...".

Week #7

Day #43 — 28th of Iyar — כח אִיָּר

ha·yohm sh'lo·sha v'ar·ba·eem yohm,
הַיּוֹם שְׁלֹשָׁה וְאַרְבָּעִים יוֹם,
sheh·haym shi·sha sha·vu·oht v'yohm eh·chad la·o·mehr.
שֶׁהֵם שִׁשָּׁה שָׁבוּעוֹת וְיוֹם אֶחָד לָעוֹמֶר.

*הָרַחֲמָן...
che·sed sheh·b'mal·choot
חֶסֶד שֶׁבְּמַלְכוּת

Day #44 — 29th of Iyar — כט אִיָּר

ha·yohm ar·ba·ah v'ar·ba·eem yohm,
הַיּוֹם אַרְבָּעָה וְאַרְבָּעִים יוֹם,
sheh·haym shi·sha sha·vu·oht oosh·nay ya·meem la·o·mehr.
שֶׁהֵם שִׁשָּׁה שָׁבוּעוֹת וּשְׁנֵי יָמִים לָעוֹמֶר.

*הָרַחֲמָן...
g'vu·ra sheh·b'mal·choot
גְּבוּרָה שֶׁבְּמַלְכוּת

Day #45 — 1st of Sivan — א סִיוָן

ha·yohm cha·mi·sha v'ar·ba·eem yohm,
הַיּוֹם חֲמִשָּׁה וְאַרְבָּעִים יוֹם,
sheh·haym shi·sha sha·vu·oht oosh·lo·sha ya·meem la·o·mehr.
שֶׁהֵם שִׁשָּׁה שָׁבוּעוֹת וּשְׁלֹשָׁה יָמִים לָעוֹמֶר.

*הָרַחֲמָן...
teef·eh·ret sheh·b'mal·choot
תִּפְאֶרֶת שֶׁבְּמַלְכוּת

Day #46 — 2nd of Sivan — ב סִיוָן

ha·yohm shi·sha v'ar·ba·eem yohm,
הַיּוֹם שִׁשָּׁה וְאַרְבָּעִים יוֹם,
sheh·haym shi·sha sha·vu·oht v'ar·ba·ah ya·meem la·o·mehr.
שֶׁהֵם שִׁשָּׁה שָׁבוּעוֹת וְאַרְבָּעָה יָמִים לָעוֹמֶר.

*הָרַחֲמָן...
ne·tzach sheh·b'mal·choot
נֶצַח שֶׁבְּמַלְכוּת

Day #47 — 3rd of Sivan — ג סִיוָן

ha·yohm sheev·ah v'ar·ba·eem yohm,
הַיּוֹם שִׁבְעָה וְאַרְבָּעִים יוֹם,
sheh·haym shi·sha sha·vu·oht va·cha·mi·sha ya·meem la·o·mehr.
שֶׁהֵם שִׁשָּׁה שָׁבוּעוֹת וַחֲמִשָּׁה יָמִים לָעוֹמֶר.

*הָרַחֲמָן...
hod sheh·b'mal·choot
הוֹד שֶׁבְּמַלְכוּת

Day #48 — 4th of Sivan — ד סִיוָן

ha·yohm sh'mo·na v'ar·ba·eem yohm,
הַיּוֹם שְׁמוֹנָה וְאַרְבָּעִים יוֹם,
sheh·haym shi·sha sha·vu·oht v'shi·sha ya·meem la·o·mehr.
שֶׁהֵם שִׁשָּׁה שָׁבוּעוֹת וְשִׁשָּׁה יָמִים לָעוֹמֶר.

*הָרַחֲמָן...
y'sohd sheh·b'mal·choot
יְסוֹד שֶׁבְּמַלְכוּת

Day #49 — 5th of Sivan — ה סִיוָן — Erev Shavuot — עֶרֶב שָׁבוּעוֹת

ha·yohm teesh·ah v'ar·ba·eem yohm,
הַיּוֹם תִּשְׁעָה וְאַרְבָּעִים יוֹם,
sheh·haym sheev·ah sha·vu·oht la·o·mehr.
שֶׁהֵם שִׁבְעָה שָׁבוּעוֹת לָעוֹמֶר.

*הָרַחֲמָן...
mal·choot sheh·b'mal·choot
מַלְכוּת שֶׁבְּמַלְכוּת

מַלְכוּת	יְסוֹד	הוֹד	נֶצַח	תִּפְאֶרֶת	גְּבוּרָה	חֶסֶד
kingship	foundation	glory	victory	beauty	strength	kindness

*Return to page 140, line 5 for "הָרַחֲמָן..."

Here is your very own *Sefirat Ha'Omer* chart. Please copy this chart and post it in a noticeable place (fridge or desk etc.) and use it as your personal reminder for counting the *sefirah*!
If you can laminate it, you can use an erasable marker or cute stickers to mark off the dates you've already counted the *sefirah*.
Please ask your teacher or parent to make many copies of the *sefirah* chart, and share them with your family and friends! This way, you are helping others do a *mitzvah*!

בס"ד

Sefirat Ha'Omer Chart

NAME ____________ FOR YEAR ____________

AND YOU SHALL COUNT FOR YOURSELVES FROM THE DAY AFTER THE HOLIDAY (PESACH)... SEVEN COMPLETE WEEKS THEY SHALL BE.

וּסְפַרְתֶּם לָכֶם מִמָּחֳרַת הַשַּׁבָּת...
שֶׁבַע שַׁבָּתוֹת תְּמִימֹת תִּהְיֶינָה (וַיִּקְרָא כג: טו)

EACH NIGHT, COUNT THE *SEFIRAH* FOR THE NEXT DAY.

WEEK #	S M W F	M T TH SH	S T W F	M W TH SH	S T TH F	M W F SH	S T TH SH
❶	1	2	3	4	5	6	7
❷	8	9	10	11	12	13	14
❸	15	16	17	18	19	20	21
❹	22	23	24	25	26	27	28
❺	29	30	31	32	33	34	35
❻	36	37	38	39	40	41	42
❼	43	44	45	46	47	48	49
	ת	וֹ	ע	וּ	ב	שָׁ	

© Rabbi C.B. Alevsky, ToolsForTorah.com 5772/2012

Bracha for Trees

In the month of Nissan we say this Bracha the first time we see a fruit tree in bloom.

♫ 50

Ba·ruch A·ta Adonai Elohaynu Meh·lech ha·o·lahm sheh·lo chi·sar b'o·la·mo k'loom
1 בָּרוּךְ אַתָּה יְיָ, אֱלֹהֵינוּ, מֶלֶךְ הָעוֹלָם, שֶׁלֹּא חִסַּר בְּעוֹלָמוֹ כְּלוּם,

u·va·ra vo b'ri·yoht toh·vot v'ee·la·noht toh·voht lay·ha·noht ba·hem b'nay a·dahm
2 וּבָרָא בוֹ בְּרִיּוֹת טוֹבוֹת וְאִילָנוֹת טוֹבוֹת, לֵיהָנוֹת בָּהֶם בְּנֵי אָדָם.

BRACHOT & BENTCHING
[BIRKAT HAMAZON]

*Food Blessings
& Grace After Meals*

BRACHOT FOR FOOD	Blessings for food and drink.

Before we eat or drink anything – even the smallest bite or sip – we say a *bracha*.
This helps us be aware that our food – and everything else – comes from Hashem.

Each category of food has its very own special *bracha*. This is a very general list of the
foods and their *brachot*. For more details, check online for a list of food *brachot*.

For *Challah* and all kinds of bread, we first wash our hands using a large washing cup,
three times on the right and then three times on the left.

We raise our hands, rub them together and say:

ha·o·lahm   Meh·lech   Elohaynu   Adonai   A·ta   Ba·ruch

בָּרוּךְ אַתָּה יְיָ, אֱלֹהֵינוּ, מֶלֶךְ הָעוֹלָם,   1

ya·da·yeem   n'ti·laht   al   v'tzi·va·nu   b'meetz·vo·tav   ki·d'sha·nu   ah·sher

אֲשֶׁר קִדְּשָׁנוּ בְּמִצְוֹתָיו, וְצִוָּנוּ עַל נְטִילַת יָדָיִם.   2

We then dry our hands and say the *bracha* for the *Challah* or bread:

ha·o·lahm   Meh·lech   Elohaynu   Adonai   A·ta   Ba·ruch

בָּרוּךְ אַתָּה יְיָ, אֱלֹהֵינוּ, מֶלֶךְ הָעוֹלָם,   3

ha·ah·retz   meen   le·chem   ha·mo·tzi

הַמּוֹצִיא לֶחֶם מִן הָאָרֶץ.   4

… for providing us with **bread**

Bread (or *Challah*) is considered the main/important food of a meal.
Wine (and grape juice) is considered the main/important drink of all drinks.
The *Hamotzi bracha* for bread includes all foods, and the *Hagafen bracha* for wine
includes all other drinks. Simply speaking: when eating a meal with bread, we do not
recite any food blessings, other than the initial *Hamotzi bracha,* during that meal.
Similarly, when drinking wine or grape juice, we do not bless over other drinks once
we have recited the *Hagafen bracha*.

For wine and grape juice:

ha·ga·fen p'ri bo·ray ha·o·lahm Meh·lech Elohaynu Adonai A·ta Ba·ruch

בָּרוּךְ אַתָּה יְיָ, אֱלֹהֵינוּ, מֶלֶךְ הָעוֹלָם, בּוֹרֵא פְּרִי הַגָּפֶן. 1 ♫ 05

… Who creates the **fruit of the grapevine**

For pastries, pasta, and other foods that contain flour:

m'zo·noht mi·nay bo·ray ha·o·lahm Meh·lech Elohaynu Adonai A·ta Ba·ruch

בָּרוּךְ אַתָּה יְיָ, אֱלֹהֵינוּ, מֶלֶךְ הָעוֹלָם, בּוֹרֵא מִינֵי מְזוֹנוֹת. 2 ♫ 06

… Who creates **all kinds of foods**/pastries

For the fruits of the tree (including nuts and berries, except for bananas):

ha·aytz p'ri bo·ray ha·o·lahm Meh·lech Elohaynu Adonai A·ta Ba·ruch

בָּרוּךְ אַתָּה יְיָ, אֱלֹהֵינוּ, מֶלֶךְ הָעוֹלָם, בּוֹרֵא פְּרִי הָעֵץ. 3 ♫ 07

… Who creates the **fruit of the tree**

For vegetables and all things that grow on the ground (including bananas):

ha·ah·da·ma p'ri bo·ray ha·o·lahm Meh·lech Elohaynu Adonai A·ta Ba·ruch

בָּרוּךְ אַתָּה יְיָ, אֱלֹהֵינוּ, מֶלֶךְ הָעוֹלָם, בּוֹרֵא פְּרִי הָאֲדָמָה. 4 ♫ 08

… Who creates the **fruit of the earth**

For drinks, dairy, eggs, fish, meat, candy and just about everything else:

beed·va·ro neeh·ya sheh·ha·kol ha·o·lahm Meh·lech Elohaynu Adonai A·ta Ba·ruch

בָּרוּךְ אַתָּה יְיָ, אֱלֹהֵינוּ, מֶלֶךְ הָעוֹלָם, שֶׁהַכֹּל נִהְיָה בִּדְבָרוֹ. 5 ♫ 09

… **everything** was created by His word

BRACHA ACHARONA We express our gratitude and thanks to Hashem after we eat or drink with a Bracha Acharona (after blessing).

There are three types of after blessings. Which one we say depends on what type of food we ate:

TYPE OF FOOD	WE SAY
Challah or bread	*Birkat Hamazon* ("*Bentching*" in Yiddish)
Grains with the *bracha* of *Mezonot*, special fruits of Israel, wine/grape juice	*May·ayn Shalosh* (*Al Hamichya/Al Hagefen/Al Haeitz*)
All other food and drinks	*Boray Nefashot*

BIRKAT HAMAZON This is the Bentching for a meal that includes Challah or bread.

Our table is like the *Mizbeiach*, the Altar in the *Beit Hamikdash* (the Holy Temple); the food we eat is like the *Korbanot* (sacrifices) on the *Mizbeiach*. Just as the *Korban* became holy for Hashem when it was consumed in a Heavenly Fire, so too, the food we eat becomes holy when we use the energy it gives us to perform Mitzvot.

Before we begin the *Birkat Hamazon*, we recite a few introductory psalms in which we remember the *Beit Hamikdash* that has been destroyed and pray that it be rebuilt soon so that we can offer real sacrifices once again.

On Shabbat, *Yom Tov* and other special days, we begin with "*Shir HaMa'alot*," below, on page 153. On weekdays, we begin with "*Al Naharot*," on page 154.

After the introductory psalms, we wet our fingertips for *Mayim Acharonim*, on page 155.

If three or more males eat bread together, we preface the *Bentching* with a responsive "*Zimun*," (page 156) where the leader invites everyone to *bentch* together.

We then begin the *Bentching*, on page 157.

On Shabbat and *Yom Tov*, begin here.

♫ 11 ♫ 12 ♫ 13

k'cho·l'meem ha·yi·nu tzi·yohn shi·vaht et Adonai b'shuv ha·ma·ah·loht sheer
1 שִׁיר הַמַּעֲלוֹת, בְּשׁוּב יְיָ אֶת שִׁיבַת צִיּוֹן, הָיִינוּ כְּחֹלְמִים.

ri·na ool·sho·nay·nu pi·nu s'chok yi·ma·lay az
2 אָז יִמָּלֵא שְׂחוֹק פִּינוּ וּלְשׁוֹנֵנוּ רִנָּה,

ay·leh eem la·ah·soht Adonai heeg·deel va·go·yeem yo·m'ru az
3 אָז יֹאמְרוּ בַגּוֹיִם, הִגְדִּיל יְיָ לַעֲשׂוֹת עִם אֵלֶּה.

s'may·cheem ha·yi·nu ee·ma·nu la·ah·soht Adonai heeg·deel
4 הִגְדִּיל יְיָ לַעֲשׂוֹת עִמָּנוּ, הָיִינוּ שְׂמֵחִים.

ba·ne·gev ka·ah·fee·keem sh'vi·tay·nu et Adonai shu·va
5 שׁוּבָה יְיָ אֶת שְׁבִיתֵנוּ, כַּאֲפִיקִים בַּנֶּגֶב.

yeek·tzo·ru b'ri·na b'deem·ah ha·zo·r'eem
6 הַזֹּרְעִים בְּדִמְעָה, בְּרִנָּה יִקְצֹרוּ.

ha·za·ra meh·shech no·say u·va·cho yay·laych ha·loch
7 הָלוֹךְ יֵלֵךְ וּבָכֹה, נֹשֵׂא מֶשֶׁךְ הַזָּרַע,

a·lu·mo·tav no·say v'ri·na ya·vo bo
8 בֹּא יָבֹא בְרִנָּה, נֹשֵׂא אֲלֻמֹּתָיו.

♫ 14

ko·desh b'ha·r'ray y'su·da·toh sheer meez·mor Ko·rach leev·nay
9 לִבְנֵי קֹרַח מִזְמוֹר שִׁיר, יְסוּדָתוֹ בְּהַרְרֵי קֹדֶשׁ.

Yaakov meesh·k'noht mi·kol tzi·yohn sha·ah·ray Adonai o·hayv
10 אֹהֵב יְיָ שַׁעֲרֵי צִיּוֹן, מִכֹּל מִשְׁכְּנוֹת יַעֲקֹב.

se·la ha·Eloheem eer bach m'du·bar neech·ba·doht
11 נִכְבָּדוֹת מְדֻבָּר בָּךְ, עִיר הָאֱלֹהִים סֶלָה.

shahm yu·lahd zeh kush eem v'tzor f'le·shet hee·nay l'yo·d'ai u·va·vel ra·hav az·keer
12 אַזְכִּיר רַהַב וּבָבֶל לְיֹדְעָי, הִנֵּה פְלֶשֶׁת וְצוֹר עִם כּוּשׁ, זֶה יֻלַּד שָׁם.

el·yohn y'cho·n'ne·ha v'hu bah yu·lahd v'eesh eesh yay·a·mar u·l'tzi·yohn
13 וּלְצִיּוֹן יֵאָמַר אִישׁ וְאִישׁ יֻלַּד בָּהּ, וְהוּא יְכוֹנְנֶהָ עֶלְיוֹן.

se·la shahm yu·lahd zeh a·meem beech·tov yees·por Adonai
14 יְיָ יִסְפֹּר בִּכְתוֹב עַמִּים, זֶה יֻלַּד שָׁם סֶלָה.

bach ma·ya·nai kol k'cho·l'leem v'sha·reem
15 וְשָׁרִים כְּחֹלְלִים, כָּל מַעְיָנַי בָּךְ.

Continue with *Avarcha* on page 155.

אֹהֵב ה׳ שַׁעֲרֵי צִיּוֹן	בְּשׁוּב ה׳ אֶת שִׁיבַת צִיּוֹן
Hashem loves the gates of Zion (Jerusalem)	Hashem will return us from *galut* (exile) to Zion (Jerusalem)

On weekdays begin here.

♫ 15

al na·ha·roht ba·vel shahm ya·shav·nu gam ba·chi·nu b'zoch·ray·nu et tzi·yohn
עַל נַהֲרוֹת בָּבֶל, שָׁם יָשַׁבְנוּ גַּם בָּכִינוּ, בְּזָכְרֵנוּ אֶת צִיּוֹן.

al a·ra·veem b'toh·chah ta·li·nu ki·no·ro·tay·nu
עַל עֲרָבִים בְּתוֹכָהּ, תָּלִינוּ כִּנֹּרוֹתֵינוּ.

ki shahm sh'ay·lu·nu sho·vay·nu deev·ray sheer
כִּי שָׁם שְׁאֵלוּנוּ שׁוֹבֵינוּ דִּבְרֵי שִׁיר,

v'toh·la·lay·nu seem·cha shi·ru la·nu mi·sheer tzi·yohn
וְתוֹלָלֵינוּ שִׂמְחָה, שִׁירוּ לָנוּ מִשִּׁיר צִיּוֹן.

aych na·sheer et sheer Adonai al ahd·maht nay·char
אֵיךְ נָשִׁיר אֶת שִׁיר יְיָ, עַל אַדְמַת נֵכָר.

eem esh·ka·chaych Y'ru·sha·la·yeem teesh·kach y'mi·ni
אִם אֶשְׁכָּחֵךְ יְרוּשָׁלָיִם, תִּשְׁכַּח יְמִינִי.

teed·bak l'sho·ni l'chi·ki eem lo ez·k'ray·chi
תִּדְבַּק לְשׁוֹנִי לְחִכִּי אִם לֹא אֶזְכְּרֵכִי,

eem lo a·ah·leh et Y'ru·sha·la·yeem al rosh seem·cha·ti
אִם לֹא אַעֲלֶה אֶת יְרוּשָׁלַיִם, עַל רֹאשׁ שִׂמְחָתִי.

z'chor Adonai leev·nay eh·dom ait yohm Y'ru·sha·la·yeem
זְכֹר יְיָ לִבְנֵי אֱדוֹם אֵת יוֹם יְרוּשָׁלָיִם,

ha·o·m'reem a·ru a·ru ahd hai·sohd bah
הָאֹמְרִים עָרוּ עָרוּ עַד הַיְסוֹד בָּהּ.

baht ba·vel ha·sh'du·da ahsh·ray sheh·y'sha·lem lach et g'mu·laych
בַּת בָּבֶל הַשְּׁדוּדָה, אַשְׁרֵי שֶׁיְשַׁלֶּם לָךְ אֶת גְּמוּלֵךְ

sheh·ga·malt la·nu ahsh·ray sheh·yo·chayz v'ni·paytz et o·la·la·yeech el ha·sa·la
שֶׁגָּמַלְתְּ לָנוּ. אַשְׁרֵי שֶׁיֹּאחֵז וְנִפֵּץ אֶת עֹלָלַיִךְ אֶל הַסָּלַע.

♫ 16

lahm·na·tzay·ach been·gi·noht meez·mor sheer
לַמְנַצֵּחַ בִּנְגִינֹת מִזְמוֹר שִׁיר.

Eloheem y'cho·nay·nu vi·va·r'chay·nu ya·ayr pa·nav ee·ta·nu se·la
אֱלֹהִים יְחָנֵּנוּ וִיבָרְכֵנוּ, יָאֵר פָּנָיו אִתָּנוּ סֶלָה.

la·da·aht ba·a·retz dar·ke·cha b'chol go·yeem y'shu·a·te·cha
לָדַעַת בָּאָרֶץ דַּרְכֶּךָ, בְּכָל גּוֹיִם יְשׁוּעָתֶךָ.

אִם אֶשְׁכָּחֵךְ יְרוּשָׁלָיִם	תִּשְׁכַּח יְמִינִי
If I forget you, Jerusalem	may my right hand forget its skill

ku·lam a·meem yo·du·cha Eloheem a·meem yo·du·cha
1 יוֹדוּךָ עַמִּים אֱלֹהִים, יוֹדוּךָ עַמִּים כֻּלָּם.

mi·shor a·meem teesh·poht ki l'u·meem vi·ra·n'nu yees·m'chu
2 יִשְׂמְחוּ וִירַנְּנוּ לְאֻמִּים, כִּי תִשְׁפֹּט עַמִּים מִישֹׁר,

se·la tahn·chaym ba·a·retz ool·oo·meem
3 וּלְאֻמִּים בָּאָרֶץ תַּנְחֵם סֶלָה.

ku·lam a·meem yo·du·cha Eloheem a·meem yo·du·cha
4 יוֹדוּךָ עַמִּים אֱלֹהִים, יוֹדוּךָ עַמִּים כֻּלָּם.

Elohaynu Eloheem y'va·r'chay·nu y'vu·lah na·t'na eh·retz
5 אֶרֶץ נָתְנָה יְבוּלָהּ, יְבָרְכֵנוּ אֱלֹהִים אֱלֹהֵינוּ.

a·retz af·say kol o·toh v'yi·r'u Eloheem y'va·r'chay·nu
6 יְבָרְכֵנוּ אֱלֹהִים וְיִירְאוּ אוֹתוֹ כָּל אַפְסֵי אָרֶץ.

On all days continue here.

b'fee t'hee·la·toh ta·meed ait b'chol Adonai et a·va·r'cha
7 אֲבָרְכָה אֶת יְיָ בְּכָל עֵת, תָּמִיד תְּהִלָּתוֹ בְּפִי. ♫ 17

y'ra ha·Eloheem et neesh·ma ha·kol da·var sof
8 סוֹף דָּבָר הַכֹּל נִשְׁמָע, אֶת הָאֱלֹהִים יְרָא,

ha·a·dahm kol zeh ki sh'mor meetz·vo·tav v'et
9 וְאֶת מִצְוֹתָיו שְׁמוֹר, כִּי זֶה כָּל הָאָדָם.

va·ed l'o·lam kod·sho shaym ba·sar kol vi·va·raych pi y'da·behr Adonai t'hee·laht
10 תְּהִלַּת יְיָ יְדַבֶּר פִּי, וִיבָרֵךְ כָּל בָּשָׂר שֵׁם קָדְשׁוֹ לְעוֹלָם וָעֶד.

Ha·l'lu·yah o·lam v'ahd may·a·ta Yah n'va·raych va·a·nach·nu
11 וַאֲנַחְנוּ נְבָרֵךְ יָהּ מֵעַתָּה וְעַד עוֹלָם הַלְלוּיָהּ.

Mayim Acharonim

may·Ayl eem·ro v'na·cha·laht may·Eloheem ra·sha a·dahm chay·lek zeh
12 זֶה חֵלֶק אָדָם רָשָׁע מֵאֱלֹהִים, וְנַחֲלַת אִמְרוֹ מֵאֵל. ♫ 18

We rinse our fingertips with water, pass them over our lips and then say:

Adonai leef·nay ah·sher ha·shul·chan zeh ay·lai vai·da·bayr
13 וַיְדַבֵּר אֵלַי: זֶה הַשֻּׁלְחָן אֲשֶׁר לִפְנֵי יְיָ.

זֶה הַשֻּׁלְחָן אֲשֶׁר לִפְנֵי ה׳	תָּמִיד תְּהִלָּתוֹ בְּפִי	אֲבָרְכָה אֶת ה׳ בְּכָל עֵת
this table is before G-d	I constantly praise Him	I bless G-d all the time

Zimun

When three or more males over Bar Mitzvah bentch (bless) together, one invites the others to join in the Bentching. This is called **זִמּוּן** (Zimun) or **מְזֻמָּן** (Mezuman) – invitation.

When 10 or more men eat together, add "Elohaynu - אֱלֹהֵינוּ," as noted.
See below for the other variation.

The leader begins:

ra·boi·sai meer veh·lin bent·shin
1 **רַבּוֹתַי מִיר ווֶעלְין בֶּענְטְשְׁין:** ♫ 19

Some say:
(ra·bo·tai n'va·raych)
(רַבּוֹתַי נְבָרֵךְ)

The others respond:

y'hee Shaym Adonai m'vo·rach may·ah·ta v'ahd o·lahm
2 **יְהִי שֵׁם יְיָ מְבֹרָךְ מֵעַתָּה וְעַד עוֹלָם.**

The leader replies:

y'hee Shaym Adonai m'vo·rach may·ah·ta v'ahd o·lahm
3 **יְהִי שֵׁם יְיָ מְבֹרָךְ מֵעַתָּה וְעַד עוֹלָם.**

beer·shoot ma·ra·nan v'ra·ba·nan v'ra·bo·tai
4 **בִּרְשׁוּת מָרָנָן וְרַבָּנָן וְרַבּוֹתַי,**

n'va·raych (Elohaynu) sheh·ah·chal·nu mi·sheh·lo
5 **נְבָרֵךְ (אֱלֹהֵינוּ*) שֶׁאָכַלְנוּ מִשֶּׁלוֹ.**

The others respond:

Ba·ruch (Elohaynu) sheh·ah·chal·nu mi·sheh·lo oov·tu·vo cha·yi·nu
6 **בָּרוּךְ (אֱלֹהֵינוּ*) שֶׁאָכַלְנוּ מִשֶּׁלוֹ וּבְטוּבוֹ חָיִינוּ.**

The leader replies:

Ba·ruch (Elohaynu) sheh·ah·chal·nu mi·sheh·lo oov·tu·vo cha·yi·nu
7 **בָּרוּךְ (אֱלֹהֵינוּ*) שֶׁאָכַלְנוּ מִשֶּׁלוֹ וּבְטוּבוֹ חָיִינוּ.**

Others who have not eaten respond:

Ba·ruch (Elohaynu) oom·vo·rach Sh'mo ta·meed l'o·lam va·ed
8 **בָּרוּךְ (אֱלֹהֵינוּ*) וּמְבֹרָךְ שְׁמוֹ תָּמִיד לְעוֹלָם וָעֶד.**

*At a wedding or *Sheva Brachot* celebration, after "n'va·raych/ba·ruch Elohaynu" add:
"sheh·ha·seem·cha beem·o·no - שֶׁהַשִּׂמְחָה בִּמְעוֹנוֹ"

Hazan et Hakol: Thank You, Hashem, for feeding the whole world.

Composer: Moshe (Moses) Composed for: The manna in the desert

♪ 20

Ba·ruch A·ta Adonai Elohaynu Meh·lech ha·o·lahm

1 **בָּרוּךְ אַתָּה יְיָ, אֱלֹהֵינוּ, מֶלֶךְ הָעוֹלָם,**

ha·zan et ha·o·lahm ku·lo b'tu·vo b'chayn b'che·sed oov·ra·cha·meem

2 **הַזָּן אֶת הָעוֹלָם כֻּלּוֹ בְּטוּבוֹ, בְּחֵן, בְּחֶסֶד, וּבְרַחֲמִים.**

Hu no·tayn le·chem l'chol ba·sar ki l'o·lahm chas·doh

3 **הוּא נוֹתֵן לֶחֶם לְכָל בָּשָׂר, כִּי לְעוֹלָם חַסְדּוֹ.**

oov·tu·vo ha·ga·dol ee·ma·nu ta·meed lo cha·sayr la·nu

4 **וּבְטוּבוֹ הַגָּדוֹל עִמָּנוּ תָּמִיד, לֹא חָסַר לָנוּ,**

v'al yech·sar la·nu ma·zone l'o·lahm va·ed ba·ah·vur Sh'mo ha·ga·dol

5 **וְאַל יֶחְסַר לָנוּ מָזוֹן, לְעוֹלָם וָעֶד. בַּעֲבוּר שְׁמוֹ הַגָּדוֹל,**

ki Hu Ayl zan oom·far·nays la·kol u·may·teev la·kol

6 **כִּי הוּא אֵל זָן וּמְפַרְנֵס לַכֹּל, וּמֵטִיב לַכֹּל,**

u·may·cheen ma·zone l'chol b'ri·yo·tav ah·sher ba·ra

7 **וּמֵכִין מָזוֹן לְכָל בְּרִיּוֹתָיו אֲשֶׁר בָּרָא,**

ka·ah·mur po·tay·ach et ya·deh·cha u·mas·bee·ah l'chol chai ra·tzon

8 **כָּאָמוּר: פּוֹתֵחַ אֶת יָדֶךָ, וּמַשְׂבִּיעַ לְכָל חַי רָצוֹן.**

Ba·ruch A·ta Adonai ha·zan et ha·kol

9 **בָּרוּךְ אַתָּה יְיָ, הַזָּן אֶת הַכֹּל.**

הַזָּן אֶת הָעוֹלָם כֻּלּוֹ	בְּטוּבוֹ	בְּחֵן בְּחֶסֶד וּבְרַחֲמִים	לֶחֶם	וּמֵכִין מָזוֹן	לְכָל בְּרִיּוֹתָיו
feeds the whole world	goodness	grace, kindness and mercy	bread	He prepares food	for all creatures

> NODEH: Thank You for redeeming us from Egypt to give us the Torah, Mitzvos and Israel.
> Composer: Yehoshua (Joshua)   Composed: Upon entering the Promised Land

1. no-deh   l'cha   Adonai   Elohaynu
נוֹדֶה לְךָ, יְיָ אֱלֹהֵינוּ,

2. al   sheh-heen-chal-ta   la-ah-vo-tay-nu   eh-retz   chem-da   toh-va   oor-cha-va
עַל שֶׁהִנְחַלְתָּ לַאֲבוֹתֵינוּ אֶרֶץ חֶמְדָּה טוֹבָה וּרְחָבָה,

3. v'al   sheh-ho-tzay-ta-nu   Adonai   Elohaynu   may-eh-retz   meetz-ra-yeem
וְעַל שֶׁהוֹצֵאתָנוּ, יְיָ אֱלֹהֵינוּ, מֵאֶרֶץ מִצְרַיִם,

4. oof-dee-ta-nu   mi-bayt   ah-va-deem
וּפְדִיתָנוּ מִבֵּית עֲבָדִים,

5. v'al   b'ri-t'cha   sheh-cha-tahm-ta   beev-sa-ray-nu
וְעַל בְּרִיתְךָ שֶׁחָתַמְתָּ בִּבְשָׂרֵנוּ,

6. v'al   Torah-t'cha   sheh-li-ma-d'ta-nu   v'al   chu-ke-cha   sheh-ho-da-ta-nu
וְעַל תּוֹרָתְךָ שֶׁלִּמַּדְתָּנוּ, וְעַל חֻקֶּיךָ שֶׁהוֹדַעְתָּנוּ,

7. v'al   cha-yeem   chayn   va-che-sed   sheh-cho-nan-ta-nu
וְעַל חַיִּים חֵן וָחֶסֶד שֶׁחוֹנַנְתָּנוּ,

8. v'al   ah-chi-laht   ma-zone   sha-A-ta   zan   oom-far-nays   o-ta-nu   ta-meed
וְעַל אֲכִילַת מָזוֹן שָׁאַתָּה זָן וּמְפַרְנֵס אוֹתָנוּ תָּמִיד,

9. b'chol   yohm   oov-chol   ait   oov-chol   sha-ah
בְּכָל יוֹם וּבְכָל עֵת וּבְכָל שָׁעָה.

On *Chanukah* and *Purim*, flip to page 135 for *"V'Al Hanisim."*

נוֹדֶה לְךָ — we thank You | שֶׁהִנְחַלְתָּ לַאֲבוֹתֵינוּ — you caused our forefathers to inherit | אֶרֶץ חֶמְדָּה — a desirable land | טוֹבָה וּרְחָבָה — good and spacious

V'AL HAKOL: Thank You for Your kindness. We eat, are satisfied - we bless.
Composer: Yehoshua (Joshua) Composed: Upon entering the Promised Land

♫ 22

Elohaynu Adonai ha·kol v'al
1 וְעַל הַכֹּל, יְיָ אֱלֹהֵינוּ,

O·tach oom·va·r'cheem lach mo·deem a·nach·nu
2 אֲנַחְנוּ מוֹדִים לָךְ, וּמְבָרְ*כִים אוֹתָךְ,

va·ed l'o·lahm ta·meed chai kol b'fee Sheem·cha yeet·ba·raych
3 יִתְבָּרֵךְ שִׁמְךָ בְּפִי כָּל חַי, תָּמִיד לְעוֹלָם וָעֶד.

ka·ka·tuv
4 כַּכָּתוּב:

Elohecha Adonai et u·vay·rach·ta v'sa·va·ta v'a·chal·ta
5 **וְאָכַלְתָּ וְשָׂבָעְתָּ, וּבֵרַכְתָּ אֶת יְיָ אֱלֹהֶיךָ,**

lach na·tahn ah·sher ha·toh·va ha·ah·retz al
6 עַל הָאָרֶץ הַטֹּבָה אֲשֶׁר נָתַן לָךְ.

ha·ma·zone v'al ha·ah·retz al Adonai A·ta Ba·ruch
7 בָּרוּךְ אַתָּה יְיָ, עַל הָאָרֶץ וְעַל הַמָּזוֹן.

וּבֵרַכְתָּ אֶת יְיָ אֱ-לֹקֶיךָ	וְשָׂבָעְתָּ	וְאָכַלְתָּ
and you will bless Hashem, your G-d	you will be satisfied	you will eat

RACHEIM: Please, Hashem, have mercy on us and on Jerusalem; give us all we need. We depend on You!
Composer: King David Composed for: The welfare of Israel, the kingdom of David and the Holy Temple.

♫ 23

1 רַחֵם יְיָ אֱלֹהֵינוּ, עַל יִשְׂרָאֵל עַמֶּךָ,
ra·chaym Adonai Elohaynu al Yisrael a·meh·cha

2 וְעַל יְרוּשָׁלַיִם עִירֶךָ, וְעַל צִיּוֹן מִשְׁכַּן כְּבוֹדֶךָ,
v'al Y'ru·sha·la·yeem ee·reh·cha v'al tzi·yohn meesh·kan k'vo·deh·cha

3 וְעַל מַלְכוּת בֵּית דָּוִד מְשִׁיחֶךָ,
v'al mal·choot bayt Da·veed m'shi·che·cha

4 וְעַל הַבַּיִת הַגָּדוֹל וְהַקָּדוֹשׁ שֶׁנִּקְרָא שִׁמְךָ עָלָיו.
v'al ha·ba·yeet ha·ga·dol v'ha·ka·dosh sheh·neek·ra Sheem·cha ah·lav

5 אֱלֹהֵינוּ, אָבִינוּ, רְעֵנוּ,
Elohaynu A·vi·nu r'ay·nu

On *Shabbat* and *Yom Tov*, we replace "r'ay·nu - רְעֵנוּ" with "ro·ay·nu - רוֹעֵנוּ."

6 זוֹנֵנוּ, פַּרְנְסֵנוּ, וְכַלְכְּלֵנוּ, וְהַרְוִיחֵנוּ,
zo·nay·nu par·n'say·nu v'chal·k'lay·nu v'har·vi·chay·nu

7 וְהַרְוַח לָנוּ יְיָ אֱלֹהֵינוּ מְהֵרָה מִכָּל צָרוֹתֵינוּ,
v'har·vach la·nu Adonai Elohaynu m'hay·ra mi·kol tza·ro·tay·nu

8 וְנָא אַל תַּצְרִיכֵנוּ, יְיָ אֱלֹהֵינוּ,
v'na al tatz·ri·chay·nu Adonai Elohaynu

9 לֹא לִידֵי מַתְּנַת בָּשָׂר וָדָם, וְלֹא לִידֵי הַלְוָאָתָם,
lo li·day ma·t'naht ba·sar va·dahm v'lo li·day hal·va·ah·tahm

10 כִּי אִם לְיָדְךָ הַמְּלֵאָה הַפְּתוּחָה הַקְּדוֹשָׁה וְהָרְחָבָה,
ki eem l'ya·d'cha ha·m'lay·ah ha·p'tu·cha ha·k'doh·sha v'ha·r'cha·va

11 שֶׁלֹּא נֵבוֹשׁ וְלֹא נִכָּלֵם לְעוֹלָם וָעֶד.
sheh·lo nay·vosh v'lo ni·ka·laym l'o·lahm va·ed

רַחֵם ה' אֱ-לֹקֵינוּ	הַבַּיִת הַגָּדוֹל וְהַקָּדוֹשׁ	לְיָדְךָ הַמְּלֵאָה הַפְּתוּחָה הַקְּדוֹשָׁה וְהָרְחָבָה
have mercy, Hashem our G-d	the big, holy house	Your full, open, holy, and generous Hand

R'TZAY: **On Shabbat**, we ask Hashem to bless us with tranquility and joy on this holy day.

b'meetz·vo·teh·cha Elohaynu Adonai v'ha·cha·li·tzay·nu r'tzay
1 רְצֵה וְהַחֲלִיצֵנוּ יְיָ אֱלֹהֵינוּ בְּמִצְוֹתֶיךָ, ♫ 33

ha·zeh v'ha·ka·dosh ha·ga·dol ha·Shabbat ha·sh'vi·ee yohm oov·meetz·vaht
2 וּבְמִצְוַת יוֹם הַשְּׁבִיעִי, הַשַּׁבָּת הַגָּדוֹל וְהַקָּדוֹשׁ הַזֶּה.

l'fa·ne·cha hu v'ka·dosh ga·dol zeh yohm ki
3 כִּי יוֹם זֶה גָּדוֹל וְקָדוֹשׁ הוּא לְפָנֶיךָ,

r'tzo·ne·cha k'meetz·vaht b'a·ha·va bo v'la·nu·ach bo leesh·boht
4 לִשְׁבָּת בּוֹ, וְלָנוּחַ בּוֹ בְּאַהֲבָה, כְּמִצְוַת רְצוֹנֶךָ,

Elohaynu Adonai la·nu ha·ni·ach u·veer·tzo·n'cha
5 וּבִרְצוֹנְךָ הָנִיחַ לָנוּ, יְיָ אֱלֹהֵינוּ,

m'nu·cha·tay·nu b'yohm va·ah·na·cha v'ya·gohn tza·ra t'hay sheh·lo
6 שֶׁלֹּא תְהֵא צָרָה וְיָגוֹן וַאֲנָחָה בְּיוֹם מְנוּחָתֵנוּ.

ee·reh·cha tzi·yohn b'ne·cha·maht Elohaynu Adonai v'har·ay·nu
7 וְהַרְאֵנוּ יְיָ אֱלֹהֵינוּ בְּנֶחָמַת צִיּוֹן עִירֶךָ,

kod·sheh·cha eer Y'ru·sha·la·yeem u·v'veen·yahn
8 וּבְבִנְיַן יְרוּשָׁלַיִם עִיר קָדְשֶׁךָ,

ha·ne·cha·moht u·va·al hai·shu·oht ba·al Hu A·ta ki
9 כִּי אַתָּה הוּא בַּעַל הַיְשׁוּעוֹת וּבַעַל הַנֶּחָמוֹת.

On *Rosh Chodesh* and *Yom Tov*, flip to page 110 for *Ya'ale V'yavo*.

v'ya·may·nu beem·hay·ra ha·ko·desh eer Y'ru·sha·la·yeem oov·nay
10 וּבְנֵה יְרוּשָׁלַיִם עִיר הַקֹּדֶשׁ בִּמְהֵרָה בְיָמֵינוּ. ♫ 24

a·mayn Y'ru·sha·la·yeem v'ra·cha·mav bo·nay Adonai A·ta Ba·ruch
11 בָּרוּךְ אַתָּה יְיָ, בֹּנֵה בְרַחֲמָיו יְרוּשָׁלָיִם. אָמֵן.

If you forgot to add *R'tzay* or *Ya'ale V'yavo*, flip to page 167 for a make up blessing.

בִּמְהֵרָה בְיָמֵינוּ	יְרוּשָׁלַיִם עִיר הַקֹּדֶשׁ	וּבְנֵה	וְלָנוּחַ	יוֹם זֶה גָּדוֹל וְקָדוֹשׁ
speedily in our days	Jerusalem, the holy city	rebuild	to rest	this day is great and holy

HATOV V'HAMEITIV: The Good One who does good.

Composers: Sanhedrin (High Court in Jerusalem) Composed for: The miracle in Beitar

♫ 25

Ba·ruch A·ta Adonai Elohaynu Meh·lech ha·o·lahm
1 **בָּרוּךְ** אַתָּה יְיָ, אֱלֹהֵינוּ, מֶלֶךְ הָעוֹלָם,

ha·Ayl A·vi·nu Mal·kay·nu A·dee·ray·nu Bo·r'ay·nu Go·ah·lay·nu Yo·tz'ray·nu
2 הָאֵל, אָבִינוּ, מַלְכֵּנוּ, אַדִּירֵנוּ, בּוֹרְאֵנוּ, גּוֹאֲלֵנוּ, יוֹצְרֵנוּ,

K'doh·shay·nu K'dosh Ya·ah·kov Ro·ay·nu Ro·ay Yisrael
3 קְדוֹשֵׁנוּ קְדוֹשׁ יַעֲקֹב, **רוֹעֵנוּ** רוֹעֵה יִשְׂרָאֵל,

ha·Meh·lech ha·tov v'ha·may·teev la·kol b'chol yohm va·yohm
4 הַמֶּלֶךְ הַטּוֹב וְהַמֵּטִיב לַכֹּל בְּכָל יוֹם וָיוֹם.

Hu hay·teev la·nu Hu may·teev la·nu Hu yay·teev la·nu
5 הוּא **הֵטִיב** לָנוּ, הוּא **מֵטִיב** לָנוּ, הוּא **יֵיטִיב** לָנוּ.

Hu g'ma·la·nu Hu go·m'lay·nu Hu yeeg·m'lay·nu la·ahd
6 הוּא גְמָלָנוּ, הוּא גוֹמְלֵנוּ, הוּא יִגְמְלֵנוּ לָעַד,

l'chayn ool·che·sed ool·ra·cha·meem ool·reh·vach ha·tza·la v'hatz·la·cha
7 לְחֵן וּלְחֶסֶד, וּלְרַחֲמִים, וּלְרֶוַח, הַצָּלָה וְהַצְלָחָה,

b'ra·cha vi·shu·ah ne·cha·ma par·na·sa v'chal·ka·la
8 בְּרָכָה וִישׁוּעָה, נֶחָמָה, פַּרְנָסָה וְכַלְכָּלָה,

v'ra·cha·meem v'cha·yeem v'shalom v'chol tov
9 וְרַחֲמִים וְחַיִּים וְשָׁלוֹם וְכָל טוֹב,

u·mi·kol toov l'o·lahm al y'cha·s'ray·nu
10 וּמִכָּל טוּב לְעוֹלָם אַל יְחַסְּרֵנוּ.

רוֹעֵנוּ	הֵטִיב	מֵטִיב	יֵיטִיב
our Shepherd	did good	does good	will do good

♫ 26

ha·Ra·cha·mahn Hu yeem·loch a·lay·nu l'o·lahm va·ed
הָרַחֲמָן, הוּא יִמְלוֹךְ עָלֵינוּ לְעוֹלָם וָעֶד.

ha·Ra·cha·mahn Hu yeet·ba·raych ba·sha·ma·yeem u·va·ah·retz
הָרַחֲמָן, הוּא יִתְבָּרֵךְ בַּשָּׁמַיִם וּבָאָרֶץ.

ha·Ra·cha·mahn Hu yeesh·ta·bach l'dor doh·reem
הָרַחֲמָן, הוּא יִשְׁתַּבַּח לְדוֹר דּוֹרִים,

v'yeet·pa·ayr ba·nu la·ahd ool·nay·tzach n'tza·cheem
וְיִתְפָּאֵר בָּנוּ לָעַד וּלְנֵצַח נְצָחִים,

v'yeet·ha·dar ba·nu la·ahd ool·o·l'may o·la·meem
וְיִתְהַדַּר בָּנוּ לָעַד וּלְעוֹלְמֵי עוֹלָמִים.

ha·Ra·cha·mahn Hu y'far·n'say·nu b'cha·vod
הָרַחֲמָן, הוּא יְפַרְנְסֵנוּ בְּכָבוֹד.

ha·Ra·cha·mahn Hu yeesh·bor ol ga·lut may·al tza·va·ray·nu
הָרַחֲמָן, הוּא יִשְׁבּוֹר עוֹל גָּלוּת מֵעַל צַוָּארֵנוּ,

v'Hu yo·li·chay·nu ko·m'mi·yoot l'ar·tzay·nu
וְהוּא יוֹלִיכֵנוּ קוֹמְמִיּוּת לְאַרְצֵנוּ.

ha·Ra·cha·mahn Hu yeesh·lach b'ra·cha m'ru·ba b'va·yeet zeh
הָרַחֲמָן, הוּא יִשְׁלַח בְּרָכָה מְרֻבָּה בְּבַיִת זֶה,

v'al shul·chan zeh sheh·ah·chal·nu ah·lav
וְעַל שֻׁלְחָן זֶה שֶׁאָכַלְנוּ עָלָיו.

הָרַחֲמָן	יִמְלוֹךְ	לְעוֹלָם וָעֶד	הוּא יִשְׁלַח	בְּרָכָה מְרֻבָּה	בְּבַיִת זֶה
the Merciful One	will rule	forever and ever	He will send	many blessings	in this house

♪ 27

1 la·tov za·chur ha·na·vi Ay·li·ya·hu et la·nu yeesh·lach Hu ha·Ra·cha·mahn

הָרַחֲמָן, הוּא יִשְׁלַח לָנוּ אֶת אֵלִיָּהוּ הַנָּבִיא זָכוּר לַטּוֹב,

2 v'ne·cha·moht y'shu·oht toh·voht b'so·roht la·nu vi·va·sehr

וִיבַשֶּׂר לָנוּ בְּשׂוֹרוֹת טוֹבוֹת יְשׁוּעוֹת וְנֶחָמוֹת.

♪ 28

3 ha·zeh ha·ba·yeet ba·al mo·ri ah·vi et y'va·raych Hu ha·Ra·cha·mahn

הָרַחֲמָן, הוּא יְבָרֵךְ אֶת אָבִי מוֹרִי בַּעַל הַבַּיִת הַזֶּה,

4 ha·zeh ha·ba·yeet ba·laht mo·ra·ti ee·mi v'et

וְאֶת אִמִּי מוֹרָתִי בַּעֲלַת הַבַּיִת הַזֶּה,

5 la·hem ah·sher kol v'et zar·ahm v'et bay·tahm v'et o·tahm

אוֹתָם וְאֶת בֵּיתָם וְאֶת זַרְעָם וְאֶת כָּל אֲשֶׁר לָהֶם,

6 la·nu ah·sher kol v'et o·ta·nu

אוֹתָנוּ וְאֶת כָּל אֲשֶׁר לָנוּ,

7 a·vo·tay·nu et sheh·bay·rach k'mo

כְּמוֹ שֶׁבֵּרַךְ אֶת אֲבוֹתֵינוּ,

8 kol mi·kol ba·kol v'Ya·ah·kov Yeetz·chak Av·ra·hahm

אַבְרָהָם, יִצְחָק, וְיַעֲקֹב, בַּכֹּל, מִכֹּל, כֹּל,

9 sh'lay·ma beev·ra·cha ya·chad ku·la·nu o·ta·nu y'va·raych kayn

כֵּן יְבָרֵךְ אוֹתָנוּ (בְּנֵי בְרִית) כֻּלָּנוּ יַחַד בִּבְרָכָה שְׁלֵמָה,

10 a·mayn v'no·mar

וְנֹאמַר אָמֵן.

אֵלִיָּהוּ הַנָּבִיא	בְּשׂוֹרוֹת טוֹבוֹת	יְבָרֵךְ אוֹתָנוּ	כֻּלָּנוּ יַחַד
Elijah the Prophet	good news	He shall bless us	all of us together

♫ 29

mi·ma·rohm y'la·m'du ah·lav v'a·lay·nu z'chut sheh·t'hay l'meesh·meh·ret shalom

1 מִמָּרוֹם יְלַמְּדוּ עָלָיו וְעָלֵינוּ זְכוּת, שֶׁתְּהֵא לְמִשְׁמֶרֶת שָׁלוֹם,

v'ni·sa v'ra·cha may·ait Adonai ootz·da·ka may·Elohay yeesh·ay·nu

2 וְנִשָּׂא בְרָכָה מֵאֵת יְיָ, וּצְדָקָה מֵאֱלֹהֵי יִשְׁעֵנוּ,

v'neem·tza chayn v'say·chel tov b'ay·nay Eloheem v'a·dahm

3 וְנִמְצָא חֵן וְשֵׂכֶל טוֹב בְּעֵינֵי אֱלֹהִים וְאָדָם.

At a *Brit Milah* celebration we add *"Harachaman,"* on page 169, before continuing below.

On *Shabbat* add:

♫ 34

ha·Ra·cha·mahn Hu yahn·chi·lay·nu l'yohm sheh·ku·lo Shabbat oom·nu·cha l'cha·yay ha·o·la·meem

4 הָרַחֲמָן, הוּא יַנְחִילֵנוּ לְיוֹם שֶׁכֻּלּוֹ שַׁבָּת וּמְנוּחָה לְחַיֵּי הָעוֹלָמִים.

On *Rosh Chodesh* add:

ha·Ra·cha·mahn Hu y'cha·daysh a·lay·nu et ha·cho·desh ha·zeh l'toh·va v'leev·ra·cha

5 הָרַחֲמָן, הוּא יְחַדֵּשׁ עָלֵינוּ אֶת הַחֹדֶשׁ הַזֶּה לְטוֹבָה וְלִבְרָכָה.

On *Yom Tov* add:

ha·Ra·cha·mahn Hu yahn·chi·lay·nu l'yohm sheh·ku·lo tov

6 הָרַחֲמָן, הוּא יַנְחִילֵנוּ לְיוֹם שֶׁכֻּלּוֹ טוֹב.

On *Sukkot* add:

ha·Ra·cha·mahn Hu ya·keem la·nu et su·kaht Da·veed ha·no·feh·let

7 הָרַחֲמָן, הוּא יָקִים לָנוּ אֶת סֻכַּת דָּוִד הַנּוֹפֶלֶת.

On *Rosh Hashana* add:

ha·Ra·cha·mahn Hu y'cha·daysh a·lay·nu et ha·sha·na ha·zot l'toh·va v'leev·ra·cha

8 הָרַחֲמָן, הוּא יְחַדֵּשׁ עָלֵינוּ אֶת הַשָּׁנָה הַזֹּאת לְטוֹבָה וְלִבְרָכָה.

If you forgot *V'al Hanisim* on *Chanukah* or *Purim*, flip to *"Harachaman,"* in middle of page 123.

♫ 30

ha·Ra·cha·mahn Hu y'za·kay·nu li·moht ha·ma·shi·ach ool·cha·yay ha·o·lahm ha·ba

9 הָרַחֲמָן, הוּא יְזַכֵּנוּ לִימוֹת הַמָּשִׁיחַ, וּלְחַיֵּי הָעוֹלָם הַבָּא.

On Shabbat, *Yom Tov, Chol Hamoed,* and *Rosh Chodesh,* replace with "meeg·dol - מִגְדּוֹל."

mag·deel y'shu·oht mal·ko v'o·seh che·sed leem·shi·cho l'Da·veed ool·zar·o ahd o·lahm

10 מַגְדִּל יְשׁוּעוֹת מַלְכּוֹ, וְעֹשֶׂה חֶסֶד לִמְשִׁיחוֹ, לְדָוִד וּלְזַרְעוֹ עַד עוֹלָם.

וְנִמְצָא חֵן	בְּעֵינֵי אֱ-לֹקִים וְאָדָם
we will find favor	in the eyes of G-d and man

a·lay·nu shalom ya·ah·seh Hu beem·ro·mav shalom o·seh

1 עֹשֶׂה שָׁלוֹם בִּמְרוֹמָיו, הוּא יַעֲשֶׂה שָׁלוֹם עָלֵינוּ, ♫ 31

a·mayn v'eem·ru Yisrael kol v'al

2 וְעַל כָּל יִשְׂרָאֵל, וְאִמְרוּ אָמֵן.

li·ray·av mach·sor ayn ki k'doh·shav Adonai et y'ru

3 יְראוּ אֶת יְיָ קְדֹשָׁיו, כִּי אֵין מַחְסוֹר לִירֵאָיו. ♫ 32

tov chol yach·s'ru lo Adonai v'doh·r'shay v'ra·ay·vu ra·shu k'fee·reem

4 כְּפִירִים רָשׁוּ וְרָעֵבוּ, וְדֹרְשֵׁי יְיָ לֹא יַחְסְרוּ כָל טוֹב.

chas·doh l'o·lahm ki tov ki lAdonai ho·du

5 הוֹדוּ לַייָ כִּי טוֹב, כִּי לְעוֹלָם חַסְדּוֹ.

ra·tzon chai l'chol u·mas·bee·ah ya·deh·cha et po·tay·ach

6 פּוֹתֵחַ אֶת יָדֶךָ, וּמַשְׂבִּיעַ לְכָל חַי רָצוֹן.

meev·ta·cho Adonai v'ha·ya bAdonai yeev·tach ah·sher ha·ge·ver Ba·ruch

7 בָּרוּךְ הַגֶּבֶר אֲשֶׁר יִבְטַח בַּייָ, וְהָיָה יְיָ מִבְטַחוֹ.

אֲשֶׁר יִבְטַח בַּה׳	בָּרוּךְ הַגֶּבֶר
who trusts in Hashem	blessed is the person

Brich Rachamana

A short Birkat Hamazon for young children to recite after eating bread.

pi·ta d'hai ma·ra d'al·ma Mal·ka Elahana Ra·cha·ma·na B'reech

8 בְּרִיךְ רַחֲמָנָא, אֱלָהָנָא, מַלְכָּא דְעָלְמָא, מָרָא דְהַאי פִּיתָּא. ♫ 35

מָרָא דְהַאי פִּיתָּא	אֱ-לָקָנָא	רַחֲמָנָא	בְּרִיךְ
Master of this bread	our G-d	the Merciful One	Blessed is

SUBSTITUTE BLESSINGS

In case you forgot R'tzay (on Shabbat) or Ya'ale V'yavo (on Rosh Chodesh or Yom Tov), recite the substitute blessing.

If you forgot to say *R'tzay* on **Shabbat**, say this *bracha* after *Uv'nei* (page 161):

1 בָּרוּךְ אַתָּה יְיָ, אֱלֹהֵינוּ, מֶלֶךְ הָעוֹלָם,
Ba·ruch A·ta Adonai Elohaynu Meh·lech ha·o·lahm

2 שֶׁנָּתַן שַׁבָּתוֹת לִמְנוּחָה לְעַמּוֹ יִשְׂרָאֵל בְּאַהֲבָה לְאוֹת וְלִבְרִית.
sheh·na·tahn sha·ba·toht leem·nu·cha l'a·mo Yisrael b'a·ha·va l'oht v'leev·reet

3 בָּרוּךְ אַתָּה יְיָ, מְקַדֵּשׁ הַשַּׁבָּת.
Ba·ruch A·ta Adonai m'ka·daysh ha·Shabbat

If you forgot to say *Ya'ale V'yavo* on ***Yom Tov, Chol Hamoed***, or ***Rosh Hashana*** say this *bracha* after *Uv'nei* (page 161):

4 בָּרוּךְ אַתָּה יְיָ, אֱלֹהֵינוּ, מֶלֶךְ הָעוֹלָם, אֲשֶׁר נָתַן
Ba·ruch A·ta Adonai Elohaynu Meh·lech ha·o·lahm ah·sher na·tahn

5 יָמִים טוֹבִים (On *Yom Tov and Rosh Hashana* →) | (← On *Chol Hamoed*) מוֹעֲדִים | לְעַמּוֹ יִשְׂרָאֵל
ya·meem to·veem | mo·a·deem | l'a·mo Yisrael

6 On *Pesach* לְשָׂשׂוֹן וּלְשִׂמְחָה אֶת יוֹם חַג הַמַּצּוֹת הַזֶּה,
l'sa·sohn ool·seem·cha et yohm chag ha·ma·tzot ha·zeh

7 On *Shavuot* לְשָׂשׂוֹן וּלְשִׂמְחָה אֶת יוֹם חַג הַשָּׁבוּעוֹת הַזֶּה,
l'sa·sohn ool·seem·cha et yohm chag ha·sha·vu·oht ha·zeh

8 On *Sukkot* לְשָׂשׂוֹן וּלְשִׂמְחָה אֶת יוֹם חַג הַסֻּכּוֹת הַזֶּה,
l'sa·sohn ool·seem·cha et yohm chag ha·su·kot ha·zeh

9 On *Shemini Atzeret* and *Simchat Torah* לְשָׂשׂוֹן וּלְשִׂמְחָה אֶת יוֹם שְׁמִינִי עֲצֶרֶת הַחַג הַזֶּה,
l'sa·sohn ool·seem·cha et yohm sh'mi·ni a·tzeh·ret ha·chag ha·zeh

10 On *Rosh Hashana* לְזִכָּרוֹן, אֶת יוֹם הַזִּכָּרוֹן הַזֶּה,
l'zi·ka·rohn et yohm ha·zi·ka·rohn ha·zeh

On *Chol Hamoed* omit these lines.

11 בָּרוּךְ אַתָּה יְיָ, מְקַדֵּשׁ יִשְׂרָאֵל
Ba·ruch A·ta Adonai m'ka·daysh Yisrael

12 וְהַזְּמַנִּים. (On *Yom Tov* →) | (← On *Rosh Hashana*) וְיוֹם הַזִּכָּרוֹן.
v'ha·z'ma·neem | v'yohm ha·zi·ka·rohn

If you forgot to say *Ya'ale V'yavo* on ***Rosh Chodesh***, say this *bracha* after *Uv'nei* (page 161):

1 בָּרוּךְ אַתָּה יְיָ, אֱלֹהֵינוּ, מֶלֶךְ הָעוֹלָם,
Ba·ruch A·ta Adonai Elohaynu Meh·lech ha·o·lahm

2 שֶׁנָּתַן רָאשֵׁי חֳדָשִׁים לְעַמּוֹ יִשְׂרָאֵל לְזִכָּרוֹן.
sheh·na·tahn ra·shay cho·da·sheem l'a·mo Yisrael l'zi·ka·rohn

If you forgot **both** *R'tzay* and *Ya'ale V'yavo*, say this *bracha* after *Uv'nei* (page 161):

3 בָּרוּךְ אַתָּה יְיָ, אֱלֹהֵינוּ, מֶלֶךְ הָעוֹלָם,
Ba·ruch A·ta Adonai Elohaynu Meh·lech ha·o·lahm

4 שֶׁנָּתַן שַׁבָּתוֹת לִמְנוּחָה לְעַמּוֹ יִשְׂרָאֵל בְּאַהֲבָה לְאוֹת וְלִבְרִית.
sheh·na·tahn sha·ba·toht leem·nu·cha l'a·mo Yisrael b'a·ha·va l'oht v'leev·reet

5 וְיָמִים טוֹבִים (On *Yom Tov* and *Rosh Hashana* →) / וּמוֹעֲדִים (← On *Chol Hamoed*)
v'ya·meem to·veem / u·mo·ah·deem

6 On *Pesach*: לְשָׂשׂוֹן וּלְשִׂמְחָה אֶת יוֹם חַג הַמַּצּוֹת הַזֶּה,
l'sa·sohn ool·seem·cha et yohm chag ha·ma·tzot ha·zeh

7 On *Shavuot*: לְשָׂשׂוֹן וּלְשִׂמְחָה אֶת יוֹם חַג הַשָּׁבוּעוֹת הַזֶּה,
l'sa·sohn ool·seem·cha et yohm chag ha·sha·vu·oht ha·zeh

8 On *Sukkot*: לְשָׂשׂוֹן וּלְשִׂמְחָה אֶת יוֹם חַג הַסֻּכּוֹת הַזֶּה,
l'sa·sohn ool·seem·cha et yohm chag ha·su·kot ha·zeh

9 On *Shemini Atzeret* and *Simchat Torah*: לְשָׂשׂוֹן וּלְשִׂמְחָה אֶת יוֹם שְׁמִינִי עֲצֶרֶת הַחַג הַזֶּה,
l'sa·sohn ool·seem·cha et yohm sh'mi·ni a·tzeh·ret ha·chag ha·zeh

10 On *Rosh Hashana*: לְזִכָּרוֹן, אֶת יוֹם הַזִּכָּרוֹן הַזֶּה,
l'zi·ka·rohn et yohm ha·zi·ka·rohn ha·zeh

11 On *Rosh Chodesh*: וְרָאשֵׁי חֳדָשִׁים לְזִכָּרוֹן.
v'ra·shay cho·da·sheem l'zi·ka·rohn

12 בָּרוּךְ אַתָּה יְיָ, מְקַדֵּשׁ הַשַּׁבָּת וְיִשְׂרָאֵל
Ba·ruch A·ta Adonai m'ka·daysh ha·Shabbat v'Yisrael

13 On *Yom Tov*: וְהַזְּמַנִּים.
v'ha·z'ma·neem

14 On *Rosh Hashana*: וְיוֹם הַזִּכָּרוֹן.
v'yohm ha·zi·ka·rohn

15 On *Rosh Chodesh*: וְרָאשֵׁי חֳדָשִׁים.
v'ra·shay cho·da·sheem

BRIT MILAH

At a Brit Milah, we bless the newborn baby, his family and those who have come to participate in the celebration.

We add these prayers to the *Birkat Hamazon* after "*Mimarom*," on page 165.

♫ 39

ha·Ra·cha·mahn Hu y'va·raych a·vi ha·ye·led v'ee·mo

1 הָרַחֲמָן הוּא יְבָרֵךְ אֲבִי הַיֶּלֶד וְאִמּוֹ,

v'yeez·ku l'ga·d'lo ool·cha·n'cho ool·cha·k'mo

2 וְיִזְכּוּ לְגַדְּלוֹ וּלְחַנְּכוֹ וּלְחַכְּמוֹ,

mi·yohm ha·sh'mi·ni va·hal·ah yay·ra·tze da·mo vi·hee Adonai Elohav ee·mo

3 מִיּוֹם הַשְּׁמִינִי וָהָלְאָה יֵרָצֶה דָמוֹ, וִיהִי יְיָ אֱלֹהָיו עִמּוֹ.

♫ 40

ha·Ra·cha·mahn Hu y'va·raych ba·al b'reet ha·mi·la

4 הָרַחֲמָן הוּא יְבָרֵךְ בַּעַל בְּרִית הַמִּילָה,

ah·sher sas la·a·sot tze·dek b'gi·la

5 אֲשֶׁר שָׂשׂ לַעֲשׂוֹת צֶדֶק בְּגִילָה,

vi·sha·laym pa·oh·lo u·mas·kur·toh k'fu·la v'yi·t'nay·hu l'ma·la l'ma·la

6 וִישַׁלֵּם פָּעֳלוֹ וּמַשְׂכֻּרְתּוֹ כְּפוּלָה, וְיִתְּנֵהוּ לְמַעְלָה לְמָעְלָה.

♫ 41

ha·Ra·cha·mahn Hu y'va·raych rach ha·ni·mol leesh·mo·na

7 הָרַחֲמָן הוּא יְבָרֵךְ רַךְ הַנִּמּוֹל לִשְׁמוֹנָה,

v'yeeh·yu ya·dav v'li·bo la·Ayl eh·mu·na

8 וְיִהְיוּ יָדָיו וְלִבּוֹ לָאֵל אֱמוּנָה,

v'yeez·ke leer·oht p'nay ha·sh'chi·na sha·losh p'a·meem ba·sha·na

9 וְיִזְכֶּה לִרְאוֹת פְּנֵי הַשְּׁכִינָה, שָׁלֹשׁ פְּעָמִים בַּשָּׁנָה.

הוּא יְבָרֵךְ	אֲבִי הַיֶּלֶד וְאִמּוֹ	בַּעַל בְּרִית הַמִּילָה	רַךְ הַנִּמּוֹל
He shall bless	the father and mother of the child	the *Sandek*	the tender infant

♫ 42

ha·Ra·cha·mahn Hu y'va·raych ha·mal b'sar ha·or·la
הָרַחֲמָן הוּא יְבָרֵךְ הַמָּל בְּשַׂר הָעָרְלָה,

u·fa·ra u·ma·tzatz d'may ha·mi·la
וּפָרַע וּמָצַץ דְּמֵי הַמִּילָה,

eesh ha·ya·ray v'rach ha·lay·vav a·vo·da·toh p'su·la
אִישׁ הַיָּרֵא וְרַךְ הַלֵּבָב עֲבוֹדָתוֹ פְּסוּלָה,

eem sh'losh ay·le lo ya·a·se lah
אִם שְׁלָשׁ אֵלֶּה לֹא יַעֲשֶׂה לָהּ.

♫ 43

ha·Ra·cha·mahn Hu yeesh·lach la·nu m'shi·cho ho·laych ta·meem
הָרַחֲמָן הוּא יִשְׁלַח לָנוּ מְשִׁיחוֹ הוֹלֵךְ תָּמִים,

beez·choot cha·tahn la·mu·loht da·meem l'va·sayr b'so·roht toh·voht v'ni·chu·meem
בִּזְכוּת חֲתַן לַמּוּלוֹת דָּמִים, לְבַשֵּׂר בְּשׂוֹרוֹת טוֹבוֹת וְנִחוּמִים,

l'ahm eh·chad m'fu·zar oom·fo·rahd bain ha·a·meem
לְעַם אֶחָד מְפֻזָּר וּמְפֹרָד בֵּין הָעַמִּים.

♫ 44

ha·Ra·cha·mahn Hu yeesh·lach la·nu ko·hayn tze·dek ah·sher lu·kach l'ay·lom
הָרַחֲמָן הוּא יִשְׁלַח לָנוּ כֹּהֵן צֶדֶק אֲשֶׁר לֻקַּח לְעֵילוֹם,

ahd hu·chan kees·o ka·sheh·mesh v'ya·ha·lom va·ya·let pa·nav b'a·dar·toh va·yeeg·lom
עַד הוּכַן כִּסְאוֹ כַּשֶּׁמֶשׁ וְיַהֲלוֹם, וַיָּלֶט פָּנָיו בְּאַדַּרְתּוֹ וַיִּגְלֹם,

b'ri·ti ha·y'ta ee·toh ha·cha·yeem v'ha·sha·lom
בְּרִיתִי הָיְתָה אִתּוֹ הַחַיִּים וְהַשָּׁלוֹם.

Continue with *"Harachaman,"* page 165, line 9.

הַמָּל בְּשַׂר הָעָרְלָה	הוּא יִשְׁלַח לָנוּ	מְשִׁיחוֹ	כֹּהֵן צֶדֶק
the *Mohel*	He shall send us	*Moshiach*	Elijah the Prophet

SHEVA BRACHOT At a wedding, and throughout the week-long celebration afterwards, we bless the young couple and their new home.

These 7 *brachot* are recited over a cup of wine following the *Birkat Hamazon*.
All present respond "*Amein*" as indicated.

1. Ba·ruch / A·ta / Adonai / Elohaynu / Meh·lech / ha·o·lahm
בָּרוּךְ אַתָּה יְיָ, אֱלֹהֵינוּ, מֶלֶךְ הָעוֹלָם,
45

2. sheh·ha·kol / ba·ra / leech·vo·doh
שֶׁהַכֹּל בָּרָא לִכְבוֹדוֹ. "*Amein*"

3. Ba·ruch / A·ta / Adonai / Elohaynu / Meh·lech / ha·o·lahm / yo·tzayr / ha·a·dahm
בָּרוּךְ אַתָּה יְיָ, אֱלֹהֵינוּ, מֶלֶךְ הָעוֹלָם, יוֹצֵר הָאָדָם. "*Amein*"
46

4. Ba·ruch / A·ta / Adonai / Elohaynu / Meh·lech / ha·o·lahm
בָּרוּךְ אַתָּה יְיָ, אֱלֹהֵינוּ, מֶלֶךְ הָעוֹלָם,
47

5. ah·sher / ya·tzar / et / ha·a·dahm / b'tzal·mo / b'tze·lem / d'moot / tav·ni·toh
אֲשֶׁר יָצַר אֶת הָאָדָם בְּצַלְמוֹ, בְּצֶלֶם דְּמוּת תַּבְנִיתוֹ,

6. v'heet·keen / lo / mi·meh·nu / been·yan / a·day / ahd
וְהִתְקִין לוֹ מִמֶּנּוּ בִּנְיַן עֲדֵי עַד.

7. Ba·ruch / A·ta / Adonai / yo·tzayr / ha·a·dahm
בָּרוּךְ אַתָּה יְיָ, יוֹצֵר הָאָדָם. "*Amein*"

8. sos / ta·sees / v'ta·gayl / ha·a·ka·ra / b'ki·bootz / ba·ne·ha / l'toh·chah / b'seem·cha
שׂוֹשׂ תָּשִׂישׂ וְתָגֵל הָעֲקָרָה, בְּקִבּוּץ בָּנֶיהָ לְתוֹכָהּ בְּשִׂמְחָה.
48

9. Ba·ruch / A·ta / Adonai / m'sa·may·ach / tzi·yon / b'va·ne·ha
בָּרוּךְ אַתָּה יְיָ, מְשַׂמֵּחַ צִיּוֹן בְּבָנֶיהָ. "*Amein*"

בִּנְיַן עֲדֵי עַד
an everlasting home

♫ 49

sa·mach t'sa·mach ray·eem ha·a·hu·veem

1 שַׂמֵּחַ תְּשַׂמַּח, רֵעִים הָאֲהוּבִים,

k'sa·may·cha·cha y'tzi·r'cha b'gan ay·den mi·ke·dem

2 כְּשַׂמֵּחֲךָ יְצִירְךָ בְּגַן עֵדֶן מִקֶּדֶם.

Ba·ruch A·ta Adonai m'sa·may·ach cha·tahn v'cha·la

3 בָּרוּךְ אַתָּה יְיָ, מְשַׂמֵּחַ חָתָן וְכַלָּה. *"Amein"*

♫ 50

Ba·ruch A·ta Adonai Elohaynu Meh·lech ha·o·lahm

4 בָּרוּךְ אַתָּה יְיָ, אֱלֹהֵינוּ, מֶלֶךְ הָעוֹלָם,

ah·sher ba·ra sa·sohn v'seem·cha cha·tahn v'cha·la

5 אֲשֶׁר בָּרָא שָׂשׂוֹן וְשִׂמְחָה, חָתָן וְכַלָּה,

gi·la ri·na dee·tza v'ched·va a·ha·va v'a·cha·va shalom v'ray·oot

6 גִּילָה, רִנָּה, דִּיצָה וְחֶדְוָה, אַהֲבָה וְאַחֲוָה שָׁלוֹם וְרֵעוּת,

m'hay·ra Adonai Elohaynu yi·sha·ma b'a·ray Yehuda oov·chu·tzot Y'ru·sha·la·yeem

7 מְהֵרָה, יְיָ אֱלֹהֵינוּ, יִשָּׁמַע בְּעָרֵי יְהוּדָה וּבְחוּצוֹת יְרוּשָׁלָיִם,

kol sa·sohn v'kol seem·cha kol cha·tahn v'kol ka·la

8 קוֹל שָׂשׂוֹן וְקוֹל שִׂמְחָה, קוֹל חָתָן וְקוֹל כַּלָּה,

kol meetz·ha·loht cha·ta·neem may·chu·pa·tahm oon·a·reem mi·meesh·tay n'gi·na·tahm

9 קוֹל מִצְהֲלוֹת חֲתָנִים מֵחֻפָּתָם, וּנְעָרִים מִמִּשְׁתֵּה נְגִינָתָם.

Ba·ruch A·ta Adonai m'sa·may·ach cha·tahn eem ha·ka·la

10 בָּרוּךְ אַתָּה יְיָ, מְשַׂמֵּחַ חָתָן עִם הַכַּלָּה. *"Amein"*

♫ 51

Ba·ruch A·ta Adonai Elohaynu Meh·lech ha·o·lahm bo·ray p'ri ha·ga·fen

11 בָּרוּךְ אַתָּה יְיָ, אֱלֹהֵינוּ, מֶלֶךְ הָעוֹלָם, בּוֹרֵא פְּרִי הַגָּפֶן.

"Amein"

A cup is given to each the *chatan* (groom) and *kallah* (bride) to drink from the wine.

כַּלָּה	חָתָן	שִׂמְחָה	שָׂשׂוֹן
bride	groom	joy	happiness

MAY·AYN SHALOSH/AL HAMICHYA

This is the Bracha Acharona (after blessing) for grains, wine and special fruits, called "May·ayn Shalosh" or "Al Hamichya."

We recite this blessing after we eat or drink of these three food categories:

Certain grains (*Mezonot**) 1. wheat 2. barley 3. oats 4. spelt 5. rye
Wine or grape juice (*Hagafen*)
Special fruits of Israel** (*Ha·eitz*) 1. grapes 2. figs 3. pomegranates 4. olives 5. dates

We change a few words at the start and end of the *bracha*, depending on the food.

Here's how it works:

TYPE OF FOOD	START WITH	END WITH
THE FIVE GRAINS	עַל הַמִּחְיָה וְעַל הַכַּלְכָּלָה	עַל הָאָרֶץ וְעַל הַמִּחְיָה
WINE OR GRAPE JUICE	עַל הַגֶּפֶן וְעַל פְּרִי הַגֶּפֶן	עַל הָאָרֶץ וְעַל פְּרִי הַגָּפֶן
THE FRUITS OF ISRAEL	עַל הָעֵץ וְעַל פְּרִי הָעֵץ	עַל הָאָרֶץ וְעַל הַפֵּרוֹת

After eating all other foods or drinks, we recite the *Borei Nefashot* blessing (page 177).

* When these grains are used to make snacks or pastries, their *bracha* is "*Mezonot,*" and their after *bracha* is the "*Al Hamichya.*"

** "Fruits of Israel" means fruits about which the Torah praises the Land of Israel. It does not mean fruits that were grown in the Holy Land.

MAY·AYN SHALOSH/AL HAMICHYA: After certain grains, fruits, wine and grape juice.

Ba·ruch A·ta Adonai Elohaynu Meh·lech ha·o·lahm
1 בָּרוּךְ אַתָּה יְיָ, אֱלֹהֵינוּ, מֶלֶךְ הָעוֹלָם, ♫ 37

TYPE OF FOOD	START WITH	
THE FIVE GRAINS	al ha·meech·ya v'al ha·kal·ka·la עַל הַמִּחְיָה וְעַל הַכַּלְכָּלָה	2
WINE OR GRAPE JUICE	al ha·ge·fen v'al p'ri ha·ge·fen עַל הַגֶּפֶן וְעַל פְּרִי הַגֶּפֶן	3
THE FRUITS OF ISRAEL	al ha·aytz v'al p'ri ha·aytz עַל הָעֵץ וְעַל פְּרִי הָעֵץ	4

v'al t'nu·vaht ha·sa·deh
5 וְעַל תְּנוּבַת הַשָּׂדֶה,

v'al eh·retz chem·da toh·va oor·cha·va
6 וְעַל אֶרֶץ חֶמְדָּה טוֹבָה וּרְחָבָה,

sheh·ra·tzi·ta v'heen·chal·ta la·ah·vo·tay·nu
7 שֶׁרָצִיתָ וְהִנְחַלְתָּ לַאֲבוֹתֵינוּ,

le·eh·chol mi·peer·yah v'lees·bo·ah mi·tu·vah
8 לֶאֱכוֹל מִפִּרְיָהּ וְלִשְׂבּוֹעַ מִטּוּבָהּ.

הַמִּחְיָה	פְּרִי הַגֶּפֶן	פְּרִי הָעֵץ
sustenance	fruit of the vine	fruit of the tree

ra·chem na Adonai Elohaynu
1 רַחֶם נָא, יְיָ אֱלֹהֵינוּ,

al Yisrael a·meh·cha v'al Y'ru·sha·la·yeem ee·reh·cha
2 עַל יִשְׂרָאֵל עַמֶּךָ, וְעַל יְרוּשָׁלַיִם עִירֶךָ,

v'al tzi·yohn meesh·kan k'vo·deh·cha v'al meez·b'che·cha v'al hay·cha·le·cha
3 וְעַל צִיּוֹן מִשְׁכַּן כְּבוֹדֶךָ, וְעַל מִזְבְּחֶךָ, וְעַל הֵיכָלֶךָ.

oov·nay Y'ru·sha·la·yeem eer ha·ko·desh beem·hay·ra v'ya·may·nu
4 וּבְנֵה יְרוּשָׁלַיִם עִיר הַקֹּדֶשׁ בִּמְהֵרָה בְיָמֵינוּ,

v'ha·ah·lay·nu l'toh·chah v'sa·m'chay·nu vah
5 וְהַעֲלֵנוּ לְתוֹכָהּ, וְשַׂמְּחֵנוּ בָּהּ,

oon·va·reh·ch'cha beek·du·sha oov·ta·ho·ra
6 וּנְבָרֶכְךָ בִּקְדֻשָּׁה וּבְטָהֳרָה.

On *Shabbat* add: — oor·tzay v'ha·cha·li·tzay·nu b'yohm ha·Shabbat ha·zeh
7 וּרְצֵה וְהַחֲלִיצֵנוּ בְּיוֹם הַשַּׁבָּת הַזֶּה.

On *Rosh Chodesh* add: — v'zoch·ray·nu l'toh·va b'yohm rosh ha·cho·desh ha·zeh
8 וְזָכְרֵנוּ לְטוֹבָה בְּיוֹם רֹאשׁ הַחֹדֶשׁ הַזֶּה.

On *Rosh Hashana* add: — v'zoch·ray·nu l'toh·va b'yohm ha·zi·ka·rohn ha·zeh
9 וְזָכְרֵנוּ לְטוֹבָה בְּיוֹם הַזִּכָּרוֹן הַזֶּה.

On *Pesach* add: — v'zoch·ray·nu l'toh·va b'yohm chag ha·ma·tzot ha·zeh
10 וְזָכְרֵנוּ לְטוֹבָה בְּיוֹם חַג הַמַּצּוֹת הַזֶּה.

On *Shavuot* add: — v'zoch·ray·nu l'toh·va b'yohm chag ha·sha·vu·oht ha·zeh
11 וְזָכְרֵנוּ לְטוֹבָה בְּיוֹם חַג הַשָּׁבֻעוֹת הַזֶּה.

On *Sukkot* add: — v'zoch·ray·nu l'toh·va b'yohm chag ha·su·kot ha·zeh
12 וְזָכְרֵנוּ לְטוֹבָה בְּיוֹם חַג הַסֻּכּוֹת הַזֶּה.

On *Shemini Atzeret* and *Simchat Torah*: — v'zoch·ray·nu l'toh·va b'yohm sh'mi·ni ah·tzeh·ret ha·chag ha·zeh
13 וְזָכְרֵנוּ לְטוֹבָה בְּיוֹם שְׁמִינִי עֲצֶרֶת הֶחָג הַזֶּה.

וּנְבָרֶכְךָ
we will bless You

1. ki A·ta Adonai tov u·may·teev la·kol v'no·deh l'cha
   כִּי אַתָּה יְיָ טוֹב וּמֵטִיב לַכֹּל, וְנוֹדֶה לְךָ...

FOR THE FIVE GRAINS

2. al ha·ah·retz v'al ha·meech·ya
   ...עַל הָאָרֶץ וְעַל הַמִּחְיָה.

3. Ba·ruch A·ta Adonai al ha·ah·retz v'al ha·meech·ya
   בָּרוּךְ אַתָּה יְיָ, עַל הָאָרֶץ וְעַל הַמִּחְיָה.

FOR WINE OR GRAPE JUICE

4. al ha·ah·retz v'al p'ri ha·ga·fen
   ...עַל הָאָרֶץ וְעַל פְּרִי הַגָּפֶן.

5. Ba·ruch A·ta Adonai al ha·ah·retz v'al p'ri ha·ga·fen
   בָּרוּךְ אַתָּה יְיָ, עַל הָאָרֶץ וְעַל פְּרִי הַגָּפֶן.

FOR THE SPECIAL FRUITS OF ISRAEL

6. al ha·ah·retz v'al ha·pay·roht
   ...עַל הָאָרֶץ וְעַל הַפֵּרוֹת.

7. Ba·ruch A·ta Adonai al ha·ah·retz v'al ha·pay·roht
   בָּרוּךְ אַתָּה יְיָ, עַל הָאָרֶץ וְעַל הַפֵּרוֹת.

הַפֵּרוֹת	פְּרִי הַגָּפֶן	הַמִּחְיָה	עַל הָאָרֶץ	וְנוֹדֶה לְךָ
fruit of the tree	fruit of the vine	sustenance	for the land	we will thank You

Borei Nefashot

After all other food and drink.

ha·o·lahm Meh·lech Elohaynu Adonai A·ta Ba·ruch

בָּרוּךְ אַתָּה יְיָ, אֱלֹהֵינוּ, מֶלֶךְ הָעוֹלָם,

v'ches·ro·nan ra·boht n'fa·shoht bo·ray

בּוֹרֵא נְפָשׁוֹת רַבּוֹת, וְחֶסְרוֹנָן,

sheh·ba·ra·ta ma kol al

עַל כֹּל מַה שֶּׁבָּרָאתָ,

chai kol ne·fesh ba·hem l'ha·cha·yoht

לְהַחֲיוֹת בָּהֶם נֶפֶשׁ כָּל חָי,

ha·o·la·meem chay Ba·ruch

בָּרוּךְ חֵי הָעוֹלָמִים.

בָּרוּךְ חֵי הָעוֹלָמִים
Blessed is the Life of the worlds

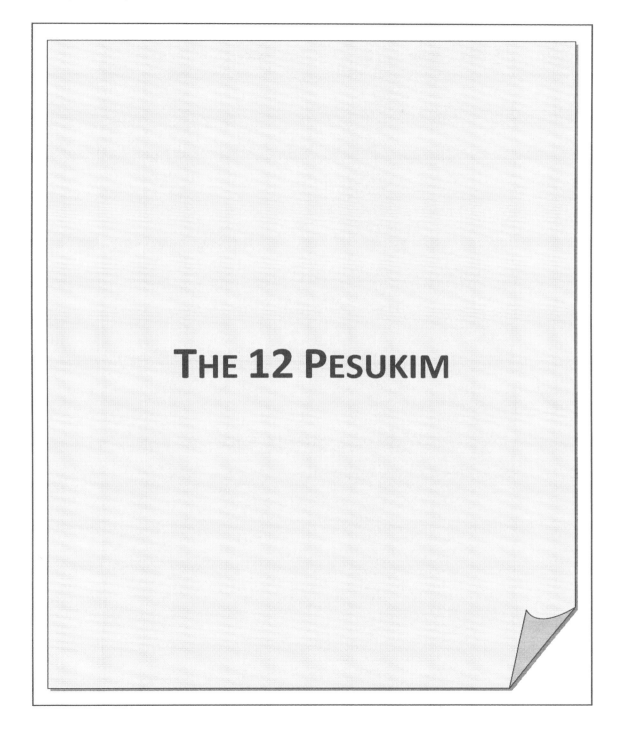

THE 12 PESUKIM

12 Pesukim

12 key ideas for every Jewish boy and girl
to live by, study and memorize.

1. The Torah is really mine.

♫ 82

Moshe la·nu tzi·va Torah

1 תּוֹרָה צִוָּה לָנוּ מֹשֶׁה,

Ya·ah·kov k'hee·laht mo·ra·sha

2 מוֹרָשָׁה קְהִלַּת יַעֲקֹב.

The Torah that Moshe commanded us is our inheritance.

2. Hashem is One, always and everywhere in time, place and beyond.

♫ 83

Yisrael sh'ma

3 שְׁמַע יִשְׂרָאֵל,

Eh·chad Adonai Elohaynu Adonai

4 יְיָ אֱלֹהֵינוּ, יְיָ אֶחָד.

Hear O Israel, Hashem is our G-d, Hashem is One.

3. WE ARE ALWAYS ON THE JOURNEY TO A BETTER PLACE.

b'chol   dor   va·dor

בְּכָל דּוֹר וָדוֹר, ₁

cha·yav   ah·dahm   leer·oht   et   atz·mo

חַיָּב אָדָם לִרְאוֹת אֶת עַצְמוֹ, ₂

k'eelu   hu   ya·tza   mi·meetz·ra·yeem

כְּאִלּוּ הוּא יָצָא מִמִּצְרָיִם. ₃

In every generation a person must consider him/herself
as if s/he personally left Egypt.

4. HASHEM IS PROUD OF US.

kol   Yisrael   yaysh   la·hem   chay·lek   l'o·lahm   ha·ba

כָּל יִשְׂרָאֵל, יֵשׁ לָהֶם חֵלֶק לְעוֹלָם הַבָּא, ₄

sheh·ne·eh·mar   v'a·maych   ku·lahm   tza·dee·keem

שֶׁנֶּאֱמַר: וְעַמֵּךְ כֻּלָּם צַדִּיקִים, ₅

l'o·lahm   yi·r'shu   a·retz

לְעוֹלָם יִירְשׁוּ אָרֶץ, ₆

nay·tzer   ma·ta·ai   ma·ah·say   ya·dai   l'heet·pa·ayr

נֵצֶר מַטָּעַי, מַעֲשֵׂה יָדַי, לְהִתְפָּאֵר. ₇

Every Jew has a portion in the World to Come, as it says,
"And your nation are all righteous; they will inherit the land forever.
They are the branch of My planting, the creation of My hands, in which I take pride."

5. YES, WE CAN!

m'ohd   ha·da·var   ay·le·cha   ka·rov   ki

כִּי קָרוֹב אֵלֶיךָ הַדָּבָר מְאֹד,   1

la·ah·so·toh   u·veel·va·v'cha   b'fee·cha

בְּפִיךָ וּבִלְבָבְךָ לַעֲשֹׂתוֹ.   2

For the thing (Torah & *mitzvot*) is very near to you (easy),
in your mouth (speech) and heart (feelings) to do it (action).

6. HASHEM KNOWS EVERYTHING... (AND WANTS YOU TO SUCCEED!)

ah·lav   ni·tzav   Hashem   v'hee·nay

וְהִנֵּה ה' נִצָּב עָלָיו,   3

k'vo·doh   ha·ah·retz   chol   oom·lo

וּמְלֹא כָל הָאָרֶץ כְּבוֹדוֹ,   4

va·layv   k'la·yoht   u·vo·chayn   ah·lav   u·ma·beet

וּמַבִּיט עָלָיו, וּבוֹחֵן כְּלָיוֹת וָלֵב,   5

ka·ra·uy   o·v'doh   eem

אִם עוֹבְדוֹ כָּרָאוּי.   6

Hashem is standing over me; His glory fills the world. Hashem is looking at me,
examining my mind and heart, [verifying that] I am serving Him properly.

7. Hashem created everything - for a purpose.

♫ 88

Eloheem ba·ra b'ray·sheet

בְּרֵאשִׁית בָּרָא אֱלֹהִים,

ha·ah·retz v'ait ha·sha·ma·yeem ait

אֵת הַשָּׁמַיִם וְאֵת הָאָרֶץ.

In the beginning, Hashem created the heavens and the earth (everything).

8. Learn and teach Torah: always, everywhere.

♫ 89

bahm v'dee·bar·ta l'va·ne·cha v'shi·nan·tahm

וְשִׁנַּנְתָּם לְבָנֶיךָ, וְדִבַּרְתָּ בָּם,

va·deh·rech oov·lech·t'cha b'vay·teh·cha b'sheev·t'cha

בְּשִׁבְתְּךָ בְּבֵיתֶךָ, וּבְלֶכְתְּךָ בַדֶּרֶךְ,

oov·ku·meh·cha oov·shoch·b'cha

וּבְשָׁכְבְּךָ, וּבְקוּמֶךָ.

And you shall teach them (the words of Torah) to your children;
while at home and on the road, in the morning and in the evening.

9. Real efforts produce real results.

♫ 90

ta·ah·meen al ma·tza·ti v'lo ya·ga·ti

1 יָגַעְתִּי וְלֹא מָצָאתִי אַל תַּאֲמִין,

ta·ah·meen al u·ma·tza·ti ya·ga·ti lo

2 לֹא יָגַעְתִּי וּמָצָאתִי אַל תַּאֲמִין,

ta·ah·meen u·ma·tza·ti ya·ga·ti

3 יָגַעְתִּי וּמָצָאתִי תַּאֲמִין!

"I tried but did not succeed" - not true.
"I didn't (even) try but I succeeded" - not true.
"I tried and succeeded:" True!

10. Love your fellow as yourself.

♫ 91

ka·mo·cha l'ray·ah·cha v'a·hav·ta

4 וְאָהַבְתָּ לְרֵעֲךָ כָּמוֹךָ,

ba·Torah ga·dol k'lal zeh o·mayr A·ki·va ra·bee

5 רַבִּי עֲקִיבָא אוֹמֵר, זֶה כְּלַל גָּדוֹל בַּתּוֹרָה.

Love your fellow as yourself.
Rabbi Akiva says, "This is a great principle of the Torah."

11. Make Hashem comfortable in this world: make this world a better place.

b'ri·ah·toh v'tach·leet ha·ah·dahm kol v'zeh

1 וְזֶה כָּל הָאָדָם, וְתַכְלִית בְּרִיאָתוֹ, ♫ 92

v'tach·toh·neem el·yo·neem ha·o·la·moht kol oov·ri·aht

2 וּבְרִיאַת כָּל הָעוֹלָמוֹת, עֶלְיוֹנִים וְתַחְתּוֹנִים,

b'tach·toh·neem zu dee·ra lo leeh·yoht

3 לִהְיוֹת לוֹ דִירָה זוּ בְּתַחְתּוֹנִים.

The whole purpose of mankind and all of creation is for there to be a dwelling place (home) for Hashem, in this lower (physical) world.

12. We make Hashem happy when we improve. So let's rejoice!

b'o·sav Yisrael yees·mach

4 יִשְׂמַח יִשְׂרָאֵל בְּעֹשָׂיו, ♫ 93

Yisrael mi·zeh·ra sheh·hu mi sheh·kol pay·roosh

5 פֵּירוּשׁ, שֶׁכָּל מִי שֶׁהוּא מִזֶּרַע יִשְׂרָאֵל,

Hashem b'seem·chaht lees·mo·ach lo yaysh

6 יֵשׁ לוֹ לִשְׂמוֹחַ בְּשִׂמְחַת ה׳,

b'tach·toh·neem b'dee·ra·toh v'sa·may·ach sas ah·sher

7 אֲשֶׁר שָׂשׂ וְשָׂמֵחַ, בְּדִירָתוֹ בְּתַחְתּוֹנִים.

“Israel should rejoice with its Creator (we should rejoice with Hashem).”
This means: Every Jew should rejoice in Hashem's joy,
as He rejoices in His home [here, on earth] below.

About the CD Trax Series

Many of the prayers overlap in all the various editions of My Siddur. Some of the Shabbat prayers are recited during the weekdays. Each edition of My Siddur has bits of "other" prayers, i.e. the "Weekday Edition" has a taste of Shabbat and Bentching, the "Weekday Holiday Edition" has a mini Shabbat section, etc. etc.

The CD - Audio Challenge

At this time, an audio CD holds just 70 minutes of audio. This created a real challenge for us to present all the audio of each section on one CD, in the order they appear in the Siddur. After much deliberation, this is what we came up with:

Each prayer section has its own CD.

Generally, each prayer is found on only one of the CDs, even though it is recited in multiple prayers. The Shabbat prayers that are also recited on weekdays, are found only on the weekday Tefila Trax and noted in the Shabbat sections with the unique, Tefila Trax music icon. (Therefore, the Shabbat Day Trax and music icons begin later in the Siddur (along with a few weekday prayers I could not fit into the weekday trax).

The musical icon in the Siddur notes the specific CD where that prayer is found.

1. Weekday Prayers: Tefilah Trax
2. Bentching and Shabbat Kiddush: Bentching Trax
3. Friday Night Prayers: Kabalat Shabbat Trax
4. Shabbat Day Prayers: Shabbat Day Trax
5. Holiday Prayers: Holiday Trax

Also, due to the 70 minute limit on the audio CD, only the first line or few lines of many of the prayers have made it onto the CD.

MP3 Download in order of prayers

This CD time limit is limited to the CD… but not to MP3 downloads!
All the prayer tracks are also available for download in the order of the prayers in the Siddurim - in MP3 tracks. You can download the audio CD and MP3s on ToolsforTorah.com

See the complete list of CD trax and prayers in the following pages.

Tefila Trax

Track	No.
Intro	01
Aleph Bet | אָלֶף-בֵּית	02
Vowels | הַנְּקֻדּוֹת	03
Practice Page	04
בִּרְכוֹת הַשַּׁחַר **Morning Blessings**	
Modeh Ani | מוֹדֶה אֲנִי	05
Netilat Yadayim | נְטִילַת יָדַיִם	06
Asher Yotzar | אֲשֶׁר יָצַר	07
Elokai Neshama | אֱ-לֹקַי נְשָׁמָה	08
Birchot HaShachar | בִּרְכוֹת הַשַּׁחַר	09
Hama'avir Shayna | הַמַּעֲבִיר שֵׁנָה	10
Yehi Ratzon | יְהִי רָצוֹן	11
Birchot HaTorah | בִּרְכוֹת הַתּוֹרָה	12
Asher Bachar Banu | אֲשֶׁר בָּחַר בָּנוּ	13
Birkat Kohanim | בִּרְכַּת כֹּהֲנִים	14
Birchot HaTorah | בִּרְכוֹת הַתּוֹרָה	15
Eilu Devarim | אֵלּוּ דְבָרִים	16
Al Mitzvat Tzitzit | עַל מִצְוַת צִיצִית	17
שַׁחֲרִית לְחוֹל **Weekday Morning Prayers**	
Talit | הַלְבָּשַׁת טַלִּית	18
Tefilin | הַנָּחַת תְּפִילִין	19
Hareini Mekabel | הֲרֵינִי מְקַבֵּל	20
Ma Tovu | מַה טֹּבוּ	21
Adon Olam | אֲדוֹן עוֹלָם	22
פְּסוּקֵי דְזִמְרָה **Verses of Praise**	
Hashem Melech | ה׳ מֶלֶךְ	23
L'sheim Yichud | לְשֵׁם יִחוּד	24
Baruch She'Amar | בָּרוּךְ שֶׁאָמַר	25
Ashrei | אַשְׁרֵי	26
Halelukah: Halelu Keil | הַלְלוּיָ-הּ הַלְלוּ אֵ-ל	27
Vayosha | וַיּוֹשַׁע	28
Yishtabach | יִשְׁתַּבַּח	29

Track	No.
בִּרְכוֹת קְרִיאַת שְׁמַע **Blessings of Shema**	
Yotzer Or | יוֹצֵר אוֹר	30
Kadosh/Baruch | קָדוֹשׁ\בָּרוּךְ	31
La-Keil Baruch | לָאֵ-ל בָּרוּךְ	32
Ahavat Olam | אַהֲבַת עוֹלָם	33
Shema שְׁמַע	
Shema | שְׁמַע	34
V'ahavta | וְאָהַבְתָּ	35
V'haya | וְהָיָה	36
Vayomer | וַיֹּאמֶר	37
Mi Chamocha | מִי כָמֹכָה	38
עֲמִידָה\שְׁמוֹנֶה עֶשְׂרֵה **Amida/Sh'moneh Esrei**	
#1 Magen Avraham | מָגֵן אַבְרָהָם	39
#2 Ata Gibor | אַתָּה גִּבּוֹר	40
#3 Ata Kadosh | אַתָּה קָדוֹשׁ	41
#4 Ata Chonein | אַתָּה חוֹנֵן	42
#5 Hashiveinu | הֲשִׁיבֵנוּ	43
#6 Selach Lanu | סְלַח לָנוּ	44
#7 Re'ei Na | רְאֵה נָא	45
#8 Refa'einu | רְפָאֵנוּ	46
#9 Bareich Aleinu | בָּרֵךְ עָלֵינוּ	47
#10 T'kah | תְּקַע	48
#11 Hashiva | הָשִׁיבָה	49
#12 V'lamalshinim | וְלַמַּלְשִׁינִים	50
#13 Al Hatzadikim | עַל הַצַּדִּיקִים	51
#14 V'lirushalayim | וְלִירוּשָׁלַיִם	52
#15 Et Tzemach | אֶת צֶמַח	53
#16 Shema Koleinu | שְׁמַע קוֹלֵנוּ	54
#17 R'tzay | רְצֵה	55
V'techezena | וְתֶחֱזֶינָה	56
#18 Modim | מוֹדִים	57
V'al Kulam | וְעַל כֻּלָּם	58
#19 Sim Shalom | שִׂים שָׁלוֹם	59
Yeeh'yu l'Ratzon |יִהְיוּ לְרָצוֹן	60
Elokai N'tzor | אֱ-לֹקַי נְצוֹר	61
Oseh Shalom | עֹשֶׂה שָׁלוֹם	62

סוֹף הַתְּפִלָּה **Concluding Prayers**	
Lam'natzeiach | לַמְנַצֵּחַ	63
Shir Shel Yom | שִׁיר שֶׁל יוֹם	64
Ein kElokeinu | אֵין כֵּא-לֹקֵינוּ	65
Aleinu | עָלֵינוּ	66
V'al Kayn | וְעַל כֵּן	67
V'ne'emar | וְנֶאֱמַר	68
Al Tira | אַל תִּירָא	69
Kaddish | קַדִּישׁ	70-78
Traveler's Prayer | תְּפִילַּת הַדֶּרֶךְ	79
Bedtime Shema | קְרִיאַת שְׁמַע עַל הַמִּטָּה	80
Hamapil | הַמַּפִּיל	81
The 12 Pesukim	82-93

Holiday Trax

10

חַגִּים **General Holiday Section**	
Holiday Trax Intro	01
Ya'ale V'yavo | יַעֲלֶה וְיָבֹא	02
Hallel Blessing | הַלֵּל	03
Halelukah | הַלְלוּיָ-ה	04
B'tzeit | בְּצֵאת	05
Yevarech | יְבָרֵךְ	06
Halelu | הַלְלוּ	07
Hodu LaHashem | הוֹדוּ לַה'	08
Min Hameitzar | מִן הַמֵּצַר	09
Pit'chu Li | פִּתְחוּ לִי	10
Ana Hashem | אָנָּא ה'	11
Keili Ata | אֵ-לִי אַתָּה	12
Hodu | הוֹדוּ	13
Yehalelucha | יְהַלְלוּךָ	14
L'David Hashem Ori | לְדָוִד ה' אוֹרִי	15
Holiday Candle Lighting | הַדְלָקַת נֵרוֹת	16
Shehecheyanu | שֶׁהֶחֱיָנוּ	17
Holiday Eve Kiddush | קִידּוּשׁ לְשָׁלֹשׁ רְגָלִים	18
Saturday Night Havdalah Insert for Kiddush	19
Rosh Hashana Kiddush | קִידּוּשׁ לְרֹאשׁ הַשָּׁנָה	20
Apple in Honey | יְהִי רָצוֹן	21
Holiday Daytime Kiddush | קִדּוּשָׁא רַבָּא	22
יָמִים נוֹרָאִים **High Holy Days**	
Avinu Malkenu | אָבִינוּ מַלְכֵּנוּ	23
Unetaneh Tokef | וּנְתַנֶּה תֹּקֶף	24
Tashlich | תַּשְׁלִיךְ	25
13 Midot of Mercy | יג מִדּוֹת הָרַחֲמִים	26
Kol Nidrei | כָּל נִדְרֵי	27
V'nislach | וְנִסְלַח	28
Viduy: Ashamnu | וידוי: אָשַׁמְנוּ	29
Viduy: Al Cheit | וידוי: עַל חֵטְא	30
סֻכּוֹת **Sukkot**	
Leisheiv BaSukkah | לֵישֵׁב בַּסֻּכָּה	31
Al Netilat Lulav | עַל נְטִילַת לוּלָב	32
Shehecheyanu | שֶׁהֶחֱיָנוּ	33
חֲנֻכָּה **Chanukah**	
Menorah Blessing 1 | נֵר חֲנֻכָּה	34
Menorah Blessing 2 | שֶׁעָשָׂה נִסִּים	35
Shehecheyanu | שֶׁהֶחֱיָנוּ	36
Haneirot Halalu | הַנֵּרוֹת הַלָּלוּ	37
Haneirot Halalu | הַנֵּרוֹת הַלָּלוּ	38
Ma'oz Tzur | מָעוֹז צוּר	39
V'al Hanisim | וְעַל הַנִּיסִּים	40
Chanukah | וְעַל הַנִּיסִּים לַחֲנֻכָּה	41
Purim | וְעַל הַנִּסִּים לְפּוּרִים	42

Pesach פֶּסַח	
Burning the Chametz | עַל בִּעוּר חָמֵץ	43
Kol Chamira | כָּל חֲמִירָא	44
Kol Chamira | כָּל חֲמִירָא	45
Ma Nishtana | מַה נִּשְׁתַּנָּה	46
Sefirat Ha'Omer Blessing | סְפִירַת הָעוֹמֶר	47
Counting the Omer | הַיּוֹם	48
Harachaman | הָרַחֲמָן	49
Tree Blessing | בִּרְכַּת הָאִילָנוֹת	50

Kabalat Shabbat Trax

Intro	01
Yedid Nefesh | יְדִיד נֶפֶשׁ	02
Shabbat Candle Lighting | נֵרוֹת שַׁבָּת	03
Welcoming Shabbat קַבָּלַת שַׁבָּת	
L'chu Neranena | לְכוּ נְרַנְּנָה	04-05
Psalm 96 | שִׁירוּ לַה׳	06-07
Psalm 97 | ה׳ מָלָךְ	08-09
Psalm 98 | מִזְמוֹר שִׁירוּ	10-11
Psalm 99 | ה׳ מָלָךְ	12-13
Mizmor L'David | מִזְמוֹר לְדָוִד	14-15
Ana B'Choach | אָנָּא בְּכֹחַ	16
L'cha Dodi | לְכָה דוֹדִי	17-19
Shamor | שָׁמוֹר	20
Likrat | לִקְרַאת	21
Mikdash | מִקְדַּשׁ	22
Hitna'ari | הִתְנַעֲרִי	23
Hitoreri | הִתְעוֹרְרִי	24
Lo Tevoshi | לֹא תֵבוֹשִׁי	25
V'hayu | וְהָיוּ לִמְשִׁסָּה	26
Yamin | יָמִין	27
Bo'ee | בּוֹאִי	28
Shir L'yom HaShabbat | שִׁיר לְיוֹם הַשַּׁבָּת	29
Hashem Malach | ה׳ מָלָךְ	30
K'gavna | כְּגַוְנָא	31
Raza d'Shabbat | רָזָא דְשַׁבָּת	32
Barchu | בָּרְכוּ	33

בִּרְכוֹת קְרִיאַת שְׁמַע וּשְׁמַע Blessings of Shema & Shema	
HaMa'riv Aravim | הַמַּעֲרִיב עֲרָבִים	34
Ahavat Olam | אַהֲבַת עוֹלָם	35
Shema | שְׁמַע	36
V'ahavta | וְאָהַבְתָּ	37-38
V'haya | וְהָיָ׳ה	39
Vayomer | וַיֹּאמֶר	40
Ve'emuna | וֶאֱמוּנָה	41
Mi Chamocha | מִי כָמֹכָה	42
Hashkivenu | הַשְׁכִּיבֵנוּ	43
עֲמִידָה: עַרְבִית לְלֵיל שַׁבָּת Amida for Friday Night Arvit	
#1 Magen Avraham | מָגֵן אַבְרָהָם	44
#2 Ata Gibor | אַתָּה גִּבּוֹר	45
#3 Ata Kadosh | אַתָּה קָדוֹשׁ	46
Ata Kidashta | אַתָּה קִדַּשְׁתָּ	47
Vayechulu | וַיְכֻלּוּ	48
Yismechu | יִשְׂמְחוּ	49
#4 Elokeinu: R'tzay Na | אֱ-לֹקֵינוּ: רְצֵה נָא	50
#5 R'tzay | רְצֵה	51
#6 Modim | מוֹדִים	52
V'al Kulam | וְעַל כֻּלָּם	53
#7 Sim Shalom | שִׂים שָׁלוֹם	54
Yeeh'yu l'Ratzon | יִהְיוּ לְרָצוֹן	55
Elokai Netzor | אֱ-לֹקַי נְצוֹר	56
Oseh Shalom | עֹשֶׂה שָׁלוֹם	57
סוֹף תְּפִילַת עַרְבִית לְלֵיל שַׁבָּת Concluding Friday Night Prayers	
Vayechulu | וַיְכֻלּוּ	58
Chazzan's Bracha | בִּרְכַּת מֵעֵין שֶׁבַע	59
Magen Avot | מָגֵן אָבוֹת	60
Elokeinu: R'tzay Na | אֱ-לֹקֵינוּ: רְצֵה נָא	61
Hashem Ro·ee | מִזְמוֹר: ה׳ רֹעִי	62
Aleinu | עָלֵינוּ	63
V'al Kayn | וְעַל כֵּן	64-65
Al Tira | אַל תִּירָא	66

10

Shabbat Day Trax

	שַׁחֲרִית לְיוֹם הַשַּׁבָּת **Shabbat Morning Shacharit**
01	Intro
02	לַמְנַצֵּחַ - רַנְּנוּ צַדִּיקִים - לְדָוִד תְּפִלָּה לְמֹשֶׁה - יֹשֵׁב בְּסֵתֶר - מִזְמוֹר Psalm Samplings
03	Shir Lama'alot Esa | שִׁיר לַמַּעֲלוֹת אֶשָּׂא עֵינַי
04	שִׁיר הַמַּעֲלוֹת לְדָוִד - שִׁיר הַמַּעֲלוֹת אֵלֶיךָ שִׁיר הַמַּעֲלוֹת לְדָוִד - הַלְלוּיָ-הּ - הוֹדוּ לַה׳ Psalm Samplings
05	Hodu laHashem | הוֹדוּ לַה׳
06-07	Ha'aderet V'ha'emuna | הָאַדֶּרֶת וְהָאֱמוּנָה
08	Shir L'yom HaShabbat | שִׁיר לְיוֹם הַשַּׁבָּת
09	Hashem Malach | ה׳ מָלָךְ
10	הַלְלוּיָ-הּ: הַלְלִי - כִּי טוֹב - הַלְלוּ - שִׁירוּ Halelukah Psalm Samplings
11-13	בָּרוּךְ ה׳ לְעוֹלָם - וַיְבָרֶךְ דָּוִיד - וְכָרוֹת - וַיּוֹשַׁע ה׳ - אָז יָשִׁיר Samplings
14	Nishmat | נִשְׁמַת כָּל חַי
15	Samplings | הָאֵ-ל בְּתַעֲצֻמוֹת - שׁוֹכֵן עַד
16	Barchu | בָּרְכוּ
	בִּרְכוֹת קְרִיאַת שְׁמַע **Blessings of Shema**
17	Hakol Yoducha | הַכֹּל יוֹדוּךָ
18-19	Keil Adon | אֵ-ל אָדוֹן
20-22	Samplings | לָאֵ-ל - תִּתְבָּרַךְ - אֶת שֵׁם
23	Ahavat Olam | אַהֲבַת עוֹלָם
24	Ezrat | עֶזְרַת
	עֲמִידָה לְשַׁבָּת שַׁחֲרִית מוּסָף וּמִנְחָה **Amida: Shacharit, Musaf & Mincha**
25	#1 Magen Avraham | מָגֵן אַבְרָהָם
26	#2 Ata Gibor | אַתָּה גִבּוֹר
27	#3 Ata Kadosh | אַתָּה קָדוֹשׁ
28	Shacharit: Yismach | שַׁחֲרִית: יִשְׂמַח מֹשֶׁה
29	V'shamru | וְשָׁמְרוּ
30	Shacharit: V'lo Netato | שַׁחֲרִית: וְלֹא נְתַתּוֹ
31	Yismechu | יִשְׂמְחוּ
32	#4 Elokeinu: R'tzay Na | אֱ-לֹקֵינוּ: רְצֵה נָא
33	#5 R'tzay | רְצֵה
34	#6 Modim | מוֹדִים
35	V'al Kulam | וְעַל כֻּלָּם
36	#7 Sim Shalom | שִׂים שָׁלוֹם
37	Yih'yu L'ratzon | יִהְיוּ לְרָצוֹן
38	Elokai Netzor | אֱ-לֹקַי נְצוֹר
39	Oseh Shalom | עֹשֶׂה שָׁלוֹם
	Responses to Chazzan's לַחֲזָרַת הַשַּׁ״ץ **Repetition of the Amida**
40-43	Kedusha | קְדוּשָּׁה
44-48	Keter | כֶּתֶר
49	Modim d'Rabanan | מוֹדִים דְּרַבָּנָן
50-52	Shir L'yom HaShabbat | שִׁיר לְיוֹם הַשַּׁבָּת
	קְרִיאַת הַתּוֹרָה **Torah Reading**
53	Ata Hor'eita | אַתָּה הָרְאֵתָ
54	Vayehi Binsoa | וַיְהִי בִּנְסֹעַ הָאָרֹן
55	B'rich Shmay | בְּרִיךְ שְׁמֵהּ
56-57	שְׁמַע - אֶחָד - גַּדְּלוּ — לְךָ Shema - Echad - Gadlu - L'Cha
58-60	Aliya Blessings | בִּרְכוֹת הַתּוֹרָה
61	Hagomel | בִּרְכַּת הַגּוֹמֵל
62-63	Lifting the Torah | הַגְבָּהַת הַתּוֹרָה
64-71	Haftarah Blessings | בִּרְכוֹת הַהַפְטָרָה
72	Yekum Purkan | יְקוּם פֻּרְקָן
73	Mi Sheberach | מִי שֶׁבֵּרַךְ
74-75	Blessing the New Month | בִּרְכַּת הַחוֹדֶשׁ
76	Av Harachamim | אָב הָרַחֲמִים
77	Yehalelu: Returning Torah | יְהַלְלוּ

♫ 10

Bentching Trax

בְּרָכוֹת הַנֶּהֱנִין **Food Brachot**	
Intro	01-02
Washing for Bread | נְטִילַת יָדַיִם	03
Hamotzi | הַמּוֹצִיא	04
Hagafen | הַגָּפֶן	05
Mezonot | מְזוֹנוֹת	06
Ha·eitz | הָעֵץ	07
Ha'adama | הָאֲדָמָה	08
Shehakol | שֶׁהַכֹּל	09
בְּרָכָה אַחֲרוֹנָה **After Blessings**	
Intro	10
Shir Hama'alot | שִׁיר הַמַּעֲלוֹת	11-13
Livnei Korach | לִבְנֵי קֹרַח	14
Al Naharot | עַל נַהֲרוֹת	15
Lam'natzeiach Binginot | לַמְנַצֵּחַ בִּנְגִינֹת	16
Avarcha | אֲבָרְכָה	17
Mayim Acharonim | מַיִם אַחֲרוֹנִים	18
Zimun | זִימּוּן	19
Hazan et Hakol | הַזָּן אֶת הַכֹּל	20
Nodeh | נוֹדֶה	21
V'al Hakol | וְעַל הַכֹּל	22
Racheim | רַחֵם	23
Uvenei | וּבְנֵה	24
Hatov V'hameitiv | הַטּוֹב וְהַמֵּטִיב	25
Harachaman: Yeemloch | הָרַחֲמָן: יִמְלוֹךְ	26

הָרַחֲמָן: אֵלִיָּהוּ הַנָּבִיא Harachaman: Eliyahu HaNavi	27
הָרַחֲמָן: יְבָרֵךְ אֶת אָבִי Harachaman: Yevarech et Avi	28
Mimarom | מִמָּרוֹם	29
Harachaman: Yizakeinu | הָרַחֲמָן: יְזַכֵּנוּ	30
Oseh Shalom | עוֹשֶׂה שָׁלוֹם	31
Y'ru Et Hashem | יְראוּ אֶת ה׳	32
R'tzay | רְצֵה	33
Harachaman for Special Days | הָרַחֲמָן	34
Brich Rachamana | בְּרִיךְ רַחֲמָנָא	35
Al Hamichya | עַל הַמִּחְיָה	36-37
Borei Nefashot | בּוֹרֵא נְפָשׁוֹת	38
בְּרָכוֹת לְשְׂמָחוֹת **Celebrations**	
Brit Milah | הָרַחֲמָן לִבְרִית מִילָה	39-44
Sheva Brachot | שֶׁבַע בְּרָכוֹת	45-51
קִידּוּשׁ לְלֵיל שַׁבָּת **Friday Night Kiddush**	
Shalom Aleichem | שָׁלוֹם עֲלֵיכֶם	52
Aishet Chayil | אֵשֶׁת חַיִל	53
Kiddush | קִידּוּשׁ	54
Azamer Bishvachin | אֲזַמֵּר בִּשְׁבָחִין	55
קִידּוּשׁ לְיוֹם הַשַּׁבָּת **Shabbat Day Kiddush**	
Hashem Ro·ee | מִזְמוֹר: ה׳ רֹעִי	56
V'shamru | וְשָׁמְרוּ	57
Im Tashiv | אִם תָּשִׁיב	58
Kiddush | זָכוֹר אֶת יוֹם הַשַּׁבָּת	59
Al Kein | עַל כֵּן	60
Asader LeSeudata | אֲסַדֵּר לִסְעוּדָתָא	61

Trax CDs Series

See more wonderful educational tools at:

www.ToolsforTorah.com

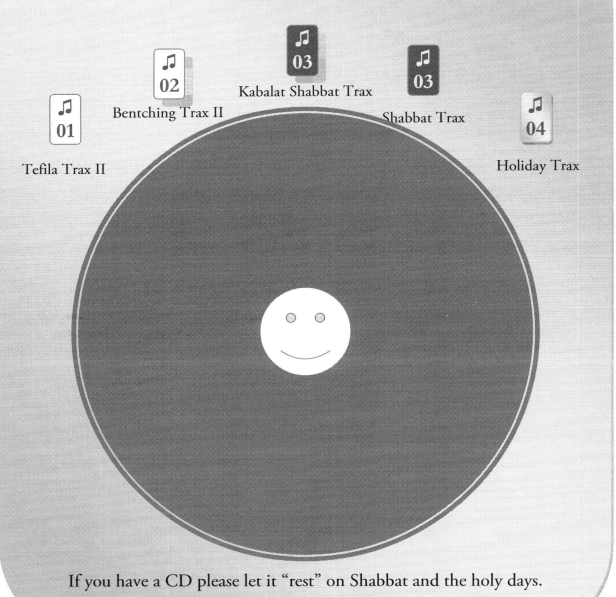

♫ 01 — Tefila Trax II

♫ 02 — Bentching Trax II

♫ 03 — Kabalat Shabbat Trax

♫ 03 — Shabbat Trax

♫ 04 — Holiday Trax

If you have a CD please let it "rest" on Shabbat and the holy days.